경제학자처럼 생각하는 법

**How to Think Like an Economist:
Great Economists Who Shaped the World and What They Can Teach Us**
Copyright © Robbie Mochrie, 2024
This translation is published by arrangement with Bloomsbury Publishing Plc.

All rights reserved.
No part of this publication may be used or reproduced in any form or by any means without written permission
except in the case of brief quotations embodied in critical articles or reviews.
Korean Translation Copyright © 2025 by Yeamoon Archive Co., Ltd

이 책의 한국어판 저작권은 BC에이전시를 통해 저작권자와 독점계약한 예문아카이브에 있습니다.
저작권법에 의해 보호를 받는 저작물이므로 무단 전재와 복제를 금합니다.

경제학자처럼
생각하는 법

로비 모크리 지음 · 이영래 옮김

―――――◆ 세상을 바꾼 위대한 경제학자들, ◆―――――
그리고 그들이 우리에게 가르치는 것

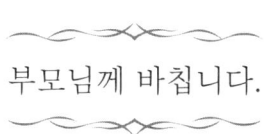

부모님께 바칩니다.

머리말

경제란 무엇인가?

경제란 유용한 모든 것, 가치 있는 모든 것, 우리를 다른 사람들과 연결해 주는 모든 것이다. 그리고 보통 우리는 그것을 잘 인식하지 못한다. 경제를 이해하려면 세상을 완전히 새로운 방식으로 봐야 한다. 우리는 세상이 자원으로 가득하다는 것을 알아야 한다. 우리는 자원을 소유하고 관리하고 사용하기도 하며 만들어낼 수도 있다. 또한 자원을 사고팔거나 공유할 수도 있다. 주변을 돌아보고 자원을 확인해 보라. 그 과정에서 사람과 조직을 연결하는 복잡한 관계의 망이 보일 것이다. 그 모든 것이 바로 경제다.

경제학자처럼 생각하는 첫 번째 연습으로, 이 책을 하나의 자원으로 생각해 보자. 당신은 이 책을 들고 읽기 시작했다. 당신은 이 책을 읽으며 시간을 보내기로 선택했다. 그리고 이 문단을 읽기로 결정했다. 이 책을 읽으라고 강요한 사람은 없다. 책이 저절로 당신 손으로 들어가 이 문단을 읽으라고 요구했을 리도 없다.

이때 생각해야 할 질문이 두 개 있다. 세상에 있는 수백만 권의 책이 아닌 이 책을 선택한 이유는 무엇인가? 그리고 이 책을 우연히 마주친 것이 아니라 구입한 경우라면, 왜 이 책에 돈을 쓰기로 결정한 것인가? 세상을 자원이 가득한 곳으로 바라본다면 이와 비슷한 질문을 많이 떠올리게 될 것이다.

자원도 중요하지만, 경제학자들은 사람 사이의 관계에도 많은 관심을 두었다. 사람들은 자신이 가진 것으로 무엇을 할 것인지 결정한다. 가장 일반적으로 말하면, 경제에는 자신의 욕구를 충족시키기 위해 자원을 관리하는 사람들이 포함된다. 경제학자라고 해도 나는 당신이 이 책에서 무엇을 발견하길 바라는지, 왜 읽을 가치가 있는 책이라고 생각했는지 알지 못한다. 당신이 이 책을 읽기 위해 어떤 즐거움을 포기했는지도 알지 못한다. 하지만 당신은 중요한 자원인 돈의 좋은 사용처가 책이고, 책을 읽는 것이 매우 중요한 자원인 시간의 좋은 사용처라고 생각했다는 것만은 확실하다.

계속 경제학자처럼 생각해 보자. 한잔의 커피 역시 자원이다. 커피는 마시는 것이 곧 사용하는 것이다. 기차표는 두 기차역 사이를 이동할 수 있는 권리를 부여한다. 기차표는 이동하는 것이 사용하는 것이다. 집은 사람이 살 수 있도록 설계된 건물이다. 집을 사용하는 것은 쉼터와 따뜻함을 얻는 일일 뿐만 아니라 안식처를 갖는 것이다.

그렇다면 이 책은? 이 책은 오락용으로 만들어진 것이 아니다. 이 책을 다 읽고 나면 경제학에 대해, 여러 훌륭한 사상가들이 경제학을 어떻게 만들어왔는지 알게 될 것이다. 그 지식은 아마 당신을 변화시킬 것이다. 사람을 주관자적 자원, 즉 자율적인 관리가 가능한 자원으로 생각하는 대단히 현대적이고 경제학적인 사고방식을 얻게 되리라 예상한다. 오늘 이 책을 읽음으로써 당신은 내일부터 경제를 달리 보게 될 것이다.

경제는 그 안에 있는 사람들이 자신이 가진 것을 관리하고 다른 사람들(그리고 그들이 가진 것)과 상호 작용하는 복잡한 시스템이다. 그리고 경제학은 자원의 관리자인 사람과 그들이 관리하는 자원 시스템에 대한 구조화된 연구다. 이 정의는 의도적으로 모호하고 개괄적이다. 따라서 이 책의 전반부는 경제학자라고만은 할 수 없는 사람들의 사상을 통해 경제학이 생겨난 과정을 설명한다. 당신은 철학자, 성직자, 자본가, 저널리스트, 공무원을 만나게 될 것이다. 2,400년 전의 아테네, 그러니까 이 도시가 서구 문명의 요람이었던 때로 거슬러 올라가 보자. 자원을 관리하는 방법에 대해 생각하는 것은 철학의 한 부분에 불과했지만, 세상과 그 너머의 모든 것에 대해 생각하는 급진적이고 새로운 방식이었다. 고대 그리스인에게 외부 자원을 관리하는 방법은 자신을 관리하는 방법만큼 흥미로운 문제가 아니었다. 따라서 경제학은 아테네 시민의 윤리적 행동에 대한 일련의 논거로써 시작되었다.

이런 그리스적 접근법에 이어 처음으로 눈에 띄는 발전이 나타난 것은 천 년이 더 지난 후 칼리프가 다스리던 이슬람 지역이었다. 무슬림 학자는 사람 사이의 자원 교환이 가지는 가치를 알아보았다. 그들은 경제를 철학적인, 또는 신학적인 측면에서 생각했다. 13세기 서유럽의 기독교 학자는 이런 접근법을 선택하고, 로마법에서 끌어들인 재산과 거래의 본질에 대한 사상을 추가했다. 하지만 경제학은 여전히 개인행동의 분석이었다.

1776년이 되어서야 스코틀랜드의 철학자 애덤 스미스가 경제에 대한 최초의 체계적인 설명을 내놓았다. 그의 《국부론》은 오늘날 존재하는 경제에 대한 모든 사고방식의 조상이다. 《국부론》의 주장은 그 범위가 대단히 넓고 깊이 또한 깊어서 모든 경제학자가 《국부론》에서 자신의 경제에 대한 사상과 합치되는 내용을 찾을 수 있을 정도다. 그러나 스미스는 자원 관리에 대한 철학적 전통의 끝자락, 즉 현대 경제학으로 진화하기 위한 전환점에 서 있다고 생각하는 것이 가장 정확할 것이다. 위대한 경제사상가인 애덤 스미스는 윤리와 경제학을 연결했다.

19세기의 대부분 동안, 경제에 대한 글을 쓴 사람들은 철학이나 역사를 공부한 후 경제에 대해 생각하게 되었다. 프랑스에서는 몇몇 엔지니어들이 경제 분석에 상당한 공헌을 했고, 오스트리아와 헝가리에서는 대학 법학부에서 영향력 있는 경제 분석이 등장했다.

알프레드 마샬은 1890년에 출간된 《경제학 원리》에서 마침내 경제학을 우리가 인식하는 형태의 기반 위에 올려놓았다. 그 결과 20세기 초에 경제학은 철학과 인문학으로부터 분리되어 현대적 정체성을 발전시키게 되었다. 그럼에도 불구하고 대니얼 카너먼과 아모스 트버스키 같은 심리학자, 허버트 사이먼과 엘리너 오스트롬 같은 정치학자, 존 폰 노이만과 존 내쉬 같은 수학자 등 다른 분야의 학자들이 경제학에 큰 기여를 했다.

20세기에는 경제의 본질에 큰 변화가 있었다. 1900년에는 석탄이 주된 동력원이었으며, 자동차는 그저 말이 없는 마차일 뿐이었고, 전화는 신기한 발명품이었다. 사람들은 고된 노동을 하느라 지금보다 훨씬 젊은 나이에 사망했다. 학위를 가진 사람은 거의 없었다. 20세기를 거치면서는 미국이 세계를 지배하는 경제 강국이 되었다.

경제의 구조가 변하면 경제학도 변한다. 애덤 스미스는 산업혁명 초기에 글을 썼다. 그의 분석은 증기 동력으로 거대한 공장을 만들 수 있게 되기 전, 작은 규모의 산업을 반영했다. 존 스튜어트 밀과 칼 마르크스는 노동자가 아닌 공장 소유주에게만 이득이 되는 19세기 초 산업혁명의 방식에 대단히 비판적이었다. 알프레드 마샬은 경제학이 노동 계급의 상황을 개선할 수 있어야 한다는 전통을 지속했다.

1930년대 대공황에서 벗어날 길을 찾는 것은 경제학이 맞이한 엄청난 도전 과제였다. 1920년대 전 세계 경제 성장의 엔진이었던 미국 경제는 거의 붕괴 상태였다. 1930년과 1932년에는 노동자의 거의 4분의 1이 실업자가 되었다. 영국의 경제학자 존 메이너드 케인스는 정부가 돈을 더 많이 쓰는 것만이 유일한 해법이라고 주장했다. 케인스의 복잡한 주장의 핵심에는 뛰어난 통찰이 있었고, 이 통찰은 젊은 경제학자들의 지지를 얻었다. 그의 세부적인 주장은 불분명한 부분이 많았기에 경제학자들은 케인스의 주장을 얼마나 받아들여야 하는지, 어떤 근거에서 받아들여야 하는지를 두고 오랫동안 논쟁을 벌여왔다. 하지만 정부가 경제를 안정시키는 데 중요한 역할을 할 수 있다는 케인스의 분석에 반대하는 경제학자는 극소수였다.

케인스는 학문적인 경제학자로 머물지 않았다. 그는 일생 동안 정치적으로 활발하게 활동했으며 뛰어난 저널리스트이기도 했다. 케인스는 정부 지출에 많은 혜택이 있다고 주장한 반면, 프리드리히 하이에크와 밀턴 프리드먼 등 케인스의 뒤를 이은 사회 참여 지식인들은 그 의견에 동의하지 않았다. 그들은 국가의 규모와 권력을 제한하고자 한 마거릿 대처와 로널드 레이건의 생각에 영향을 주었다.

현대 경제학에서 정보는 우리가 관리해야 하는 무엇보다 중요한 자원이며, 경제학자들 사이의 가장 중요한 차이도 정보를 관리하는 방법에서 나타난다. 애덤 스미스는 우리가 충분한 지식을 갖고 있으면 경제는 스스로 조절되고 안정적으로 유지될 것이라고 가정했다. 경제의 안정은 미래에 대한 희망, 확신, 신뢰에 달려 있다고 강조한 메이너드 케인스 역시 스미스의 철학적 전통에 영향을 받았다. 경제의 자기 조직화가 항상 유효할 것이라는 가정에는 도전했지만 말이다.

경제학자들의 차이를 가장 잘 포착한 것은 20세기의 위대한 사회과학자 중 한 명인 허버트 사이먼이다. 그는 경제적 의사 결정에는 두 가지 방식이 있다고 주장했다. 우리는 사람들을 항상 최선의 행동을 선택하는 문제 해결자로 취급할 수도 있고 절차에 의존하는 규칙의 추종자로 취급할 수도 있다.

경제학자들이 사람들을 문제 해결자로 대하는 것은 당연하며, 그들의 분석이 수학적 형태를 택할 때라면 특히 더 그렇다. 사람들을 규칙 추종자로 취급하는 경제학자들은 아이디어를 발전시키기 위해 심리학과 기타 사회과학에 눈을 돌리는 경향이 있다. 이 책의 마지막 부분에서는 로버트 루카스와 조지 애커로프의 연구를 비교하면서 그 차이를 확인할 것이다. 루카스는 항상 사람들을 문제 해결자로 취급하는 것이 최선이라고 믿었다. 애커로프의 규칙 추종 접근법은 사람들의 선택이 아주 조금 다를 수 있다는 것을 의미했지만, 그런 작은 차이만으로도 루카스와 애커로프가 경제의 작동 방식에 대해 상당한 이견을 갖기에 충분했다.

경제학자들의 미묘한 생각의 차이는 예측에 매우 큰 영향을 미칠 수 있기에 경제 아이디어를 적용하는 좋은 방법을 찾는 것은 까다롭고 시간이 걸리는 일이다. 더구나 경제사상의 가치를 결정하는 데는 경제 정책을 이끄는 능력이 큰 영향을 미친다. 이 책에 등장하는 모든 경제학자는 그런 현실적인 문제에 아이디어를 적용하려고 노력했다.

예를 들어, 토머스 셸링은 냉전 시기 미국과 소련 간 갈등의 본질을 생각하면서 경력을 시작해 상호확증파괴Mutually Assured Destruction (적의 핵 공격 시 남은 보복력을 이용해 적도 전멸시키는 핵 보복 전략_옮긴이) 정책에 상당한 기여를 했다. 이것은 1970년대의 핵 군축 조약을 이끄는 데 중요한 역할을 했다. 21세기 초 커리어를 마무리할 무렵, 그는 기후 변화로 관심을 돌렸고, 이 실존적 도전을 해결하기 위해 다시금 정부가 할 수 있는 역할에 대해 생각했다.

이 책의 마지막 장의 주제인 에스테르 뒤플로의 연구에서도 이론 적용에 대한 다른 접근 방식을 확인할 수 있다. 개발 경제학자인 뒤플로는 세계에서 가장 가난한 사람들과 함께 일하면서 그들이 가난에서 벗어나지 못하는 경제 환경의 특성을 파악하기 위해 노력했다. 뒤플로는 빈곤이 단순히 돈의 부족을 의미하는 것이 아니라 경제 자원을 통제할 수 있는 능력의 제한을 의미한다고 주장했다. 부유한 국가에서는 당연하게 여기는 많은 경제 제도가 가난한 나라에서는 아직 생기지 않았다. 여기에서 뒤플로의 연구가 중요한 것은 그녀가 가난한 나라의 사람들이 직면한 장벽을 정확하게 파악하고 있기 때문이다. 그녀는 실험을 통해 생활에 상당한 영향을 줄 수 있는 작은 변화를 제안할 수 있었다. 이는 경제학자와 같이 생각하는 새로운 방식으로, 큰 유용성이 입증되었다.

경제학자처럼 생각하는 것의 가장 중요한 부분은 아마 그런 것일 것이다. 세상을 이해하는 데 그치지 않고 더 나은 세상으로 만들기 위해 특정한 방식으로 세상을 바라보는 것 말이다.

머리말 | 경제란 무엇인가? • 6

1장   아리스토텔레스 철학자 • 19
2장   토마스 아퀴나스 천사의 지혜를 가진 이 • 35
3장   애덤 스미스 설립자 • 49
4장   로버트 맬서스와 데이비드 리카도 현실주의자와 이론가 • 65
5장   존 스튜어트 밀 고전적 자유주의 • 81
6장   카를 마르크스 공산주의적 비전가 • 97
7장   윌리엄 스탠리 제번스, 카를 멩거, 레옹 발라스
       세 명의 조용한 혁명가 • 113
8장   알프레드 마샬 연약한 장인 • 127
9장   조지프 슘페터 창조자 그리고 파괴자 • 143
10장 존 메이너드 케인스 마지막 아마추어 • 159
11장 프리드리히 하이에크 매우 다른 유형의 자유주의자 • 175
12장 존 폰 노이만 가장 뛰어난 수학자 • 191

13장	로널드 코스 차분한 관찰자 · 205
14장	밀턴 프리드먼 통화주의자 · 221
15장	폴 새뮤얼슨 미국의 케인스? · 237
16장	허버트 사이먼 사회과학적 현실주의자 · 253
17장	토머스 셸링 스토리텔러 · 267
18장	로버트 솔로 장인이자 건설자 · 283
19장	게리 베커 흔들리지 않는 제국주의자 · 299
20장	엘리너 오스트롬 정치학자 · 315
21장	대니얼 카너먼과 아모스 트버스키 두 심리학자 · 329
22장	로버트 루카스 이상주의자 · 345
23장	조지 애커로프 차용자 · 361
24장	에스테르 뒤플로 실험자 · 377

에필로그 · 392

감사의 말 · 398

How to Think Like an Economist

1장

아리스토텔레스

철학자

미덕의 실천을 통한 풍요

> 아리스토텔레스를 경제학자라고 부를 사람은 없겠지만,
> 아리스토텔레스의 관점을 이해하는 것은
> 경제학자처럼 생각하기 위한 좋은 출발점이다.

    아테네는 서구 문명의 요람이자 고대 그리스의 철학자들이 모여 세계와 사회, 인간이라는 존재의 의미를 이해하려고 노력했던 곳이다. 최초의 경제사상은 약 2,500년 전 아테네와 그 라이벌인 스파르타가 그리스 도시 국가의 지배권을 두고 일으킨 유혈 분쟁인 펠로폰네소스 전쟁 중에 부상했다.

    결국 스파르타는 전쟁에서 승리했지만, 기록을 거의 남기지 않았기 때문에 그 시기에 대해 우리가 알고 있는 것 대부분은 전쟁에서 패배한 쪽에서 나왔다. 기원전 5세기 말, 아테네는 민주적 제도를 갖추고 문화의 중심지가 되었다. 공개 토론과 문학은 다음 세기 내내 번성했던 필로소피아 philosophia, 즉 '지혜에 대한 사랑'이라는 새로운 운동으로 합쳐졌다.

이 운동은 젊은이들에게 알고 있다고 생각하는 것에 의문을 가지라고 독려한 등에(소크라테스는 자신을 무지의 가죽을 가렵게 하는 등에에 빗대었다_옮긴이), 소크라테스로부터 시작되었다. 소크라테스가 고루한 규범과 권위에 이의를 제기하는 데 성공하자 아테네 사람들은 그를 심각한 범죄 혐의로 재판정에 세우고 사형을 선고했다.

소크라테스의 제자 플라톤은 철인 통치를 꿈꿨던 이상주의자였다. 그는 자신의 계획을 실행할 기회가 있을 것이라 믿고 시칠리아의 시라쿠사로 갔지만 결국 그곳에서 노예상에게 팔려 가는 신세가 되었다. 다행히 플라톤은 친구의 도움으로 풀려날 수 있었다.

플라톤의 제자인 아리스토텔레스는 모든 인간의 경험을 체계적으로 정리하고자 했다. 16세기 초 라파엘로의 그림 〈아테네 학당〉에서 이상주의자인 플라톤은 하늘을 가리키고 있는 반면, 현실주의자인 아리스토텔레스는 관람객을 마주한다. 그는 관찰을 기반으로 일반화를 시도하는 논증 방법을 개발했고, 이로 인해 그의 가장 유명한 제자 알렉산더 대왕은 원정 중에 수집한 동식물 표본을 그에게 보내기도 했다. 이후 알렉산더 대왕이 죽고 정치적 혼란이 찾아오자 아리스토텔레스는 아테네를 떠나는 것이 좋겠다고 판단했고 그 이듬해에 병으로 사망했다.

이 세 명의 위대한 철학자에 플라톤과 동시대인이자 소크라테스를 흠모한 아테네의 용병 크세노폰Xenophon을 추가하려고 한다. 크세노폰은 말년에 아테네에서 추방되어 스파르타에 정착했고 경제학을 비롯해 광범위한 주제에 대한 글을 남겼다. 스파르타가 테베에 정복되자 그는 다시 망명해 코린토스에서 죽음을 맞는다. 이 시기는 철학, 정치, 권위에 대한 비판 등 지적 활동에 참여하는 일이 위험했던 시대였다.

크세노폰의 《오이코노미코스Oikonomikos》는 가정을 관리하는 데 필요한 기술에 관한 책이다. 아리스토텔레스도 같은 제목의 논문을 썼지만 일부만 남아 있다. 플라톤은 경제적 도덕성의 문제를 다룬 대화, 《에릭시아스Eryxias》의 저자로 여겨지기도 한다. 이들은 모두 '오이코노미코스'를 실용적인 가계 관리로 정의했지만, 자원을 윤리적으로 관리한다는 것에도 의미를 두고 있었다. 그들은 우리의 욕구를 어떻게 관리하면서 공익을 위해 사용될 자원을 확보할 수 있을지 생각했다. 민주주의에 대한 첫 번째 실험을 직접 겪은 이들은 개인적 자원뿐만 아니라 공동의 자원을 관리하는 방법까지 설명하고자 했다.

현대의 기준으로 보면 고대 아테네는 규모가 대단히 작았다. 상황에 따라 달라지겠지만 인구는 15만 명 정도였고 그중 절반 이상이 노예였다. 노예는 주로 전쟁에서 포로로 잡혀 온 다른 도시의 시민이었다. 노예와 더불어, 여성과 어린이에게도 정치적 권리가 없었기 때문에 철학자들의 토론에서 주된 청중이었던 성인 남성은 3만 명 정도였을 것이다. 총가구 수는 1만 정도에 그쳤다. 어떤 의미에서 이들은 자급자족이 가능한 규모의 가족기업과 같았고, 가정에 속한 노예들이 음식과 옷을 생산했다. 시민들, 특히 명목상의 가장들은 가정을 관리하는 일을 업신여겼고, 철학자들도 그런 분위기를 받아들였다. 초기 문헌들은 가정의 관리를 아내의 책임이라고 말하고 있지만, 기원전 4세기경 부유한 가정의 여성들은 가정의 실질적인 관리를 노예에게 위임했을 수 있다. 이때는 아리스토텔레스가 활동하던 시기로, 그는 노예가 맡은 관리와 육체노동의 역할에 대해 논의했다.

소크라테스는 여러 가지 면에서 철학자를 정의했다. 그의 모든 주장은 다른 사람들과의 대화에서 나온 것으로 글로 남긴 기록은 없다. 우리가 그에 대해 알고 있는 것은 주로 그의 제자 플라톤이 재구성한 것과 크세노폰이 남긴 한담에 가까운 이야기에 의지한 것이다. 소크라테스는 아주 흔하고 평범한 것을 이해하지 못한다고 주장하며 토론을 시작하곤 했다. 이에 대화에 끼어든 다른 사람들은 그의 끈질긴 질문 공세에 말문이 막혀 끝내는 소크라테스의 설명을 들어야 했다.

소크라테스는 경제를 직접 논하지 않았지만, 크세노폰은 그의 삶이 경제적 미덕으로 가득 차 있다고 생각했다. 크세노폰은 시민들이 자제력만 발휘한다면 가정에서 충분히 자급자족이 가능하다고 생각했다. 크세노폰은 스파르타의 금욕을 높이 평가해 아테네에서 추방된 후 소크라테스를 따랐다. 크세노폰의 눈에 소크라테스는 다른 사람들이 지식을 얻을 수 있게 함으로써 지식에 헌신하는 것으로 보였다. 크세노폰이 명예로운 삶으로 권하는 또 다른 가능성은 정치적 활동을 통해 도시에 기여하는 사람이 되는 것이었다.

아테네가 스파르타와의 전쟁에서 패배한 후, 소크라테스의 동료 중 일부는 아테네의 강력한 도덕적 정화를 의도한 30인 참주의 짧은 통치 동안 상당한 역할을 담당했다. 그러나 아테네 시민들은 반란을 일으켰고 곧 민주 정부를 복원했다. 이런 격변의 여파로 소크라테스는 아테네의 젊은이들을 타락시킨 혐의에 불경죄까지 더해져 고발당했다. 소크라테스는 재판에서 사형 선고를 받은 후 기원전 399년에 사망했다.

소크라테스가 아테네 시민들 사이에서 호기심과 분노를 불러일으켰다면, 플라톤과 아리스토텔레스는 자신들의 정치 철학을 현실에 옮길 기회를 얻었다. 소크라테스가 목숨을 잃었을 때 플라톤의 나이는 서른 정도였고 그 후 50년을 더 살았다. 소크라테스가 죽은 후 그리스어 문화권을 여행하던 플라톤은 시라쿠사 왕 디오니시우스^{Dionysius} 1세의 숙부 디온^{Dion}을 만났고, 디온은 플라톤에게 왕의 철학 교육을 요청했다. 이는 플라톤에게 철인 통치를 실현시킬 기회였다. 그러나 디오니시우스 1세나 그의 아들 디오니시우스 2세는 철학에 관심이 없었고 때문에 플라톤은 노예로 팔려 가기에 이르렀다.

기원전 384년 그리스 북부의 스타기라에서 태어난 아리스토텔레스는 젊은 시절 아테네로 가 기원전 367년경부터 플라톤의 아카데미에서 수학했고 기원전 350년경 자신의 학교 리케이온 Lyceum 을 설립했다. 아리스토텔레스의 아버지는 마케도니아 왕국의 궁정의였으며, 가문의 배경 덕분에 필리포스 2세가 아리스토텔레스에게 아들 알렉산더의 교육에 참여해 달라고 요청한 듯하다. 기원전 337년, 필리포스는 그리스 국가들을 통합했지만 다음 해에 암살당했다. 그 뒤를 이은 알렉산더의 짧고 화려한 경력은 기원전 323년 그의 죽음으로 끝났다. 당시 알렉산더의 군대는 페르시아 제국을 진압하고 중앙아시아까지 침투한 후 인더스 계곡으로 남하했다. 이 광대한 제국은 그의 죽음 직후 무너졌다.

소크라테스는 토론과 대화를 통해 아이디어를 탐구하고 의문을 제기했고, 플라톤은 합리적인 이상주의자로서 관찰 가능한 세계가 추상적인 형태를 지닌 이상 세계의 불완전한 파생물이라고 주장한 반면, 아리스토텔레스는 지식이 관찰과 이성을 사용해 원인을 이해하는 데에서 나온다고 주장했다. 이로써 그는 모든 관찰

가능한 현상에 대한 상세한 설명을 시도했다. 물리학, 생물학, 미학, 수사학, 정치학, 그리고 우리의 목적에 부합하는 가정 경영 등의 체계적인 연구는 모두 아리스토텔레스에게서 그 기원을 찾을 수 있다. 아리스토텔레스의 《오이코노미코스》가 소실되었기 때문에 우리는 《정치학 Politics》 제2권과 《니코마코스 윤리학 Nicomachean Ethics》 제5권의 구절에 의존해 아리스토텔레스가 경제 관계를 어떻게 이해하고 있었는지 파악할 수밖에 없다.

아리스토텔레스는 모든 사물을 복잡한 분류 체계로 나누려 했고, 이렇게 사물의 본질을 정의함으로써 그 특성과 행동을 이해할 수 있다고 생각했다. 그는 모든 것은 어떤 목적을 달성하기 위해 존재한다고 믿었다. 그리고 이런 목적을 이해하는 것은 물리적 현상과 사회적 현상을 이해하기 위해 필수적이었다.

아리스토텔레스의 경제 분석에서는 인간을 사회적 관계의 유지와 발전에 필요한 언어를 가진 사회적 동물로 취급하는 것이 중요했다. 또한 인간을 미덕의 실천을 통해 행복을 달성하는 도덕적 동물로 정의함으로써, 아테네 시민이 된다는 것은 미덕 실천의 일환으로 정치 활동을 추구하는 것이라고 규정했다. 이런 정의에는 국가가 인간의 온전한 번영에 필요한 자원에 접근할 수 있는 권리를 보장해야 한다는 함의가 있다. 아테네의 정치 공동체와 경제 활동이 시민의 복지를 보장해야 한다는 것이다.

시민이 자급자족해야 한다는 생각과 지배 영역을 넓히기 위해 복잡한 동맹을 맺고 잔혹한 전쟁을 일으키는 그리스 도시들의 관행을 조화시키기란 쉬운 일이 아니었다. 무역이 일반적으로 공공 기관의 지휘를 받았다는 것은 인정하더라도, 가정의 자급자족조차 노예의 지속적인 공급을 포함한 도시의 자원 확보 능력을 전제하는 것처럼 보였다. 아테네인에게 좋은 것은 거의 항상 이웃 나라 사람들에게 나쁜 것이었다.

그런 폭력적인 사회에서 아리스토텔레스가 자제를 통한 행동 관리를 강조한 것은 놀라운 일도 아니었다. 그의 윤리학은 미덕을 행동으로 지배하며 실천으로 강화되는 경향으로 정의했다. 따라서 미덕을 갖고 있는지 여부는 습관적인 행동으로 확인할 수 있다. 그의 정치 이론에는 실용적인 지혜(사리 분별), 절제를 통한 만족 지연, 용기(시민은 곧 군인이기 때문에 중요하다), 정의(평등과 공정을 포함한)의 네 가지 '시민의 미덕'이 있었다.

아리스토텔레스는 오이코노미아의 실천이 특히 비참함과 사치 사이의 평균을 찾을 수 있는 사리 분별, 그리고 자기 부정과 방종 사이의 평균으로 본 절제에 의존한다고 생각했다(그는 자기 부정이 문제가 되는 상황을 고심했다. 지금의 우리라면 섭식 장애에서 그런 상황을 찾을 수 있을 것이다).

아리스토텔레스는 도덕적 경제학인 오이코노미아를 돈을 모으는 기술이자 돈 자체가 목적인 활동인 크레마티스티케chrematistike 와 구분했다. 이런 식의 구분은 가계가 자급자족할 수 있다는 주장과 함께, 오늘날의 경제학이 고대로부터 어느 정도 변화했는지를 보여준다. 아리스토텔레스의 시대에는 돈 버는 기회가 식민지로부터의 곡물 공급 같은 공공 계약에서 비롯되는 경향이 있었다. 현대 경제학자들은 희소한 재화 공급을 통제할 수 있는 사람들이 자신의 배를 불릴 위험이 있다는 점을 인식할 것이다. 우리는 여기에서 돈을 버는 능력에 한계가 없을 것이라는 아리스토텔레스의 우려를 알 수 있으며, 이는 부를 추구하는 능력이 미덕으로 가는 길이 아니라는 그의 믿음을 강화했다. 아리스토텔레스는 돈을 버는 일이 '비굴한 기질'을 가진 사람들에게 적합하다고 평가 절하했다.

아리스토텔레스의 경제사상이 가진 도덕적 성격이 부에 대한 그의 우려에서 가장 잘 드러난다면, 경제 관행에 미친 지속적이고 구체적인 영향은 대출에 이자 부과를 반대하는 데에서 잘 드러난다. 이것은 더 넓은 맥락에서 살펴볼 필요가 있다.

철학적 탐구에 관심을 가졌던 고대인들은 그리스인들만이 아니었다. 유대와 페르시아의 사상도 깊고 다양했으며, 초기 기독교 신학은 유대와 그리스 문화에 뿌리를 두고 있었다. 서기 7세기에 아라비아반도에서 이슬람교가 생겨났고, 이슬람 학자들은 기독교나 페르시아 학자들과 활발한 토론으로 심도 깊고 광범위한 사상을 발전시켰다. 다만 이슬람교도는 상업에 대한 아리스토텔레스의 반감을 공유하지는 않았다. 아마도 선지자 무함마드가 상인이었기 때문일 것이다. 그런데도 코란에는 고리대금에 반대하는 주장이 있고, 그 형태는 아리스토텔레스의 분석을 반영했다.

경제학자에게 돈은 늘 논의의 초점이다. 우리는 재화와 서비스의 가치를 돈으로 평가하고 그것을 돈으로 산다. 돈을 저장하면 그것은 재산의 일부가 된다. 하지만 그것은 돈의 기능에 대한 비교적 현대적인 이해다. 관념론이라고 알려진 플라톤의 철학적 관점을 통해 이런 돈의 본질을 이해할 수 있다. 그는 주화가 금속 덩어리에 그치지 않고 사용자 간의 합의에 의해 가치가 결정되는 징표라는 것을 인식했다. 그는 미국 상점에서 러시아 지폐를 사용하기 어려운 것과 마찬가지로 한 도시에서 유통되는 화폐가 다른 도시에서는 가치가 없다는 사실도 지적했다.

아리스토텔레스도 이런 사상을 얼마간 이해하고 있었으며, 그는 물물교환 방식보다 화폐 시스템의 가치가 높다는 것을 강조했다. 그는 돈을 무게가 얼마인지 확인하는 도장이 찍힌 합금으로 취급했다. 따라서 그는 돈이란 자연적인 성장이나 번식 불가능한 인공적인 것이라고 정의했다. 그는 돈이 가치를 저장한다는 것은 이해했지만 거래와 관련된 경제 과정을 온전히 이해하지는 못했다. 그리스 사회의 특성과 사회 발전이 제한적이었던 것이 그 부분적인 이유다. 아리스토텔레스는 사람들이 돈을 빌려 상품을 구입하고, 그것으로 새로운 상품을 만든 뒤 판매해서 이윤을 남기고 대출금을 상환할 수 있으며, 이 경우 이자는 사업 비용의 일부일 뿐이라고는 생각하지 못했다.

달리 말해, 아리스토텔레스는 돈이 부의 보유 수단이라는 것은 이해했지만, 그것이 부를 창출하는 생산적 자본으로 전환될 수 있다는 것은 깨닫지 못했다. 이런 이유로 그는 대출 원금보다 많은 돈을 상환하라는 요구는 결코 정당화될 수 없다는 결론을 내렸고, 인공적 재화인 화폐의 부자연스러운 증가를 수반하는 이자 부과는 억제되지 않은 이익 추구의 또 다른 형태가 될 것이라고 생각했다.

이런 주장은 아브라함을 뿌리로 하는 모든 신앙(유대교, 기독교, 이슬람교_옮긴이)의 교리와 일치하는 것으로 이들 종교에 쉽게 흡수되었다. 기독교 학자는 차츰 이자 부과를 용인하는 방법을 찾았지만, 이슬람에서는 그런 일이 일어나지 않았다. 20세기 중반 이래, 일부 무슬림 학자들은 샤리아(이슬람법)의 원칙에 부합하는 은행업으로의 회귀를 주장했다. 그들은 이 제안의 일환으로 이자 부과에 반대하는 아리스토텔레스의 주장을 되살렸다. 이슬람계 펀드는 글로벌 금융 투자에서 차지하는 비중은 작지만 빠르게 성장하고 있다. 업계가 샤리아의 제한을 충분히 받아들였는가에 대해서는 논란이 많지만, 아리스토텔레스의 사상이 여전히 실행에 옮겨지고 있다는 것만은 확실하다.

자급자족하는 가정이 대부분이고 교환의 기회가 제한적인 경제 발전의 초기 단계에서 사회 엘리트를 대상으로 글을 쓴 아리스토텔레스의 오이코노미아가 영향력을 발휘한 것은 그가 관심을 둔 범위가 넓고 그의 학교 리케이온이 중요했기 때문이다. 많은 고전 학자는 아리스토텔레스가 글을 쓸 당시의 시장 기반 활동에 대한 극히 제한된 증거만으로도 가정 관리(그리고 국가 경영)에 대한 아리스토텔레스의 생각을 정치 철학으로 분류하기에 충분하다고 본다.

당연하게도 현대 경제학자들은 그런 의견에 동의하지 않는 편이다. 아리스토텔레스를 경제학자라고 부를 사람은 없겠지만, 아리스토텔레스의 관점을 이해하는 것은 경제학자처럼 생각하기 위한 좋은 출발점이다. 1930년대에 라이오넬 로빈스 Lionel Robbins는 경제학을 "인간의 행동을 목적과 대체 용도가 있는 희소한 자원 사이의 관계로 연구하는 과학"이라고 정의했다. 여전히 널리 사용되고 있는 로빈스의 정의는 학문으로서의 경제학이 매우 넓은 범위를 아우른다는 것을 강조한다. 경제학자들은 고전 정치철학자들이 자원 관리의 필요성을 인식한 순간부터 경제학적 사고에 참여했다고 본다. 고전 정치철학자들은 경제학을 윤리학의 한 분야로 취급하는 경향이 있었는데, 그것이 그들이 인간과 사회에 대해 생각하는 방식이었다. 우리에게는 그들의 주장이 이상하고 불완전하게 보일 수 있고, 그들이 내린 결론 대부분에 동의하지 않을 것이다. 경제학자처럼 생각한다는 것이 의미하는 바가 시간이 흐르면서 달라졌기 때문이다.

우리는 각 장에서 경제 관계뿐 아니라 사회의 구조가 변화하고 있음을 파악한 위대한 사상가들이 경제에 대해 생각하는 새로운 방식을 어떻게 제안했는지 탐구할 것이다. 사회과학으로서 경제학은 절대적인 진리를 담고 있다고 주장하지 않는다. 대신 경제학 이론은 그 이론이 발전한 사회를 반영한다. 그리스인은 검소한 생활을 영위함으로써, 그것을 미덕의 추구라고 부름으로써 물질적 필요를 충족할 수 있다고 믿는 경향이 있었다. 아테네 시민은 수입을 저축할 수도, 사치스러운 생활에 투자할 수도 있었다. 하지만 수입을 철학적 탐구와 도시 통치의 참여에 사용하는 것이 극히 자연스러운 일이었다. 이웃 도시와의 전쟁에서 승리해 자원을 획득하는 것 역시 극히 자연스러운 일이었다. 이런 사회적 배경 때문에 아리스토텔레스는 매매(거래)와 같이 우리가 핵심적인 경제 활동으로 여기는 것을 이해하는 데 관심을 둘 필요가 없었다.

과학적 탐구와 윤리적 탐구에 대해 아리스토텔레스가 생각하는 방식은 수 세기에 걸쳐 영향력을 유지해 왔으며, 이슬람과 기독교 학자들은 거의 천 년 동안 그의 철학을 원전으로 삼아 그 주장에 점진적인 수정만을 가했다. 이는 경제학에 대한 그의 서술에 권위가 있다는 의미다. 실용적인 자원 관리에서 출발한 그의 경제 분석은 그의 미덕 윤리를 반영했다. 부와 미덕을 동시에 추구하는 것이 불가능하다고 믿었기에 아리스토텔레스는 부를 사용해 공익을 증진할 방법에 집중했다. 그렇게 함으로써 그는 공공의 미덕 추구가 불가피해 보이는 지금까지도 가치가 있는 경제학 접근법을 제시했다.

How to Think Like an Economist

2장

토마스 아퀴나스

천사의 지혜를 가진 이

어떻게 하면 상인이 천국에 갈 수 있을까?

"어떻게 하면 상인이 천국에 갈 수 있느냐"는 질문에 대한 그의 답은 타인의 욕구를 부당하게 이용하지 말고 자신의 욕구를 희생하지 말라는 것이었다.

13세기 후반, 벙어리 황소(말이 없고 체구가 크고 뚱뚱한 아퀴나스를 놀리며 부른 말_옮긴이) 토마스 아퀴나스는 아리스토텔레스의 미덕 윤리, 초기 기독교 교리, 로마 상법을 힘겹게 통합해 권위 있는 경제 신학으로 발전시켰다.

"어떻게 하면 상인이 천국에 갈 수 있느냐"는 질문에 대한 그의 답은 타인의 욕구를 부당하게 이용하지 말고 자신의 욕구를 희생하지 말라는 것이었다. 아리스토텔레스가 죽은 후에도 리케이온은 거의 800년 동안 이어지다가 이교도적 철학은 하나님의 뜻에 어긋난다고 판단한 교회에 의해 폐쇄되었고, 그 후 천 년 동안 철학과 경제학은 종교적 사상 속에서 자리를 잡았다.

로마 멸망 후 그리스어를 사용하는 콘스탄티노플은 기독교를 공식적인 종교로 인정하고 동지중해를 지배하는 새로운 제국의 수도가 되었다. 선지자 무함마드의 계시가 있고 100년이 채 되지 않아 이슬람 군대가 북쪽으로는 바그다드, 서쪽으로는 북아프리카를 거쳐 마지막으로 스페인에 이르는 칼리파국을 세웠고 서유럽은 암흑기에서 벗어나면서 동로마제국, 칼리파국과의 경제적 연결과 사회적 관계를 재건하기 시작했다.

이는 십자군 전쟁과 같은 전쟁으로 이어졌으며 재화와 사상도 주고받게 되었다. 13세기 초, 무슬림 팽창의 첫 번째 파동이 시작되고 1204년 제4차 십자군 전쟁 중 베네치아 군대에 의해 약탈당한 콘스탄티노플은 힘을 잃었고, 기독교 국가들은 동방정교회와 가톨릭으로 나뉘었으며, 지중해 서쪽 끝에서는 스페인 왕자들이 영토를 확장하는 한편 시칠리아는 노르만 왕들의 지배하에 들어갔다.

초기 기독교와 이슬람교의 영향력이 커지면서 종교적 문제와 철학적 문제를 가르치는 사람들은 정교한 그리스와 페르시아 사상을 접하게 되었다. 신의 계시를 받았다고 믿었던 종교 지도자들은 과거의 전통을 잇는 학자들과 토론을 벌이며 그들의 사상을 흡수했다. 우리가 주로 관심을 가진 주제는 욕망을 관리해 충족을 보장하리라는 믿음을 비롯한 아리스토텔레스의 많은 사상을 이미 채택한 그리스 기독교인들과 무슬림 학자들 사이의 논쟁이다. 부와 기독교적 미덕은 쉽게 혼합되지 않았다.

하지만 이슬람은 달랐다. 아랍 문화에서는 교역이 중요한 위치를 차지했다. 이슬람 학자들에게는 교역이 미덕을 증진할 수 있는 상황을 정의해야 했다. 아리스토텔레스가 상품과 서비스의 교환을 이해하기 위해 신중함과 절제의 중요성을 강조한 한편, 이슬람 학자들은 상업에 필요한 덕목에 정의를 추가했다.

12세기 후반, 무슬림, 유대인, 기독교인이 어울려 살았기에 종교적 관용으로 유명했던 코르도바에서는 이런 철학적 논쟁이 번성했다. 유대인 철학자이자 신학자인 마이모니데스Maimonides는 아리스토텔레스의 사상과 유대교를 화해시키기 위해 《당황한 자를 위한 안내서Guide for the Perplexed》를 저술했다. 이슬람 학자 이븐 러쉬드Ibn Rush'd도 아리스토텔레스의 사고에 대한 상세한 안내서를 만들었다. 그의 책이 라틴어로 번역되면서 그는 서유럽 전역에 아베로에스Averroës로 알려지게 되었다. 그의 해설서는 서유럽 기독교 사상가들이 아리스토텔레스 철학의 세부적인 내용에 처음으로 노출되는 기회였으며, 아리스토텔레스 철학의 첫 라틴어 번역이었다. 아리스토텔레스가 죽고 1,500년이 더 지나 그의 연구를 접하게 된 학자들은 이 고전 사상에 새로운 해석을 끌어들였다.

13세기 초, 성 도미니크Saint Dominic와 성 프란체스코Saint Francis는 도

시화, 인구 증가, 교역으로 인한 서유럽 사회의 변화에 대응하기 위해 도심에서 복음을 전파하고 청중(과 추종자)의 물질적 지원에 의존하고자 수도회를 설립했다.

지속적인 경제 발전과 사회 발전은 새로운 경제 신학에 대한 요구로 이어졌다. 평신도들은 탐욕의 죄에 빠지지 않으면서 자원을 관리하는 방법에 대한 지침을 원했다. 도미니크 수도회와 프란체스코 수도회는 이슬람 학자들의 주장을 재해석하고 통합함으로써 이런 과제에 대응했다.

13세기 서구 기독교는 이슬람교와 경쟁해야 했을 뿐 아니라 새롭게 부상하는 종교 운동에도 직면했다. 평신도들이 앞장선 이 새로운 단체들은 가톨릭교회보다 훨씬 간단한 방법으로 천국에 가게 해줄 수 있다고 주장했다. 교회가 이단으로 판단한 이 단체들을 교황의 군대가 진압했고, 그 결과 우리는 이단 재판 외에는 이 단체들에 대해 거의 알지 못한다.

기독교 교리의 본질이 불확실했던 이 시기에 프란체스코회는 비난을 받았다. 성 프란체스코는 그리스도가 모든 사제에게 물질적으로 가난할 것을 명령하셨다는 것을 근거로 추종자들에게 완벽한 금욕을 촉구했다. 1279년 프란체스코 수도회는 이 복음주의적 명령에 따르기 위해 수도회가 사용하던 토지와 건물에 대한 모든 소유권을 포기하고 그것들을 그리스도의 지상 대리인인 교황의 수탁 하에 두었다. 1318년, 교회 지도부는 청빈에 대한 성 프란체스코의 가르침이 이단이라는 결정을 내려 재산 관리 제도를 폐지하고 급진적인 프란체스코 수도자들을 처형했다. 종교적 정통성은 경제 제도까지 확장되었다.

고대 아테네와 마찬가지로 중세 경제 신학도 사회 엘리트에게 초점을 맞춘다. 이런 주장을 발전시킨 사제들은 신흥 대학의 학자들이 많았지만, 일부는 부유한 개인에게 종교적 지침을 제공하는 고해신부였다. 교회는 사회의 변화에 효과적으로 대응하기 위해 나름의 경제 신학을 발전시켜야 했다. 경제 정의에 대한 새로운 아이디어를 통합하고 새로운 한계를 설정하는 데는 시간이 걸렸다.

1225년경 남부 이탈리아의 귀족 가문에서 태어난 토마스 아퀴나스는 가족들의 뜻을 거스르고 도미니크 수도회에 입회해 쾰른과 파리에서 교육을 받았고 1274년 사망할 때까지 20년 동안 많은 주석서와 교육서를 냈다. 그의 업적은 미완성으로 남긴 《신학 대전 Summa Theologiae》으로 끝났지만, 아퀴나스가 아리스토텔레스와 마찬가지로 지성사에서 지배적인 위치를 점하는 데는 작품의 방대한 분량과 범위도 영향을 미친다. 그는 신과 신의 창조물에 대해 우리가 알 수 있는 것이 무엇인지 물으며 《신학 대전》을 시작했지만, 제2부에서는 행동의 동기, 자유 의지와 감정의 중요성, 미덕(때라서 죄)의 본질, 신법, 기독교 덕목인 믿음, 소망, 사랑, 아리스토텔레스의 네 가지 시민적 덕목(신중, 절제, 용기, 정의)에 대해 논의했다.

보통 '법률론과 정의론 Teatise on Law and Justice'이라고 부르는 제2부의 마지막 부분은 기독교가 아리스토텔레스의 사상을 흡수한 후 경제 관계를 어떻게 이해했는지 명료하게 요약하고 있다. 이 부분에서는 정의에 관한 논거를 무역과 상품 교환에 적용해 기독교인이 물질적 부를 어떻게 관리해야 구매자와 판매자가 거래의 결과에 만족할 수 있는지 설명했다. 미덕 윤리의 틀 안에서 자원의 교환을 설명하면서 인식 가능한 경제 분석의 요소를 도입한 것이다.

아퀴나스의 스승인 알베르투스 마그누스 Albertus Magnus는 이미 물건을 사고팔 때 적정한 가격을 찾는 방법에 대해 상세히 기술했다. 그는 두 가지 가능성을 주장했다. 첫 번째는 일련의 유사한 거래에서 나타나는 평균(또는 공통) 가격이 적정 가격이 된다는 것이다. 이 추론은 시장에 완벽한 정보가 있고 구매자와 판매자가 많다면 모든 거래가 하나의 고유한 가격으로 이루어진다는 현대 경제학의 일물일가 법칙을 암시한다. 이때 적정 가격 이상을 원하는 판매자는 구매자를 찾을 수 없고 적정 가격을 거부하는 구매자는 아무것도 구매할 수 없다.

두 번째는 흔치 않은 거래의 경우에는 구매자와 판매자의 합의가 필요하다고 제안한 것이다. 또 의견이 일치하지 않는다면 가치

평가 전문가(성직자일 가능성이 높다)에게 자문을 구해 가격을 정하는 방법을 제시했다. 이는 오늘날 자산의 매각 조건을 정하는 계약서에 양당사자 간 의견이 일치하지 않을 때 구속력 있는 중재를 통해 문제를 해결하도록 규정하는 관행과 연관 지을 수 있다.

아퀴나스는 여기에 자발적 교환의 원칙을 추가했다. 거래에 시장 가격이 있든, 가격에 대해 협상을 하든, 거래가 이루어지는 데 양측이 자발적으로 동의해야 하는 것이다. 또한 교환되는 상품이 표준화되어 있고 유사한 거래가 많았다면 경쟁의 규율discipline of competition(판매자와 구매자 간의 경쟁이 가격과 시장 행동에 미치는 규제 효과_옮긴이)이 적용된다. 전문가 평가는 상품이 유일무이한 경우에나 유용하다.

14세기 초에 뛰어난 설득력과 통찰력을 보여준 사상가 중 한 명인 존 둔스 스코투스John Duns Scotus는 더 나아가 우리가 상품을 교환하는 것은 상품을 평가하는 가치에 차이가 있기 때문이라는 것을 인식했다. 그는 현대적 용어를 사용하지는 않았지만, 자원의 자유로운 교환이 결국 자원을 가장 가치 있게 여기는 사람의 손에 들어가도록 보장함으로써 경제적 가치를 창출한다는 생각을 이해했던 것으로 보인다. 그는 구매자와 판매자가 협상할 때는 두 사람 모두 교환으로 창출되는 가치를 공유함으로써 공정한 거래를 하게 된다고 주장했다. 그는 판매자는 일반적으로 구매자가 지불할 의사가 있는 최고 가격을 고집하지는 않는다고 주장했다. 이 점이 중요한 것은 아퀴나스와 동시대 사람들에게는 판매자가 경제적 권력(가격에 대한 통제력이 크다는 의미_옮긴이)을 가지고 있는 것처럼 보이는, 그래서 가격 책정의 선택권이 있는 경우의 역학이 정의의 본질을 이해하는 데 결정적이었기 때문이다.

중요한 예로, 아퀴나스는 포위된 도시에 도착한 상인이 머지않아 포위에서 벗어나 충분한 공급이 이루어질 것을 알면서도 자신의 상품에 더 높은 가격을 매기는 것이 정당한지에 대한 윤리적 문제를 고려했다. 아퀴나스는 상인이 높은 가격 책정을 정당화하는 데는 몇 가지 이유가 있다고 결론지었다. 첫째, 포위된 도시에 도착하는 데는 위험이 수반된다. 여정에 비용이 많이 들었거나 육체적으로 힘들 수도 있고, 안전한 경로를 찾는 데 기술이 필요했을 수도 있다. 아퀴나스는 이런 요소가 높은 가격을 매길 만한 타당한 이유라는 결론을 내렸다. 둘째, 높은 가격이 단기간만 지속되리라는 점을 상인이 아는 것이다. 지금 높은 가격을 책정해야만 상인이 유일한 공급자인 데서 오는 이익을 실현할 수 있는 것이다. 이때 높은 가격 책정을 거부하는 것은 자신의 이익에 반하는 행동이 된다.

아퀴나스에게 거래에서 정의를 실현하는 것은 상인이 구매자를 착취할 수 있는 상황에서 얼마나 자제력을 발휘하느냐의 문제였다. 그는 욕구만이 아니라 무지나 속임수 때문에 가격을 받아들일 수도 있으며 이는 오로지 그들이 충분한 정보를 갖지 못했기 때문이라고 말했다. 그는 모든 관련 정보를 공개하는 것이 판매자의 정당한 행동이라고 주장했다. 이는 지금도 상법의 중요한 원칙이다. 관련 정보를 공개하지 않았다면 계약은 파기될 수 있다.

하지만 정의는 양방향으로 작용한다. 이는 상인이 구매자의 이익을 위해 자신의 경제적 이익을 희생해서는 안 된다는, 결국 거래가 자선 행위가 되도록 해서는 안 된다는 결론으로 이어진다. 이 중요한 특징은 모두가 이익을 추구하기 때문에 시장이 잘 작동한다는, 보다 현대적인 사상의 배경이 된다. 13~14세기의 다른 학자들이 그렇듯 아퀴나스의 생각도 거기까지 미치지는 못했다. 그들은 미덕으로 다른 유형의 사회적 활동을 촉진하고자 하면서도 한편으로는 거래에서 정의의 중요성을 인식했다.

아퀴나스는 거래에서 동등한 가치를 제공하는 교환적 정의 commutative justice를 강조하면서도 분배적 정의 distributive justice에도 중요한 역할이 있다고 주장했다. 이는 경제 안에서 사람들의 가치가 자연스럽게 분배된다는 생각에 뿌리를 둔다. 아퀴나스는 이 가치를 태어나면서부터 사람들에게 주어지는 사회적 역할과 연결시켰다. 예를 들어, 왕은 기품과 관대함을 보여줄 수 있어야 하고 교회의 통치자로 임명된 주교에게도 같은 논거를 적용했다. 기품과 관대함은 고전적인 덕목이었으며, 이런 사회적 역할을 맡은 사람에게는 관대한 마음이 필수적이었다. 아퀴나스는 이를 자선과 자원의 자발적 공유에 연결시켜 이런 활동을 지배하는 규칙은 거래의 규칙과 달라지도록 했다.

그런 주장은 경제적 지위가 궁극적으로 자원을 창출하는 능력에 좌우된다고 생각하는 오늘날에는 의미가 없다. 사람들은 나이, 성별, 가족, 지위가 아닌 고용주가 책정한 가치를 반영하는 급여를 받는다. 아퀴나스의 분배적 정의는 보통 경제적 권력을 확보하기 위해 폭력이라는 위협을 사용하는 사회 내 심각한 불평등을 수반하기 때문에 문제가 있다.

프란체스코 수도회와 도미니크 수도회는 경제적 문제에 의견 일치를 보지 못하는 경우가 많았고, 이는 물질적 재화를 소유할 수 없는(오로지 사용할 수만 있는) 프란체스코 수도회의 관행을 고려하면 놀라운 일이 아니다. 우리는 아퀴나스의 재산에 대한 이해에서 분배적 정의에 대한 그의 주장이 크게 완화된 것을 관찰할 수 있다. 우리는 하나님이 창조한 세상에 살고 있기 때문에 절대적인 소유권은 존재하지 않는다. 따라서 자원에 대한 소유권은 자원이 얼마나 잘 활용되는지에 달려 있으며, 원칙적으로 사용하지 않는 자산은 공동체가 그 소유권을 갖는다.

경제적 목적과 미덕으로서의 정의 실천에서 재산권은 무력에 의한 수용을 막는다. 하지만 재산에 대한 소유권이 절대적이지 않았고 사용 방식에 따라 달라졌기 때문에, 학자들은 전통적인 '필요의 법칙'을 어떻게 적용해야 할지 논쟁을 벌였다. 그들은 자신의 이익에 반하는 행동을 해서는 안 된다는 주장을 확장해, 자신에게 피해가 오도록 해서는 안 된다고 주장했다. 즉, 빵을 살 수 없는 가난한 사람이 생존에 필요한 빵을 훔치는 것은 정당한 행동이다. 그런 행동은 그 사람의 필요를 충족시키기 위한 자선적 충동에 이끌리지 않은 부유한 이웃의 탐욕이 만든 것이다.

이것이 바로 1891년 교황 칙서 〈새로운 사태 De Rerum Novarum〉로 시작된 가톨릭 사회 교리의 기본 원리다. 자원의 생산과 거래를 포함한 일상적인 비즈니스에서 우리는 재산을 완전히 소유한 것처럼 행동할 수 있다. 그러나 자원의 분배가 자원의 적절한 사용을 보장하는지 유념해야 한다. 빈곤에는 미덕이 없고, 미덕이 있는 사회에서는 빈곤이 없어야 한다.

13세기 신학자들은 거래가 사회에 유익하며, 단순히 상인 계급의 배만 불리거나 돈을 벌고 싶다는 욕망을 자극하는 것이 아님을 받아들였지만, 대출 이자를 금지하는 전통적인 가르침을 버리는 것만은 매우 주저했다. 그들은 결국 이슬람 학자들이 발전시킨 논거, 즉 동업에서 이익 공유를 허용하는 논거를 적용해 대출 이자의 개념을 수용하기 시작했다.

아퀴나스는 무역 금융의 정당성을 위해 이슬람 원칙이 아닌 로마의 동업법에 의지했다. 그는 해상 무역의 자금 조달에 자주 사용되던 동업 유형, 일부 파트너는 오로지 재정적인 참여만 하는 파트너십에 대해 잘 알고 있었던 것 같다. 그는 해운과 관련된 위험을 공유하는 재정적 동업자들은 파트너십의 이익과 손실을 모두 공유해야 한다고 제안했다.

아퀴나스는 무역의 실질적인 요소에 대한 분석에 이어 돈과 자본이 뚜렷이 구별되는 개념이라는 것을 입증했다. 그는 아리스토텔레스를 따라 돈을 순전히 부의 저장고, 교환의 매개체, 지불 수단으로만 취급했다. 그러나 아리스토텔레스와 달리 돈이 상품 구매의 자금을 조달하고, 이런 상품은 다른 나라로 배송되어 수익을 내며 팔릴 수 있다고 주장했다.

이 구분이 중요하다. 아퀴나스는 자금을 조달할 수 있는 자본이 없으면 무역이 진행되지 않는다는 것을 인식한 것이다. 그는 투자 수익을 공유하기 위한 전제 조건으로 위험 공유를 주장함으로써 무역 금융을 부채 금융이 아닌, 지금의 우리가 주식 금융이라고 부르는 형태로 취급했다. 이익을 공유하는 금융 파트너들은 무역 원정의 직접 투자자로 위험에도 노출되었다.

아퀴나스가 이자 부과를 쉽게 반대할 수 있었던 것은 그의 분석에 은행의 역할이 없었기 때문이다. 거래가 많을 때는 시장 가격을 정당한 것으로 받아들일 수 있다는 적정 가격에 대한 주장으로 돌아가 보자. 13세기의 금융 계약은 실제 그렇지가 않았다. 무역 금융 외에는 금융 기회가 매우 제한적이었다. 때문에 차용은 사업 기회보다는 필요의 결과였고 따라서 자선 단체가(차용인의 필요를 악용할 수 있는 대출자보다_옮긴이) 그 필요를 충족시키는 것이 더 공정하는 것이 아퀴나스의 생각이었다.

아퀴나스 이후 금융과 경제에 대한 사고에서 나타난 가장 큰 발전은 대출에 대한 고정 이자가 합법적일 수 있다는 점을 받아들인 것이었다. 신학자들이 이자 부과에 윤리적 논거가 있다는 데 동의하기까지는 300년이 넘는 시간이 필요했다. 16세기 중반의 스위스 종교개혁자 장 칼뱅 John Calvin 은 최초로 이자 부과의 논거를 받아들였지만 그러면서도 이 관행을 수용한 것에 후회와 불안감을 표했다.

아퀴나스의 경제학은 아리스토텔레스보다 더 도덕적인 문제를 다루었으며, 그의 주장은 사회의 부유한 구성원을 대상으로 했다. 아리스토텔레스는 미덕이 욕구의 관리, 지적 추구, 사회 참여에서 비롯된다고 주장한 반면, 아퀴나스는 무역을 경제 분석의 중심에 두고 자신의 이익을 포기하지 않으면서 정의롭게 다른 사람들의 이익을 돌볼 방법을 제시했다.

3장

애덤 스미스

설립자

보이지 않는 손을 찬양하며

> 스미스의 주장은 본질적으로 낙관적이었다.
> 그는 사회의 이익을 위해 행동할 수 있는
> 사람들의 능력에 강한 확신을 가졌다.

18세기 스코틀랜드의 철학자 애덤 스미스는 경제학의 기초를 만들었다. 그는 초기 사상가들을 돌아보며 사회의 번창이 개인의 미덕 함양에 의존한다고 설명했다. 그는 경제 관계가 어떻게 발전할 것인지에 대해 미래 지향적인 관점을 갖고 있었으며 경제학자들에게 자원 관리에 대해 사고하는 방법을 제시했다. 예리한 관찰자였던 그는 은퇴 후 고향 커콜디로 돌아가 어머니와 살았고 포스만을 산책하면서 자신의 생각을 정리할 때 가장 큰 행복을 느꼈다.

이제 중세의 스콜라적 경제 신학에서 18세기 후반 계몽 시대의 급진적인 정치 철학 발전으로 이동해 보자. 당시에는 중앙집권적 정부가 영토 전체에 정치적 권위를 갖는 근대 유럽 국가가 등장했다. 유럽은 16세기 서구 기독교의 분열 이후 17세기까지 내전과 종교 분쟁에 시달렸다. 그중 최악은 30년 전쟁으로, 1618년부터 1648년 사이 중부 유럽 인구의 약 3분의 1이 질병과 영양실조로 사망했다. 전쟁은 양측이 모두 지치면서 교착 상태로 끝났다. 18세기 유럽 전역에서 일어난 계몽주의 운동은 다시는 비슷한 일이 일어나지 않도록 하기 위한 대비였다.

18세기 중반에는 스페인, 영국, 프랑스가 세계 제국 건설을 추구하며 전쟁을 벌이면서 유럽 열강 간의 경쟁이 아시아와 북미까지 확산되었다. 영국이 승리해 인도와 북미 동부 해안을 확보하자 프랑스는 영국의 북미 식민지를 지원하는 대응을 했다. 해외 영토 상실로 프랑스가 입은 경제적 피해는 프랑스 혁명의 원인 중 하나가 되기도 했다.

식민지 미국의 독립 선언 4개월 전, 애덤 스미스는 《국부론The Wealth of Nations》을 펴냈다. 그는 식민지의 세금 부담을 덜어주거나 식민지를 영국의 일부로 만들어야 한다고 주장했다. 또한 어떤 전쟁이든 식민지가 결국 승리할 것이란 선견지명을 보여주었다. 이 책이 초기에 이름을 얻는 데는 틀림없이 이 점이 도움이 되었다. 하지만 이 책은 정치에 대한 논평으로 그치지 않았다. 스미스는 사람들이 자신의 이익을 가장 잘 판단한다는 생각으로 경제적 자유의 원칙을 바탕으로 하는 시스템을 구축했다. 그는 공공기관이 중요하다는 것을 알고 있었지만, 이를 개인의 자유를 보장하는 존재, 경제적 미덕을 실현하는 존재로 취급했다. 모든 현대 경제학은 이 위대한 자유주의 정치철학자의 사상에서 비롯되었다.

1723년 스코틀랜드의 작은 마을 커콜디에서 세무 관리의 아들로 태어난 애덤 스미스는 어린 시절 아버지를 여의고 신앙심이 깊은 어머니 슬하에서 자랐다. 1740년 글래스고대학을 졸업한 그는 성공회 사제가 되기 위해 옥스퍼드에 진학해 신학을 공부했다. 막대한 기부금 덕분에 큰 수입을 올리는 옥스퍼드 학자들에게는 학생을 잘 가르칠 동기가 없다고 생각한 스미스는 그때의 경험을 그리 즐기지 않았다. 서품을 받지 않기로 결심한 그는 도덕철학 쪽으로 방향을 전환했다.

1746년 에든버러에 도착한 스미스는 대학이 문을 닫은 것을 발견했다. 이전 해 에든버러는 영국 왕위를 요구했던 찰스 에드워드 스튜어트Charles Edward Stuart 왕자의 자코바이트군에 항복했었다. 정부는 영국 땅에서 벌어진 마지막 전투인, 컬로든 전투에서 반란군을 물리친 후 자코바이트의 활동 무대로 여겨지던 지역에 평화를 가져오는 작업을 진행했다. 에든버러 성의 수비대를 강화하고 대학을 포함한 교육기관 대부분을 폐쇄한 것이다. 이는 스미스에게 공공 지식인으로서의 커리어를 시작할 기회가 되었다.

또한 이는 스미스가 스코틀랜드 계몽 운동에 처음부터 참여했다는 의미였다. 스코틀랜드의 사상가들은(부분적으로는 자코바이트 반란에 대한 대응으로) 폭력이 아닌 정치적 토론을 통해 강력하고 유연한 시민 참여 제도를 설계하고자 했다. 여기에는 정치적·종교적 신념의 차이에 대한 관용이 필요했다.

스미스의 친구이자 위대한 철학자인 데이비드 흄 David Hume의 경력은 이 과정이 얼마나 천천히 시행되었는지를 보여준다. 1750년대에 흄을 이단 혐의로 종교 법정에 세우려는 시도가 있었다. 이러한 사정 때문에 흄은 충분한 자격이 있었지만 교수직을 맡을 수 없었고 변호사협회의 사서가 되었다. '위대한 이교도'라는 명성 덕분에 그는 에든버러의 고상한 디너파티는 물론 파리의 문학 사교모임에서도 탐을 내는 인물이 되었지만, 상아탑에서는 그저 방문객일 뿐이었다.

스미스가 에든버러에서 한 강의는 스승이었던 프랜시스 허치슨 Francis Hutcheson이 1746년 사망한 후 글래스고대학의 윤리학 교수(이후 도덕철학 교수)로 지명되는 데 디딤돌이 되었다. 허치슨은 스코틀랜드 대학생들에게 존 로크 John Locke의 자유주의적 합리주의 철학을 소개했다. 스미스의 가르침에는 허치슨과 같은 활기가 부족했지만, 전임자의 자료라는 기반 위에 자신의 사상을 쏟아부은 두 권의 책《도덕감정론 Theory of Moral Sentiments》과《국부론》을 내놓았고 우리는 이 두 권의 책으로 그를 기억하고 있다. 스미스의 접근 방식에는 세심함과 정밀함이라는 특징이 있었다. 그는 법학에 관한 세 번째 책을 약속했지만 출판되지는 않았다. 1762년 한 학생이 작성한 강의 노트에서 그 책에 대한 계획과 내용을 어느 정도 짐작해 볼 수 있을 뿐이다. 스미스의 강의는 미학, 언어의 기원, 과학 철학까지 망라했다. 《국부론》에서 등장해 유명해진 '보이지 않는 손'이라는 말은 원래 〈천문학의 역사 History of Astronomy〉에서 경제 활동이 스스로 조직화되는 방식을 담아내기 위해 처음 사용했다. 《도덕감정론》을 연구하면서 쓴 것으로 보이는 이 글은 우리가 지식을 발전시키는 방법에 대한 탐구였다.

스미스는 경제학자가 아니었고 아리스토텔레스나 아퀴나스와는 매우 다른 방식이지만 미덕 윤리의 전통을 연구한 철학자였다. 그 결과 스미스는 《국부론》보다는 《도덕감정론》을 더 중요하게 여겼다. 그는 인간은 사회적 동물이기 때문에 다른 사람에게 공감한다고 주장했다. 스미스의 공감은 다른 사람의 감정을 인식하는 것이 아니라 다른 사람의 마음 상태에 상상력을 발휘해 정신적으로 그 사람의 마음 상태에 투사하는 데 의존하는, 문자 그대로 '함께 느끼는 것'이다.

공감을 불러일으킨다는 것은 사람들의 행동과 사회 질서의 동인으로 신을 들먹일 필요가 없다는 것을 의미했다. 대신, 그는 공감의 능력을 이용해 내면의 '공명정대한 관찰자'가 우리의 행동에 어떤 반응을 보일지 알 수 있다고 주장했다. 우리에게는 이런 자기 성찰적 분석을 통해 직접적인 관계가 있는 사람들뿐 아니라 실제 관찰자까지 포함한 다른 사람들의 승인을 얻을 수 있는 행동을 선택하는 경향이 있다. 스미스는 평판에 대한 고려가 덕이 있는 행동을 하게 해준다고 보았다.

어쩌면 이것은 내면의 대화에 참여하는 스미스의 성향을 담고 있는 것일 수도 있다. 그는 공명정대한 관찰자가 중세의 고해신부와 매우 비슷한 역할을 한다고 생각한 것 같다. 알베르투스 마그누스는 상품 가격에 동의할 수 없는 상인들은 전문가의 조언을 구하라고 제안했지만, 스미스는 우리가 조언과 판단을 제공하는 전문가와 늘 함께 다니기 때문에 그럴 필요가 없다고 생각했다.

스미스의 주장은 본질적으로 낙관적이었다. 그는 사회의 이익을 위해 행동할 수 있는 사람들의 능력에 강한 확신을 가졌다. 그래서 도덕 교육이 중요하다고 생각했지만, 무엇보다 다른 사람의 승인을 행동의 지침으로 삼고자 하는 인간의 욕구에 의지했다. 그는 사람들이 매우 쉽게 상류층과 부유층의 의견에 영향을 받는다는 것을 깨달았다. 그러면 셀러브리티 문화와 인플루언서의 부상(자기 이익을 위해 명예, 부, 인기를 추구하는 데_옮긴이)에 경악했을 것이 분명하다.

인간이 덕을 갖춘 사람으로 여겨지길 바라고 따라서 미덕의 길을 따르기를 고려한다고 주장하는 것은 철학자가 당연히 가질 만한 편견이었다. 이 주장은 분명 시대에 발을 맞춘 것이었다. 스미스가 프랑스와 스코틀랜드에서 만났던 저명한 실용주의자 벤자민 프랭클린 Benjamin Franklin은 행동을 취하기 전에 사회적 승인을 얻을 수 있는 행동이 무엇인지 고려하는 관행을 발전시켰다. 흄은 행동을 인도하는 것에 대해 스미스와 비슷한 설명을 내놓았다. 인간의 '열정' 또는 욕구가 행동의 동기를 부여하며 '이성' 또는 합리성은 열정을 충족시키기 위한 행동을 유도하는 보조적인 역할만 한다고 주장한 것이다.

스미스는 《도덕감정론》에서 지배적인 미덕을 식별하는 것은 불가능하다고 주장하면서도 절제에 중점을 두었다. 스미스는 진정한 자신의 이익을 위해 행동한다는 것이 기꺼이 쾌락을 미루는 것을 의미한다고 생각했다. 신뢰를 높이고 사람들이 협력하기 위해서는 사회에 절제가 널리 퍼져 있어야 했다. 스미스는 절제는 저축, 자본의 형성, 산업의 발전을 가능하게 하며 결국 이런 과정은 국부와 국민 소득의 증가로 이어질 것이라고 주장하면서 《국부론》의 경제적 논거의 토대를 마련했다.

《도덕감정론》의 기저에 깔려 있는 낙관주의는 스미스가 공적 미덕이 사적 악덕에 달려 있다는 《꿀벌의 우화 The Fable of the Bees》에 담긴 버나드 맨더빌Bernard Mandeville의 주장을 검토하면서 흔들렸다. 스미스는 번영이 탐욕에 달려 있다는 주장에 반대했다. 그는 탐욕은 거짓 거래로 이어져 신뢰를 좀먹고 상업의 기회를 감소시킨다는 강력한 주장을 펼쳤다. 여기서 우리는 스미스가 그보다 약간 앞선 시대를 산 프랑스 법학자 몽테스키외Montesquieu의 '온화한 상업doux commerce'이 사람들을 문명화하는 효과가 있다는 주장으로 거슬러 올라간 것을 알 수 있다.

스미스는 아퀴나스와 마찬가지로 자기 이익의 중요성을 깨닫고 "우리의 저녁 식사는 정육점 주인, 양조업자, 제빵사의 자비심이 아니라 자기 이익에 대한 그들의 관심에서 비롯된다. 우리는 그들의 인간성이 아닌 자기애에 호소하고, 우리의 필요가 아닌 그들의 이득에 호소한다"라고 주장함으로써 《국부론》의 주장을 뒷받침했다. 스미스는 자기 이익과 사회적 인식의 균형을 맞추면서 자신의 이익을 희생하지 않고 타인의 필요도 인식해야 한다는 아퀴나스의 원칙을 변형시켰다.

《도덕감정론》으로 얻은 명성 덕분에 스미스는 1764년부터 1766년까지 젊은 버클룩 공작Duke of Buccleuch의 가정교사가 되어 프랑스 여행을 함께하게 되었다. 지적 호기심이 부족한 제자에게 곧 지루함을 느낀 스미스는 경제학 분야의 프랑스 사상가들, 특히 경제학에 대한 중농주의적 접근법의 선두 주자 프랑수아 케네François

Quesnay와 안 로베르 자크 튀르고 Anne-Robert-Jacques Turgot를 만나면서 《국부론》의 세부 기획을 시작했다. 이들은 부는 토지의 생산물에서 비롯되며, 제조업은 새로운 생산물을 만들기보다는 자원을 변화시키는 것이라고 믿었다. 이들은 《국부론》의 핵심인 저축 없이는 투자도 없다는 사상도 함께 발전시켰다.

중농주의자들은 결코 응집력이 있는 집단이 아니었다. 중상주의적 접근 방식에 반대하는 것 외에 이들을 통합시키는 것은 거의 없었다. 중상주의는 이전 세기에 등장해, 국부는 금의 보유로 측정할 수 있다는 주장을 기반으로 삼았다. 이는 해외 경쟁자로부터 국내 산업을 보호해야 한다는 주장으로 이어졌다. 무역을 전쟁의 연장선으로 취급하는 중상주의의 목적은 수출이 수입보다 커지도록 하는 것이었다. 여기에서 구상한 것이 대기업이 무역을 지배하고 국가가 경제 관리의 실질적인 역할을 하는 상황이었다. 이로 인해 중상주의는 부유한 엘리트에게 경제력이 집중되는 것을 정당화하는 근거가 되었다. 1774년 루이 16세의 재무장관이 된 튀르고는 중농주의 원리를 적용해 프랑스 정부의 재정을 개혁하고 안정화시키려고 시도했다. 하지만 그 계획이 귀족의 특권을 공격하는 것으로 간주되면서 반대론이 대두되었고 이는 1776년 튀르고의 해임으로 이어졌다.

중농학파의 사상을 흡수한 스미스는 스코틀랜드로 돌아와 은퇴한 뒤 커콜디에 있는 어머니의 집에서 살면서《국부론》의 초고를 썼다. 그는 거의 고립 상태에서 경제 관계의 본질에 대해 깊이 생각했다. 그는《도덕감정론》의 논거를 바탕으로 경제적 행동의 동인은 이기심이지만, 이는 사회에 유익하다고 주장했다. 그는 경제가 대체로 자기 조절적이라는 결론을 내리면서, 경제를 작동시키는 자원의 분배가 마치 보이지 않는 손(〈천문학의 역사〉에서 언급했던)에 의해 관리되는 것처럼 일관된 구조와 질서를 보여준다고 설명했다. 그는 정부가 경제를 관리하려고 해서는 안 된다는 중농학파의 의견에 동조했다.

그러나 스미스는 경제적 가치에 대한 분석에서는 중농주의에 동의하지 않았다. 그는 토지의 우월성을 주장하는 대신 재화의 시장가치는 생산 비용을 반영해야 한다고 생각했다. 그는 일반적인 비용을 토지, 노동력, 자본을 고용하기 위한 지불금으로 정의했다. 그는 생산 비용을 상품 소비에서 파생되는 사용가치와 대조했다. 교환은 전적으로 자발적인 것이기 때문에 가격은 판매자가 상품을 시장에 내놓는 데 드는 비용을 상쇄해야 하며, 구매자는 구입한 재화에서 자신이 지불한 것보다 더 큰 사용가치를 얻어내야 한다는 것이 스미스의 결론이었다.

이런 사상은 아퀴나스의 경제 신학과 비슷하다. 다만 스미스는 그 사상을 훨씬 더 일반적인 맥락에 적용했다.《국부론》은 핀 공장의 이야기에서 시작된다. 기계를 사용한 제조 공정의 한 단계만 노동자가 수행하도록 하는 것이 한 명의 노동자가 모든 단계를 수행하는 것보다 훨씬 더 효율적일 수 있다는 생각을 설명하기 위한 이야기였다. 이 예에서 스미스는 기업의 규모가 대단히 작으며 다른 유사한 기업과 경쟁한다고 가정했다. 1776년에는 지극히 합리적인 가정이었다. 제임스 와트$^{James Watt}$가 개별 축전기에 대한 특허를 받은 것은 1769년이었지만 1776년이 되어서야 증기기관의 첫 원형이 만들어졌기에, 스미스가 글을 쓰던 시대의 공장에서 의존한 동력은 물이었다. 공장은 윌리엄 블레이크$^{Willam Blake}$의 상상 속에 등장하는 어둡고 타락한 곳(윌리엄 블레이크의 시 〈예루살렘^{Jerusalem}〉의 묘사를 뜻한다_옮긴이)이 아닌 전형적인 작업장이었다.

경쟁 시장에 대한 스미스의 생각은 지금도 중요하다. 현대 경제학의 대부분은 우리는 이기심을 추구하는 반면 경쟁자는 우리의 이기심을 제한한다는 스미스의 깨달음을 기반으로 한다. 우리는 경쟁자보다 높은 가격을 책정하고 높은 매출 달성을 기대할 수 없다. 모든 사람이 경제 상황에 대한 충분한 정보를 갖고 있다면 특히 더 그렇다. 높은 가격은 높은 가치로 보이지 않을 것이다. 그는 중상주의 사상에 반대하면서 경제력 집중을 허용하고 경쟁을 희석시키는 것이 사회에 얼마나 해로운 것으로 입증되었는지 보여주었다.

중상주의적 경제 관리에 대한 예리한 비판은 화폐 분석에서도 계속되었다. 18세기에는 신흥 민간 은행들이 금과 은의 보유고를 뒷받침으로 자체적인 은행권을 발행했다. 스미스는 금속 주화는 합의된 가치의 징표로 생각했지만, 지폐를 화폐로 취급하는 것을 경계했고 금속 주화에 대한 권리를 주장하기 위한 방안으로만 여겼다. 그가 《국부론》의 중심 부분을 시간의 흐름에 따른 은의 가치 변화를 설명하는 데 할애한 이유를 보면 더 잘 이해할 수 있다.

그가 곡물의 가치를 미숙련 노동의 임금과 연관된 일정한 가치 척도로 선호한 데서 중농중의의 영향을 발견할 수 있다. 이 설명에서는 역사적 데이터를 모아 설득력 있는 서사를 만들어내는 스미스의 뛰어난 능력도 확인할 수 있다. 그는 은 가격의 역사에 이어 '다른 나라의 부'에 대해 설명하면서 유럽 전역의 농업과 산업 발전에 집중했고, 다시 한번 중농주의 사상을 언급하면서 유럽의 급속한 산업 발전이 중농주의 이론과 일치하지 않는다는 점을 강조했다.

화폐의 본질을 검토한 스미스는 자본의 본질에 대해 논의할 준비를 갖췄다. 그는 절제와 정의가 공정한 거래, 신뢰, 협력을 촉진시키고 궁극적으로 저축과 투자를 증진한다는 《도덕감정론》의 논거를 바탕으로 투자가 사회 및 경제 발전에 필요한 자본 형성으로 이어진다고 주장했다. 그는 국가의 부가 곧 금괴의 보유량이라는 중상학파의 주장을 배제하고, 대신 국부는 재화 생산에 사용할 수 있는 자본으로 알 수 있다고 주장했다. 이에 스미스는 생산물이 자본금의 일부가 되어 즉시 소비되는 것이 아니라 자본과 소비재의 미래 생산을 가능케 하는지에 따라 생산적 노동과 비생산적 노동을 구분했다.

이 모든 것은 자유 무역에 대한 확고한 옹호와 국가의 역할에 대한 논의를 위한 예비 단계였다. 일부 경제학자들은 스미스를 개인주의의 옹호자로만 취급하지만, 그는 시장의 효율적인 작동에는 공적 조치가 필요하다고 확신했다. 예를 들어, 스미스는 국가 방어를 위해 국가가 무력 사용을 독점해야 한다고 생각했다. 독립을 달성하기 위한 미국 식민지 주민의 투쟁을 지지한 그는 독점에는 물론 시민들의 동의가 필요하다고 믿었다.

또한 그는 법원이 모든 사람에게 열려 있도록 정의는 국가가 집행해야 한다고 주장했다. 그는 민간 업체가 비용을 감수할 만한 수익을 창출할 수 없는 도로나 등대와 같은 공공사업을 예로 들었다. 마지막으로 그는 국부와 자본을 연관시키는 관점에 따라 노동자들의 생산성을 높이기 위해 교육에 대한 공공의 지원이 필요하다고 주장했다. 2세기 후에야 영향을 주기 시작할 아이디어를 내놓은 것이다. 이 책은 역사적 분석에 근거한 공공 재정에 대한 고찰로 마무리되지만, 세금을 가장 잘 관리하는 방법에 대한 설명도 포함되어 있다.

《국부론》은 근대 경제학의 출발점으로만 생각할 책이 아니다. 18세기 후반 경제 제도에 대한 스미스의 숙고는 후대의 경제학 연구에서 채택할 체계적인 접근 방식을 제공했다. 그가 제기한 질문은 오늘날에도 여전히 중요한 의미를 지닌다. 스미스는 미덕 윤리의 전통으로 돌아가 아리스토텔레스와 아퀴나스의 경제 철학을 완전히 새로운 방식으로 재구성함으로써 산업화 경제 연구에 필요한 프레임워크를 확립했다.

How to Think Like an Economist

4장

로버트 맬서스와 데이비드 리카도

현실주의자와 이론가

Robert Malthus
& David Ricardo

너무 많은 사람, 너무 적은 땅 그리고 찾아볼 수 없는 수익?

Robert Malthus & David Ricardo

> 리카도는 임금이 항상 최저 생활 수준에 근접할 것이라는 맬서스의 생각을 빌려왔을 뿐 아니라, 토지 지대는 희소한 자원의 사용에 대한 요금이라는 맬서스의 이론을 사용했다.

경제학이 '우울한 과학'이라는 토머스 칼라일 Thomas Carlyle 의 냉소가 옳다는 것을 로버트 맬서스만큼 정확히 보여줄 수 있는 사람이 있을까? 맬서스는 1798년 내놓은 《인구론 Essay on the Principle of Population》으로 명성을 얻었다. 여기에서 그는 노동 계급은 간신히 생존할 수 있을 정도의 임금을 받으면서 항상 가난하게 살 것이라고 주장했다. 맬서스는 이 책으로 인간의 본성이 완전하며 사회 발전은 불가피하다는 정치학자 윌리엄 고드윈 William Godwin 의 주장을 바로잡고자 했다. 따라서 맬서스는 18세기 지식인들의 불치병처럼 보였던 낙관적 관점의 중심 인물인 애덤 스미스의 비판자이기도 했다.

우리는 맬서스를 그의 저서로만 기억하지만 그의 친구 데이비드 리카도는 그의 다른 경제사상을 원료로 삼아 자신의 사상을 발전시켰다. 금융가로 큰 성공을 거둔 리카도는 27세인 1799년 바스 방문 중에 《국부론》을 발견했고 1815년 은퇴하고 런던에서 시골로 내려간 뒤 《정치경제학과 과세의 원리 Principles of Political Economy and Taxation》를 저술하는 데 전념했다. 그는 이후 몇 년 동안(리카도는 1823년 사망했다) 경제에 대한 새로운 사고방식을 수립했으며, 그 영향력은 오늘날까지 이어지고 있다.

중상류 가정의 둘째 아들이었던 맬서스가 경제학에 입문한 경로는 리카도와는 차이가 있었다. 그는 케임브리지에서 수학을 공부해 최고 수준의 학위를 얻었다. 그 후 영국 국교회에서 성직 서임을 받았는데, 이는 동시대 작가 제인 오스틴 Jane Austen의 소설에서 볼 수 있듯 그 시대 둘째 아들이 흔히 걷는 길이었다. 1803년 링컨셔 웨일즈비의 교구목사가 되면서 수입이 늘어나자 그는 케임브리지 지저스 칼리지의 평의원직을 사임하고 결혼했다. 1805년에는 헤일리베리대학에서 역사와 정치경제학을 가르치며 동인도회사에 합류할 젊은이들을 교육했다. 19세기 대부분 경제 분석은 정치경제학의 형태였으며, 그 초점은 국부의 분배에 대한 이해에 있었다. 이 정치경제학 교수 임용으로 맬서스는 영국 최초의 전문 정치경제학자가 되었다.

이런 교육적 배경 덕분에 맬서스가 윤리적 문제에 수학적 틀을 적용하는 것은 자연스러운 일이었다. 그의 설명은 상당히 단순했지만, 수학적 사상에 의존함으로써 경제에 대해 생각하는 새롭고 형식적인 방식을 도입했다. 그리고 리카도는 그 접근법을 계속 발전시켜 나갔다.

맬서스의 《인구론》은 식량 생산에 토지와 노동력의 투입이 필요하다는 사실에서 출발한다. 맬서스는 노동자와 토지 모두 시간이 흐르면서 생산성이 높아진다는 점을 기꺼이 받아들였다. 그의 가장 중요한 가정은 노동자는 자녀를 낳기 때문에 식량만 더 생산하는 것이 아니라 노동자를 더 만들어낸다는 것이었다. 그는 노동력이 커질수록 식량 생산도 늘어날 것이라고 가정했다. 맬서스는 노동자의 필요를 충족시킬 만큼 식량이 충분하다면 노동자가 더 많은 자녀를 낳거나 더 많은 자녀가 성인이 될 때까지 생존할 것이라고 했다. 중요한 점은 잉여 식량이 인구 증가로 이어진다는 것이었다. 비슷한 논리로 식량 부족은 높은 사망률이나 낮은 출생률 그리고 인구 감소로 이어진다.

맬서스는 인구가 일정한 비율로 증가하는 것이 자연스럽다고 가정함으로써 이 논증을 구조화했다. 그 예로 그는 미국의 인구가 25년마다 두 배가 된다는 것을 보여주는 증거를 들었다. 이후 그는 특정 기간의 식량 생산량이 일정하게 증가한다고 했다. 인구가

2, 4, 8, 16과 같이 어느 기간마다 두 배가 된다고 가정해 보자. 기간마다 식량 공급이 4단위씩 늘어난다면 4, 8, 12, 16과 같이 증가할 것이고 결국 인구가 식량 공급을 앞지르게 되는 것이다.

맬서스는 인구 증가의 속도가 미국보다 훨씬 느린 유럽에서는 이런 일이 일어나지 않았다(일관적으로는)는 사실에서 인구의 폭발적인 증가를 막기 위해 억제가 있어야 한다고 결론지었다. 그는 질병, 기근, 전쟁을 사람들이 통제할 수 없는 양성 제어 positive check 로 정의했다. 또한 이런 양성 제어를 예상한다면 예방적 제어 preventive check 를 시행함으로써 인구 증가를 제한할 수 있다고 말했다. 그는 예방적 제어가 가능하다면 사회적으로 결정된 생계 수준이 육체적 생계 수준보다 높을 수 있다고 제안했다.

계몽주의 스타일의 전형인 맬서스의 주장은 그가 출산의 궁극적인 원인으로 간주한 '남녀 간의 열정'에서 출발한다. 스미스가 절제에 호소했던 것처럼 맬서스는 순결, 만혼, 금욕과 같은 관행이 출생률을 낮추고 따라서 인구 증가율을 낮춘다고 주장했다. 맬서스는 자신의 주장을 강화하기 위해 《인구론》 초판이 나온 후 동생과 스칸디나비아와 러시아를 여행하면서 양성 제어와 예방적 제어의 작동 증거를 찾았다. 그의 연구는 규모와 범위가 크게 확장된 6판까지의 《인구론》에 영향을 미쳤다.

그 과정의 일환으로 그는 공공 도덕의 개선을 위해 정부가 채택해야 할 정책을 개술했다. 그는 자활이 불가능한 사람들에게 (매우 제한적이긴 하지만) 공적 지원을 제공하고 결국 양성 제어의 작동을 제한하는 영국의 빈민법 같은 공적 조치에 반대했다. 맬서스는 빈곤을 구제하기 위한 자금 지원은 인구 증가를 초래하며, 따라서 가난한 사람들의 수가 증가하고 더 많은 사람이 국고에 의존하게 된다고 생각했다.

이런 주장은 "아기는 다른 아기들이 즉시 대체할 것이기 때문에 상대적인 의미에서 사회에서의 가치가 거의 없다"라는 《인구론》 6판의 악명 높은 주장으로 이어졌다. 그러나 맬서스는 부모가 버린 사생아의 상황은 형사적 책임이 있는 태만으로 간주했다. 맬서스는 자선의 대상으로 취급되는 그런 아이들은 1년 이내에 사망하는 경우가 많다고 차분한 태도로 지적했다. 이는 그리 놀라운 일이 아니었다. 19세기 초에는 전체 유아의 거의 절반이 5세 이전에 사망했다. 성직자인 맬서스는 많은 아기에게 세례를 주고 또 많은 아기의 장례를 치렀을 것이다.

공공정책이 예방적 억제의 도입을 장려해야 한다고 믿은 맬서스는 영국의 성직자들이 결혼을 원하는 사람들에게 도덕 교육을 할 것을 제안했다. 그는 스칸디나비아 여행에서 국교인 루터교 교회의 성직자들이 기독교 도덕을 확산할 목적으로 정기적으로 교구를 방문해 사실상 공무원의 역할을 하는 모습을 목격했고, 그 경험에 의지했다. 또한 스미스는 이것이 기성 교회 성직자의 중요한 역할이라고 생각했다.

도덕적 논쟁은 고려하지 않고 이론적 측면에만 집중한다면, 경제 성장의 취약성과 일시성을 강조하는 맬서스의 사상은 오늘날에도 중요한 의미를 지닌다. 기후 변화를 관리하고 탄소 중립으로의 전환을 계획하느라 고투하고 있는 지금 상황에서는 맬서스적 색채를 지닌 주장이 인기를 얻는다. 적절한 예방 조치가 없다면 우리는 점점 더 많은 양성 억제에 직면하게 될 것이다.

또한 경제사학자들은 '맬서스 모델Malthusian models'을 북서유럽 일부 지역에서 지속적인 경제 성장이 시작된 18세기까지 사회 구조를 연구하기 위해 사용했다. 18세기 말에 사상을 발전시킨 맬서스는 경제의 지속적인 팽창을 인식했을 것이다. 그러나 당시 유럽에서 가장 부유한 나라였던 영국에서도 임금은 19세기 중반까지 상승하지 않았다. 먼 미래를 내다보려면 그에게는 믿기 힘든 혜안이 필요했을 것이다.

더 독창적인 사상가였던 데이비드 리카도에게도 그런 선견지명은 없었다. 사업에서 은퇴하고 경제 정책 문제에 관한 몇 가지 소논문을 낸 리카도에게 시골에서 은퇴 생활은 쉬운 선택지였다. 하지만 그의 친구들, 특히 제임스 밀James Mill(그의 아들 존 스튜어트 밀은 19세기 최고의 경제학자이자 철학자가 되었다)의 권유로 리카도는 《정치

경제학과 과세의 원리》의 초고를 쓰기 시작했다. 밀의 끈질긴 코칭이 없었다면 리카도는 이 책을 마치지 못했을 것이다. 리카도가 이 일을 마쳐야 한다는 확고한 신념으로 감독 역할을 자처한 밀은 자신감이 부족한 작가에게 꼭 필요한 존재였다.

스미스만큼 설득력 있고 포괄적인 논거를 구성하는 데는 관심이 없었던 리카도는 《정치경제학과 과세의 원리》를 쓰는 데 2년도 걸리지 않았다. 이 책에는 읽기 어렵다는 평판이 따르는데, 20세기 편집자들은 가독성을 높이기 위해 실례를 불구하고 책의 순서를 바꾸기도 했다. 하지만 리카도가 완전히 새로운 시도를 했기 때문에 독자들이 읽는 데 애를 먹는 것은 거의 불가피한 일이었다. 《정치경제학과 과세의 원리》는 몇 가지 새로운 아이디어를 추가한 《국부론》의 업데이트 버전으로 평가해서는 안 된다. 리카도는 책 전반에 걸쳐 새로운 경제 개념과 경제에 대해 생각하는 새로운 방식을 탐구했다.

리카도가 택한 복잡성 덕분에 대중 사이에서는 스미스의 명성이 훨씬 높지만 경제학자들 사이에서는 리카도가 미친 영향이 스미스에 뒤지지 않는다. 예를 들어, 그의 아이디어 중 국제 무역에 대한 분석은 여전히 경제학 입문 수업에 등장하고 있으며, 경제학자들은 20세기 내내 그의 아이디어를 수학적 모델의 기초로 사용했다. 스미스의 이야기식 기술과 상세한 역사적 분석으로는 해낼 수 없는 일이다.

　리카도는 임금이 항상 최저 생활 수준에 근접할 것이라는 맬서스의 생각을 빌려왔을 뿐 아니라, 토지 지대는 희소한 자원의 사용에 대한 요금이라는 맬서스의 이론을 사용했다. 이후 리카도는 자본이 가치가 있는 것은 오직 이전 원자재에 대해 이루어진 노동이 있었기 때문이라고 주장하면서 노동이 모든 경제적 가치의 궁극적인 원천이라고 논파했다. 이 '노동 이론'은 토지를 사용하기 위해 지불하는 지대, 자본을 사용하기 위해 지불하는 이자, 노동자에게 지급하는 임금이 분명히 다른 생산 비용이며, 재화의 판매 가치는 그 재화 생산과 관련된 비용이라는 스미스의 '합산 이론'과 달랐다.

　리카도는 가치의 본질을 재정의함으로써 소득 분배 이론에 집중할 수 있었다. 리카도는 산업 혁명 시기에 맬서스에게 보낸 서신에서 지주와 기업가 사이의 정치적 분쟁을 배경으로 생산물의 가치 중 어느 만큼을 노동자, 지주, 자본 소유주에게 지급할 것인지 파악하는 것이 정치 경제의 핵심 문제라고 말했다.

　리카도는 충분히 긴 시간이 흐르면 자본에 대한 이윤율이 0으로 떨어질 것이라고 주장했다. 이렇게 장기적인 배경에서는 재화의 가치가 재화를 생산하는 데 필요한 임금과 생산에 사용되는 지대로 이루어진다. 이 결과를 도출하는 데 필요한 가정을 고려할 때, 리카도는 자신의 주장이 특수한 경우에만 정확히 적용된다는 것을 알고 있었다. 그러나 이윤율이 하락한다는 그의 주장은 19세기 대부분 정치경제학에서 중요한 위치에 있었다.

리카도가 자신의 주장과 가장 합치된다고 생각한 사례는 흔히 '옥수수 모델'이라고 불리는 것이다. 토지, 노동력, 자본은 경작 가능 농업에 꼭 필요한 투입물이다. 농부는 자본을 제공하고 토지를 임대하고 노동자를 고용해 생산을 관리한다. 리카도는 토지의 질은 다양하다고 가정했지만, 노동과 자본을 고정된 비율로, 그리고 사용하는 모든 토지에서 동일한 강도로 사용한다고 가정했으며, 농부가 생산을 시작할 때 가장 비옥한 땅을 사용하고 산출물을 늘려야 하기에 더 많은 땅을 경작할 것이라고 가정했다.

맬서스의 인구 모델을 적용하면 임금은 최저 생활 수준이 되므로 농부는 임금을 더 낮출 수 없다. 리카도는 맬서스의 지대 이론을 적용해 어떤 토지에 대해 지불하는 지대는 농부가 해당 토지에서 생산할 수 있는 밀의 양과 농작물이 자라는 가장 생산성이 낮은 땅에서 생산되는 밀의 양 사이의 차이와 같아야 한다고 주장했다. 이것이 지대가 비옥한 토지 접근권에 대한 대금이라고 경제학자들이 말하는 것이었다. 그렇다면 농부의 이익은 생산성이 가장 낮은 땅에서 생산된 곡물의 양과 그것을 생산하는 노동자에게 지급된 임금(산출량 측면에서) 사이의 차이가 된다.

이어 리카도는 농부가 더 이상 이윤을 남길 수 없을 때까지 계속해서 사용하는 토지를 늘려나갈 것이라고 주장했다. 토지에서 기르는 작물의 산출량이 노동자에게 지급하는 임금과 일치할 때까지 말이다. 농부는 수익을 전혀 얻지 못하고 토지는 지대를 벌어들이지 못한다. 농업 전체에서 이윤율은 0이 되고, 임금은 노동자가 생존만 할 수 있는 수준이며, 지주는 생산을 통한 잉여 전부를 지대로 징수한다. 리카도는 이 과정에서 자본의 몫이 0으로 떨어지면 지대와 임금이 차지하는 몫의 비중이 증가한다는 것을 보여주었다.

리카도는 옥수수 모델을 통해 경제 이론 발전의 첫 번째 탐색 단계를 밟았고, 그의 접근 방식은 남은 19세기 동안 정치경제학을 지배했다. 이처럼 지대와 임금의 변화에 집중하는 대신 이윤율이 0으로 떨어졌을 때 얼마나 많은 토지가 사용될 것인지, 얼마나 많은 곡물이 생산될 것인지에 대한 문제에 집중했다면 리카도는 19세기 후반의 경제학까지 예측할 수 있었을 것이다. 그는 농부가 이익을 얻을 수 없을 때까지 계속 토지를 임대할 것이라고 주장함으로써 오늘날 경제학자들이 여전히 사용하는 유형의 추론 구조를 확립했다.

우리는 국제 무역에 대한 설명에서 리카도와 스미스가 얼마나 다른 분석 유형을 발전시켰는지도 확인할 수 있다. 두 사람 모두 자유무역의 장점을 확신하고 있었다. 그러나 스미스는 국부에 무역 흑자와 금괴 축적이 필요하다는 중상주의적 주장이 틀렸음을 드러내기 위해 국제 무역의 역사적 발전에 대한 자신의 지식에 의지했다. 무역에 대한 그의 이론적 분석은 매우 단순했으며, 대부분이 그의 절친한 친구 데이비드 흄에게서 차용한 것이었다.

흄은 두 나라가 두 가지 재화를 생산하는데, 각각이 한 가지 재화를 더 낮은 비용으로 생산할 수 있는 '우위'를 갖고 있는 경우라면, 각 나라가 더 낮은 비용으로 생산할 수 있는 재화의 생산에 매달릴 때 두 나라 모두 잘 살 수 있다고 주장했다. 이런 특화는 두 재화가 더 많이 생산된다는 것을 의미한다. 이후 무역을 통해 두 나라에서 두 재화의 소비가 증가한다.

리카도는 여기서 더 나아가 영국과 포르투갈이 옷감과 와인을 어떻게 거래할 수 있는지를 예로 들었다. 그는 우선 포르투갈 경제가 영국 경제보다 생산성이 높기 때문에 1년 동안 포르투갈 노동자가 생산할 수 있는 포도주와 옷감의 양이 영국 노동자가 생산할 수 있는 양보다 많다고 가정했다. 흄의 관점에서 보면 포르투갈은 두 제품 모두에서 우위에 있다. 리카도는 포르투갈이 포도주에서 갖는 우위와 옷감 생산에서 갖는 우위에 차이가 있는 한 무역이 여전히 유익하다고 주장했다.

두 나라의 기후 차이를 고려하면 와인 제조에서는 포르투갈 노동자의 생산성이 영국 노동자의 생산성보다 훨씬 높을 것이라고 합리적으로 예측할 수 있다. 무역이 이익이 되려면 옷감 생산에서 양국 노동자의 생산성 차이가 더 적으면 된다. 이때 포르투갈은 포도주 제조에서 비교 우위를, 영국은 옷감 생산에서 비교 우위를 가졌다고 말할 수 있다.

흄의 주장은 보다 일반적인 환경에도 적용할 수 있다. 포르투갈이 와인 제조를 전문으로 하기로 결정했다고 가정해 보자. 옷감을 덜 생산하고 와인을 더 많이 생산하면 와인 소비를 늘릴 수 있고 늘어난 생산량에서 남은 부분을 영국에 수출할 수도 있다. 동시에 포도주 제조에서 옷감 생산으로 전환한 영국은 옷감 소비를 늘릴 수 있고 포르투갈에 수출할 수 있다. 이런 무역을 통해 포르투갈과 영국은 더 많은 와인을 소비하고 더 많은 옷감을 사용할 수 있다. 양쪽 모두 형편이 더 나아지는 것이다.

많은 학생이 처음 수강하는 경제학 과목에서 이런 식의 논증을 만나게 될 것이다. 이런 논증이 경제학자처럼 생각하는 방법의 기본 원칙을 대단히 우아하게 제시하기 때문이다. 경제학자들은 스미스를 존경하지만, 사실 그들은 리카도 학파라고 할 수 있다.

리카도는 경제적 논거에 많은 정치적 함의가 있다고 생각했다. 리카도는 대중의 담론에 영향을 미치고자 1818년 하원의 아일랜드계 의석을 매수해 국회의원에 당선되었다. 이로써 그는 경제 개혁을 주장할 수 있는 자리를 얻었다.

당시 값싼 외국 곡물의 영국 수입을 제한하는 곡물 조령^{Corn Law}이 화제였다. 높은 지대로 이득을 보는 지주와 높은 곡물 가격 때문에 임금이 올라 지주에게 보조금을 지급하고 있는 셈이라고 주장하는 제조업체 간의 격렬한 논쟁이 주요 쟁점이었다. 리카도는 자유무역을 원하는 제조업체의 편에 섰다. 세계에서 가장 생산성이 높은 자본을 보유한 영국은 제조업을 전문으로 하고, 미국과 같은 농업에서 비교 우위를 가진 국가는 농산물 생산을 전문으로 해야 한다는 것이 그의 생각이었다.

처음에 그는 경제와 공공 재정에 대한 해박한 지식으로 토론에서 주목과 존경을 받았다. 그러나 곧 '명예 없는 선지자'라고 매도당했고, 다른 행성에서 온 것 같은 이론가(그리고 괴짜)로 치부되었다. 의원들에게는 환영받지 못했지만 그는 엄격하고 세심한 분석을 제시한 최초의 진정한 경제학자였다.

맬서스는 인구의 원리와 지대 이론으로 리카도가 세운 새로운 유형의 정치경제학을 발전시킬 수 있게 했다. 리카도처럼 맬서스도《정치경제학의 원리 Principles of Political Economy》라는 제목의 책을 썼지만, 이 책은《인구론》과 같은 영향력은 갖지 못했다. 리카도는 보다 체계적이고 보다 철저했다. 리카도의《정치경제학과 과세의 원리》, 특히 옥수수 모델은 19세기 정치경제학의 기반이 되었다.

이 모델은 더 이상 사용되지 않지만, 리카도의 많은 용어와 개념, 그리고 그의 논증 스타일은 경제학자처럼 사고하는 데 필수적인 요소로 남아 있다.

How to Think Like an Economist

5장

존 스튜어트 밀

고전적 자유주의

John Stuart Mill

노동은 보상받을 수 있을까?

> 밀은 개인의 자유에 부합하는 공적 개입의 유일한 형태는
> 가능한 한 해악을 방지하는 것이라고 보았다.

경제학은 잠시 잊어버리자. 존 스튜어트 밀의 삶과 경제에 대한 사고방식을 이해하려면 그와 아버지의 관계, 그리고 아내 해리엇 테일러 Harriet Taylor와의 관계에 대해 알아야 한다. 그의 아버지는 아들에게 생각하는 방법을 가르쳤고, 테일러는 19세기 유럽 경제를 휩쓸었던 산업화 과정에서 모든 사람이 혜택을 누리기 위해 무엇을 해야 하는지 생각하게끔 격려했다.

우리는 이미 존 스튜어트 밀의 아버지인 제임스를 만나보았다. 제임스 밀은 리카도가 《정치경제학과 과세의 원리》를 쓰는 동안 코치 역할을 했다. 이는 '철학적 급진주의자' 집단에서 파생된 일이었다. 이 집단은 경제학자들에게 상당한 영향을 준 공리주의 윤리로 유명한 정치철학자 제레미 벤담 Jeremy Bentham을 위주로 형성되었다. 자유주의적이고 세속적인 공리주의 사상의 탐구에 헌신한 제임스 밀은 자녀들이 벤담의 철학에 초점을 맞춘 철저하고 규율 있는 교육을 받길 원했다.

그는 자신에게 재정적 지원을 제공한 지주의 이름을 따서 장남을 존 스튜어트라고 불렀다. 다행히도 존 스튜어트 밀은 아버지의 기대에 부합하는 조숙한 아이였다. 존 스튜어트는 유아기를 벗어나자마자 고전을 공부했다. 여덟 살에 이미 플라톤을 번역할 수 있었던 그는 수학, 철학, 결국은 정치경제학까지 익혔다. 벤담의 적극적인 참여로 제임스 밀은 아들의 지적 능력을 개발하는 데 노력을 아끼지 않았고, 모든 행위는 사회의 복지 극대화를 목표로 선택되어야 한다는 공리주의의 전제를 받아들이도록 교육했다.

제임스 밀은 이 과정에서 아들의 감정, 심지어는 개인으로서의 자율성까지 거의 무시했다. 이는 급진주의 철학자들이 노예제도에 강하게 반대했다는 것을 생각하면 매우 흥미로운 부분이다. 그리고 예상할 만한 결과가 나왔다. 스무 살의 나이에 존 스튜어트는 감정의 침체기를 맞이했다. 그는 공직에 나서는 대신 낭만주의 시에 매료되었고, 이를 통해 행복의 원천인 사랑을 발견했고, 결국 의도적인 노력으로는 행복을 얻을 수 없다는 결론을 내렸다.

1830년, 23세의 존 스튜어트는 해리엇 테일러를 만났다. 당시

스물한 살이던 그녀는 의약품 도매업을 운영하던 존 테일러[John Taylor]의 아내였다. 밀과 해리엇 테일러의 관계는 빠르게 발전했다. 존 테일러는 둘의 관계를 얼마간 묵인했지만 1834년에는 인내심이 바닥나 아내에게 따로 집을 마련하라고 요구했다.

테일러와의 친밀한 관계는 존에게 중요한 내적 자원을 제공했다. 아버지의 강요로 인한 젊은 시절의 반발 이후, 그는 19세기 중엽의 대표적인 대중 지식인이 되었다. 철학 연구를 중점으로 삼았고 19세기 중반 영국의 경제 시스템에서 등장한 도덕적·윤리적 문제를 다루었다.

세계 최고의 산업 강국이었던 영국은 세계 제국을 수립하는 과정에서도 상당한 진전을 이루고 있었다. 밀은 제국주의 프로젝트에서 중요한 역할을 했다. 정부가 인도를 직접 통치하기로 결정한 1858년까지 인도에서 영국의 이권을 관리하던 민간 기업인 동인도 회사의 수석 심사관 자리에 있었다. 중상주의 시스템의 잔재이며 부패로 악명 높았던 동인도 회사는 시대착오적인 존재였다. 밀은 공식적으로 영국 통치로부터 독립한 인도 제후국과 동인도 회사와의 관계를 감독하면서도 이 회사가 낡은 시스템의 유물이라는 점을 잘 알고 있었다.

밀은 회사와 지적 작업을 분리했다. 그의 지적 작업은 1840년대에 크게 발전했다. 1843년 《논리학 체계[System of Logic]》와 1848년 《정치경제학 원리Principles of Political Economy》 초판이 출간되었다. 그의 저서들은 19세기 동안 해당 주제에 대한 표준 입문서가 되었으며, 다른 작품의 토대가 되었다. 오늘날 경제학자들 사이에서 가장 유명한 밀의 저서는 1859년에 출간된 에세이《자유론On Liberty》과 1861년에 출간된《공리주의Utilitarianism》(현대 경제학에서 당연하게 여겨지는 자유주의 정치철학을 제시했다)다.

복잡한 아이디어를 흥미롭게 만들고 다양한 청중이 복잡한 사회와 경제 정책의 문제에 참여하게끔 만든 능력 덕분에 밀은 자유주의를 지지하는〈모닝 크로니클Morning Chronicle〉의 저널리스트로도 성공할 수 있었다. 1845년 병충해로 아일랜드에서 감자 농사를 망쳐 대기근이 시작되면서 밀이《정치경제학 원리》에 대한 작업을 보류한 것은 지극히 당연한 일이었다. 밀은 강력한 사설을 통해 즉각적인 대규모 구제 사업을 촉구했다. 이로 인해 그는 기근을 양성 제어의 작동일 뿐이라고 생각한 맬서스주의자들과 논쟁을 벌이게 되었다. 원칙적으로 모든 공공 구제 사업에 강력히 반대했던 옥스퍼드 경제학 교수 나소 시니어Nassau Senior는 "100만 명의 사망도 의미 있는 영향을 주지 않는다"라고 일축했다.

밀은 정치적 억압이 기근의 궁극적인 원인이라고 생각했다. 그는 리카도를 따라 웨스트민스터의 토리 정부를 장악한 지주 귀족들의 정치적 이해관계를 겨냥해 영국이 세계에서 가장 부유한 나라일 때 아일랜드는 기근을 겪고 있다고 지적했다. 그는 영국이 연합법을 통한 아일랜드 편입으로 귀족 체제를 확립했고, 그 과정에서 농촌 인구는 소작인의 지위를 갖게 되었다고 주장했다. 즉, 그들은 대규모 영지에서 힘들게 일을 하면서 최저 생활을 이어가야 했다. 밀은 아일랜드의 물권법이 사람들의 도덕적 발전을 저해하며, 실질적인 토지 개혁이 사회적·도덕적 전환, 상업적 자질의 확산, 개인의 경제적 자율성을 촉진할 수 있다고 주장했다. 분명 가치 있는 목표지만, 굶주림이라는 당장의 문제는 해결할 수 없었다.

또한 밀은 정부가 4,000평방마일(약 10,360평방킬로미터)의 토지를 매입해 비옥도를 높인 후 '자작 소농'에게 나눠주어야 한다고 주장했다. 다만 이 역시 장기 계획이었기 때문에 굶주리는 사람들의 문제를 바로 해결할 수는 없었다.

사실 밀은 반대자들의 의견에 대체로 동의했다. 그는 광범위한 원외 구제(사회사업 시설에 수용되지 않은 사람을 대상으로 하는 구호_옮긴이), 즉 지금 우리가 사회적 급부라고 부르는 것에 반대하는 입장이었기 때문이다. 기근을 궁극적으로 해결하려면 식량 공급을 늘려야 했다. 1846년 곡물조례의 폐지로 유럽에서 값싼 곡물을 수입할 수 있게 되었지만, 이미 기근으로 100만 명이 목숨을 잃고, 100만 명이 아일랜드를 떠난 후였다.

1848년, 유럽 전역에서 정치 혁명이 일어난 이 해에 밀은《정치경제학 원리》초판을 완성했다. 1871년 7판이 출간될 무렵에는 독일과 이탈리아가 통일 국가가 되었고, 2차 산업혁명이 시작되고 있었다. 철도망이 운하를 대체하고, 철근 콘크리트로 도시의 스카이라인이 나날이 높아지고, 공학과 산업 화학의 발전으로 제조업의 규모가 달라졌으며, 석유와 전기의 힘이 석탄과 증기의 힘을 대체하기 시작했다. 기업은 대규모 자본을 투입할 수 있게 되었고, 스미스의 핀 공장 이야기는 호기심을 불러일으켰다.

하지만 고질적인 경제적 불평등도 존재했다. 미국에서는 재건기(1865~1877년, 남북 전쟁 직후의 시기_옮긴이)가 황금기(1870~1900년대, 급속한 산업화, 도시화, 경제 성장이 이루어진 시기_옮긴이)로 바뀌고 있었다. 밀은 산업 사회의 니즈를 해결하기 위해 정치경제학을 발전시켰다.

이전 세대에 맬서스와 리카도(그리고 밀의 아버지)가 발전시킨 사상에 의지한 밀의《정치경제학 원리》는 고전 정치경제학에 대한 뛰어난 설명이었다. 그는 스미스가 역사적 분석에서 보여주는 능란함과 리카도가 이론 분석에서 보여주는 엄정함을 결합시켰다. 그는 모든 사회과학 사상을 바탕으로 많은 공공정책의 문제를 고려했으며, 공공정책에 대해 다루는 것이 이론 개발보다 더 유용하다고 믿었다. 이전 세대의 연구를 종합한 그는 항상 너그럽게 선배들에게 공을 돌리고, 겸손하게 자신을 낮추었다.

밀은 지대가 고정된 토지 공급을 반영하는 리카도의 소득 분배에 대한 3부문 모델을 주축으로 삼았다. 정치적으로 리카도보다 더 급진적이었던 밀은 지대가 기술이나 노력, 위험에 대한 수익에 기인하지 않기 때문에 생산량 증가를 위한 자본 투자에 대한 수익을 제외하고는 과세가 필요하다고 주장했다. 토지는 항상 공급이 부족한 상태이므로 세금을 부과하면 임대료를 지주로부터 공공의 지갑으로 돌릴 뿐 생산적인 경제 활동에는 아무런 영향을 미치지 않는다.

리카도의 이론적 통찰을 적용하는 데 있어서 밀의 접근 방식은 스미스의 그것과 매우 유사했다. 두 사람은 정치권력의 집중이 경제 권력과 소득 분배에 영향을 미친다고 생각했다. 밀은 테일러를 통해 많은 초기 사회주의자를 만나 그들의 사상에 대해 논의를 펼쳤다. 밀은 그들의 목표에는 공감했지만 자유주의적인 정치 관점 때문에 재산의 공동 소유와 코뮌 설립 같은 유토피아적 사회주의 실험에 대한 견해는 거부했다. 대신 그는 교육과 물권법의 개혁이 노동자 계급의 경제적 지위를 변화시키는 보다 현실적인 길이라고 믿었다.

산업 번영의 너무 많은 부분이 상대적으로 소수의 사업주와 전문가 계층에게만 혜택을 주었다고 생각한 밀은 토지에 대한 세금을 걷는 것은 물론, 유증에도 제한이 있어야 한다고 주장했다. 밀은 노동 계급과 관련해 조직, 교육, 경제적 경쟁에 유익한 영향이 있을 것이라고 주장했다. 밀은 일자리를 두고 노동자들이 벌이는 경쟁이 임금을 최저 생활 수준으로 낮출 수 있다는 점을 인정하고, 이런 경쟁을 줄이기 위한 노동조합 결성을 주장했다. 그는 스미스의 분석을 바탕으로 보편적 교육이 노동자의 도덕적 자율성을 높여 조직에서 더 생산적인 역할을 맡을 수 있게 한다고 말했다.

노동자 계급의 조직화는 고용주를 상대할 때 직면하는 경제적 불균형을 감소시킨다. 스미스의 낙관론을 공유한 것으로 보이는 밀은 생산자 간의 경쟁이 재화의 가격에 하방 압력을 가하는 반면, 효과적인 노동조합에 직면한 고용주들 사이의 경쟁은 임금을 상승시킬 것이라고 주장했다.

노동 계급의 상황을 개선하는 문제에 대한 밀의 관심에는 아버지의 교육뿐 아니라 해리엇 테일러의 영향도 있었다. 밀은 《정치경제학 원리》의 출판을 계획하면서 이 작업에 기여한 해리엇 테일러의 이름을 공저자로 올릴 것을 제안했지만 존 테일러가 이를 거부했다.

밀은 《자서전 Autobiography》에서 자신이 초기 사회주의 운동, 특히 협동조합주의에 호의적인 이유는 대부분이 테일러의 유도 때문이라고 말했다. 그러나 밀의 친구들은 밀과 테일러의 작업 관행에 대한 그의 의견을 받아들이지 않았다. 밀은 자신의 책에 담긴 생각은 테일러와 끊임없이 토론하고 다듬은 결과물이라고 주장했지만 친구들은 밀이 주장한 공동 저술의 증거를 식별할 수 없었다고 했다.

《정치경제학 원리》가 출간되던 시기에 테일러 부부는 거의 15년 동안 별거 상태였고, 해리엇 테일러가 집으로 돌아간 것은 1849년 죽어가는 남편을 간호했을 때가 전부였다. 밀의《정치경제학 원리》는 샬럿 브론테 Charlotte Brontë가 커러 벨 Currer Bell이라는 필명으로《제인 에어 Jane Eyre》를 발표한 이듬해인 1848년에 등장했다는 사실을 기억하라. 해리엇 테일러는 남편이 살아 있을 때는 밀의 파트너로 인정받을 수 있는 확실한 길이 없었다.

테일러의 남편이 사망한 후 1851년 마침내 두 사람은 결혼했다. 하지만 둘 모두 결핵에 걸렸고 1858년 아비뇽에 살던 중 테일러가 숨졌다. 밀은 남은 15년의 생을 그곳에서 보냈고 그곳에 묻혔다. 테일러가 밀에게 어떤 영향을 주었는지 평가하기란 쉽지 않다. 생전에 테일러는 밀과 별도로 출판한 책이 없지만, 밀은 테일러를《여성의 해방 The Enfranchisement of Women》의 저자로 간주해야 한다고 분명히 밝혔다.

교육과 물권법의 개혁이 사회에 유익할 것이라는 주장은 새로운 것이 아니었다. 그러나 밀은 남녀가 완전히 평등해야 한다는 주장을 통해 새로운 영역을 개척했다. 이것이 밀의 사상에서 테일러의 영향을 가장 명확하게 찾을 수 있는 부분이다. 밀의 제안은 1860년대 하원의원으로서 여성의 투표권을 옹호하는 수준을 훨씬 뛰어넘었다.

그는 여성이 남편과 별도로 재산을 소유할 수 없던 시절에(많은 과부가 재혼을 선택하지 않으려 한 이유) 동등한 재산권의 중요성을 강조했다. 또한 여성도 교육의 혜택을 받을 능력이 있으며, 전문직에 종사할 수 있어야 한다고 강조했다. 그는 이런 제도적 차별을 철폐하는 데 상당한 사회적 이익이 따라올 것이라 생각했다. 여기에서도 그는 경제 권력의 집중을 막기 위한 재산권과 교육의 개혁을 주장하고 있는 것이다.

제임스 밀이 살아서 《정치경제학 원리》가 출판되는 것을 봤다면 자신의 교육 프로그램의 효과를 입증하는 책이라고 생각했을 것이다. 철학적 급진주의자들은 강력한 평등주의적 형태의 정치적 자유주의를 발전시켰다.

그들은 윤리적 행동에 대한 공리주의적 접근법을 발전시켰다. 그들은 행동이 쾌락 또는 고통을 낳는다고 주장하면서, 총 쾌락을 극대화하는 행동을 선택해야 한다고 제안했다. 그들은 사람들이 다른 사람의 행복을 배려한다고 믿었지만, 정의를 증진하기 위해 정치지도자의 공감에 의존할 수 있다는 스미스의 생각에는 동의하지 않았다. 대신 그들은 민주 정부만이 정치인의 이해관계와 국민의 이해관계를 일치시킬 수 있다고 주장했다. 토지 개혁, 재산권, 교육, 노동자 계급의 조직화에 대한 밀의 제안에서 행복의 총합에 대한 강조를 찾아볼 수 있다.

자유주의자인 밀은 행동이 해가 되어서는 안 된다는 원칙하에 양심, 행동, 결사의 자유를 주장했다. 그는 타인의 행복에 영향을 미칠 수 있는 모든 행동에 대해 사회가 이해관계를 갖는다는 공리주의에 일관되는 주장을 폈고, 여기에서 '해악의 원칙'을 도입했다. 다른 사람이 고통을 경험하게끔 하는 행동만을 막는 사회가 '전반적 행복'을 증진할 수 있다는 것이다. 밀은 개인의 자유에 부합하는 공적 개입의 유일한 형태는 가능한 한 해악을 방지하는 것이라고 보았다.

그의 정치경제학은 이런 철학적·심리적 뿌리에서 비롯되었다. 스미스와 마찬가지로 밀은 해악의 원칙에서 경제적 경쟁의 역할을 제외했다. 당신과 내가 같은 유형의 상품을 생산하는데 내가 당신보다 싼 가격에 상품을 판 결과 당신의 고객을 빼앗았고 당신은 사업을 그만두게 된다 해도, 나는 당신에게 해를 끼친 것이 아니다. 비즈니스 벤처에서는 위험을 감수하고, 판단을 내리고, 불확실성의 바다를 헤쳐나가야 한다. 당신도 나도 회사에 적용한 기술, 노력, 지식이 수익으로 돌아온다고 확신하지 못한다. 내가 당신보다 가격을 낮출 기회를 얻은 것은 단지 우연이었을 수도 있다. 따라서 당신이 경험한 해악이 내 행동의 결과라고는 말할 수 없다. 그것은 이 시장에서 벌어지는 모든 행동의 결과일 뿐이다.

밀의 《정치경제학 원리》는 고전적 정치경제학의 최종적이고 완전한 진술로 볼 수 있다. 다만 20년이 넘게 이 책을 계속 개정하면서 밀이 이론적 구조에 내재된 몇 가지 문제를 지속적으로 탐구했다는 점을 알아야 한다. 최종판은 여전히 스미스와 리카도의 사상에 기반을 두고 있었지만, 19세기 후반의 마지막 30여 년 동안 등장한 보다 현대적인 경제사상의 방향을 제안했다.

리카도의 사망 직후에 발전한 임금 기금(wages fund) 이론에 대한 변화에서 이를 확인할 수 있다. 임금 기금은 기업이 기존 생산에서 번 수익의 일부를 미래의 임금 지급을 위해 챙겨두는 것이다. 이는 정치경제학자들이 기업의 자금 흐름에 대해 생각하는 방식을 반영했다. 그들은 고정 자본(보통 기계로 보유)이 있을 뿐만 아니라 비용을 충당하는 데 필요한 순환 자본도 있다고 생각했다. 임금 기금은 순환 자본의 일부다.

경제학자들은 임금 기금이 시간의 흐름에 따라 증가하는 것이 가능하며, 특히 노동자들이 노동조합을 결성하고 파업을 감행할 수 있다면 특히 더 그렇다고 주장했다. 밀은 《정치경제학 원리》

초판에서 노동자 계급의 조직화 방법을 분석하면서 특정 산업에서는 집단 협상을 통해 임금 상승이 가능한 것으로 보인다고 주장했다. 그리고 높은 임금이 다른 노동자 임금에 부정적인 영향을 줄 것을 걱정한 밀은 결국 전형적인 낙관론에 의지해 장기적으로는 예방적 억제를 통해 임금 상승률이 유지될 것이라고 결론지었다. 그는 맬서스와 달리 임금이 최저 생계 수준보다 높게 유지될 수 있을 것이라고 예측했다.

1870년 밀은 임금 기금 논쟁에 대한 생각을 바꿨다. 윌리엄 손튼William Thornton의 저서 《노동에 관해On Labour》를 검토한 밀은 고용주가 계획된 산출물을 생산하는 데 필요한 만큼의 노동력만을 고용한다는 것을 받아들였다. 그는 고용주들이 임금 하락을 우발적 소득으로 여기리란 것을 깨달았다. 임금 하락이 생산 계획의 변경으로 이어지지 않는 한, 고용주의 노동 수요는 똑같이 유지될 것이고 총 임금은 줄어들 것이다. 임금 기금을 거부한 젊은 경제학자들은 임금을 순전히 생산 비용으로만 취급했다. 이는 정치경제학의 핵심이었던 3부문 분배 모델과 노동 가치 이론을 크게 약화시켰다. 밀은 손튼의 저서가 제시하는 사상을 지지했다.

밀은 그 단점을 인정하면서도 스미스가 확립한 정치경제학의 고전적 전통 안에서 연구를 계속했다. 맬서스는 사회가 완벽할 수 있다는 가능성에 의문을 제기했고, 밀은 사회 정책이 급속한 인구 증가의 위험에 유념해야 한다는 그의 우려를 수용했다. 벤담의 열렬한 추종자였던 밀의 아버지는 정치 분석을 위한 공리주의적 틀을 확립하는 데 도움을 주었고, 리카도가 새로운 경제 분석 방법을 발명할 때 그를 지원했다. 매우 유능한 분석 철학자 존 스튜어트 밀은 폭넓은 독서, 공명정대한 문제 제기를 통해 정치경제 문제에는 쉬운 답이 거의 없다는 인식을 기초로 삼았다. 그는 정치경제학을 사회철학의 맥락에 두고 그것을 정치혁명이 아닌 사회개혁을 위한 도구로 삼는 것을 목표로 했다. 정치혁명이라는 말이 나왔으니 이번에는 카를 마르크스의 혁명적 관점으로 눈을 돌려보기로 하자.

How to Think Like
an Economist

6장

카를 마르크스

공산주의적 비전가

자본주의의 자멸을 예언하다

> 마르크스는 해부학자와 같은 자세로 경제와 사회의 새로운 현실을 탐구했다.

"카를이 자본에 대한 글만 쓸 것이 아니라 자본을 일구었더라면."

위대한 사회주의자 카를 마르크스는 친구이며 공동 작업자, 편집자, 재정적 지원의 원천 프리드리히 엥겔스 Friedrich Engels 에게 보내는 편지에서 자신의 경력을 두고 이렇게 말씀하셨던 어머니를 떠올리곤 했다.

마르크스는 1883년 런던에서 명작 《자본론 Das Kapital》 세 권 중 한 권만 출간하고 나머지는 엥겔스에게 편집과 출판을 맡긴 채 명성을 누리지도 못하고 세상을 떠났다. 그가 죽고 20년 후 그의 혁명적 사회주의 사상이 독일어권 국가의 지식인 집단을 휩쓸었고, 밀이 참여했던 초기의 유토피아적 사상을 대체했다.

마르크스는 경제학을 넘어 철학, 정치, 역사, 지리학, 인류학을 통합하는 통일된 인문학을 정립할 수 있다는 스미스의 믿음을 공유했다. 스미스가 출간되지 않은 모든 저작물을 폐기하게 한 것과 대조적으로 마르크스의 공책과 원고는 그가 구축한 체계에 대한 통찰을 얻고자 하는 신봉자들에 의해 광범위한 분석이 이루어졌다. 이는 러시아 혁명과 소비에트 연방의 수립으로 이어졌다. 1920년대부터 1990년까지 마르크스주의 사상은 소련 사회과학의 독특한 토대가 되었다. 그가 전념했던 모든 사상은 논문으로 출판되었고, 주요 언어로 번역되었으며, 신중한 토론이 이루어졌다. 그의 경제학적 사고는 사회과학에 대한 그의 광범위한 접근 방식의 일부에 불과하다.

유대교에서 기독교로 개종한 변호사의 아들로 태어난 마르크스는 법학, 신학, 철학을 공부하고 1841년 예나대학에서 박사 학위를 받았다. 얼마 후 신문 편집자가 된 그는 다른 사회주의자들을 프로이센 정부와의 진정한 투쟁에 헌신하지 않는 사람으로 공격하면서 빠르게 유명세를 얻었다. 그 결과 당국과의 마찰이 잦았고 1840년대에는 파리, 브뤼셀, 쾰른을 오가며 급진적인 신문을 편집하는 일을 계속하면서 리카도가 발전시킨 스미스의 체계에 고전 정치경제학이란 이름을 붙이고 연구에 정진했다.

1848년 유럽 전역에 퍼진 정치혁명의 물결 속에서 마르크스와 엥겔스는 노동자 계급의 반란을 촉구하는 《공산당 선언 The Communist Manifesto》을 썼다. 뒤이은 정치 탄압으로 마르크스는 유럽 대륙을 떠나는 것이 낫다는 결론을 내리고 런던에 정착했다. 그는 대영도서관에 자리를 잡고 책을 읽고 글을 쓰는 생활을 했지만, 때로는 기사를 써 돈을 벌고, 때로는 정치혁명에 참여했다. 약 1857년경부터 자료를 수집하고 체계적인 연구에 전념했지만, 자신의 주장을 세상에 내놓을 준비가 되었다고 생각하지 못했다. 1859년에 입문서라 할 수 있는 《정치경제학 비판 Critique of Political Economy》을 출간한 후 1867년에 《자본론》 제1권을 펴냈다.

마르크스는 사회적 관계의 영속성과 현실성에 의문을 가졌다. 마르크스를 마르크스주의적으로 분석한다면 그의 연구가 환경에 많은 영향을 받았다는 결론에 이를 것이다. 무신론자임을 공언한 마르크스는 노동이 신의 은총과 비슷한 상태에서 타락해 고난을 견디고 있으며, 마침내 공산주의 혁명으로 사회적 관계가 이상적인 형태로 회복됨에 따라 진정한 목적을 발견하는 세계사를 제시했다. 그는 아브라함 신앙의 전통적 서사를 거부했지만 그의 사상은 19세기의 조직신학은 물론 낭만주의와 진화론까지 반영하고 있다. 마르크스를 부르주아 정치경제학의 흐름 너머에 두고 싶은 유혹이 있을 수 있지만, 경제 발전의 최종 단계로서의 공산주의 성립을 정당화하는 그의 논거는 대체로 앞선 연구의 재해석이다.

이 방대한 작업에서 그는 게오르크 빌헬름 프리드리히 헤겔 Georg Wilhelm Friedrich Hegel의 체계철학에 대한 해석에 의존해 사회 발전이 모든 자산을 공동으로 소유하는 공산주의로 끝날 것이란 대담한 예측을 내놓았다. 하지만 그 과정의 세부 사항은 훨씬 모호했다. '프롤레타리아 독재', '능력에 따라 일하고 필요에 따라 분배한다' 같은 모토는 인상적이지만, 이것들은 《자본론》의 치밀한 분석에서 자연스럽게 등장한 것이 아니다.

그가 사망한 이래 마르크스주의에 전념해 온 혁명 정부들은 스미스의 보이지 않는 손을 묶어놓음으로써 사회주의를 구현했다. 그들은 자본의 국가 소유와 기업의 국가 통제를 강조했으며, 산출과 가격은 정부 관료제에서 결정되었다. 그런 국가사회주의는 이제 거의 사라졌지만 마르크스 이론의 영향력은 여전히 남아 있다. 그의 이론은 종종 애를 먹이고 의도적인 모호함을 보여주지만 그 심오함은 영원하다.

우리는 19세기 전반까지 정치경제학에 관한 저술가들이 스미스의 체제와 적극적인 상호작용을 한 것을 보았다. 리카도와 밀은 정치 개혁을 주장했고, 밀은 경쟁이 사회개혁에 이용되는 경제가 결국 노동 계급의 빈곤을 퇴치할 수 있다고 생각했다. 마르크스와 엥겔스는 완전히 다른 접근법을 취했다.

부르주아인 엥겔스의 부모는 무신론을 선언하고 공산주의를 쫓는 아들을 영국으로 보냈다. 영국에 온 엥겔스는 1840년대 초 당시의 상황을 분석한 《영국 노동 계급의 실태 The Condition of the Working Class in England》를 썼다. 그는 맨체스터에서 가족 사업을 관리하면서 노동 계급의 거주지를 면밀히 관찰해 노동자에 대한 체계적인 착취의 증거를 제시했다. 당시 맨체스터는 급진 자유주의의 중심지였으며, 자유무역주의자인 리처드 코브던 Richard Cobden과 존 브라이트 John Bright가 가장 유명했다. 맨체스터주의 Manchesterismus는 독일에서 시장 작동을 과도하게 신뢰하는 소국 자유주의를 가리키는 대명사가 되었다. 영국의 재산 소유 민주주의 propety-owning democracy(인구의 상당수가 토지 또는 자본 등의 재산을 소유해 경제적 독립과 민주주의 시스템의 안정성과 기능에 대한 지분을 얻는 정치 및 사회 시스템_옮긴이)와 어울리는 이 부르주아 자유주의에 대한 마르크스의 반응은 엥겔스보다 훨씬 더 이론 지향적이었다. 마르크스가 스미스보다는 리카도의 뒤를 잇는다고 생각해야 할 정도로 말이다.

마르크스를 신체를 세세하게 분석해 새로운 방식으로 볼 수 있는 것이 무엇인지 파악하고 그것을 작품 안에서 정확하게 묘사하려 했던 르네상스 시대의 화가로 생각해 볼 수도 있다. 마르크스는 해부학자와 같은 자세로 경제와 사회의 새로운 현실을 탐구했다. 마르크스의 주장을 받아들인다면 우리는 다른 사회과학자들을 오도하는 감각을 따라 환상을 쫓는 사람으로 취급해야 할 것이다.

　마르크스는 백지에서 출발한 것이 아니라 스미스의 역사주의와 리카도의 노동 가치론을 각색했다. 마르크스주의 역사의 넓은 범위 속에서, 자본주의는 사회 발전의 한 단계에 불과했다. 그는 정치경제학이 자본주의 사회에만 적용된 상태에서 충분한 성찰 없이 출현한 것으로 이해했다. 정치경제학자들의 감각이 자신들을 오도하고 있는 것도 그 때문이다. 그들은 자신이 관찰하고 있는 사회적 관계의 특정한 유형이 어느 범위 내에 있는지 깨닫지 못했고 따라서 그들의 분석은 19세기의 일상적인 현실에 근거한 것이다. 그들은 마르크스의 광활한 캔버스에 비하면 미니어처인 캔버스 작품을 만든 셈이다.

　마르크스는 정치경제학을 거부하지 않았다. 그는 그것을 원료로 사용해 자신의 이론에 반영했다. 리카도의 노동가치론은 특히 중요했다. 스미스와 마찬가지로 마르크스는 사회가 어떻게 발전했는지 뿐 아니라 어떻게 발전할 것인지도 설명하기를 원했다. 스미스가 합리적 토론이 사회를 개선할 것이라고 믿으며 전반적으로 낙관적인 태도를 취했다면 마르크스는 자본주의 경제 구조 속에서 노동 계급은 계속 빈곤할 것이고 자본주의는 시간이 지남에 따라 필연적으로 스스로 파괴되는 방식으로 발전해 공산주의의 전조인 사회주의로 대체될 것이라고 확신했다.

마르크스 이전에는 정치경제학에서 재화의 생산 과정을 연구했다. 리카도는 사회 계층 간 소득 분배에 대한 이론을 발전시켰다. 가치이론은 재화의 매매에 필요한 시장가치와 상품이 소비될 때의 사용가치를 설명했다. 마르크스는 헤겔의 용어로 경제 문제를 표현하면서 생산 수준, 소득 분배, 구매와 판매의 범위, 소비 과정을 결정하는 과정은 통합되어 있다고 주장했다. 그는 생산 없이는 분배도 있을 수 없다고 주장하면서 생산을 이 모든 것의 중심에 두었다.

그는 또한 생산은 이전 생산의 결과인 자원의 분배 이후에야 이루어질 수 있다고 말했다. 모든 경제 관계는 복잡하며 시간이 지남에 따라 점진적으로 발전한다는 것이 마르크스의 생각이었다. 그의 정치경제학은 그가 물질적 조건의 분석이라고 부르는 것을 고수하지 않고 빠르게 이상주의적이고 추상적인 방향으로 나아갔다.

따라서 마르크스 버전의 노동가치론은 원시 농업에서 생산과 소비의 밀접한 관계에 대한 추측에서 시작해 생산의 본질과 자원의 소유권이 시간이 지남에 따라 변화한 방식을 고려했으며, 19세기 자본주의 경제에서 생산의 본질은 자본가들에게 노동 계급을 착취할 수 있는 능력을 부여했다는 주장으로 끝맺는다.

따라서 이 버전의 역사는 물질적 욕구를 충족하기 위해 작은 농지의 생산물에 의존해야 했던 소작농 가정의 가장이 가족의 노동 시간을 다양한 활동에 할당하고 노동의 결실을 공유했다는 주장에서 출발했다. 노예를 추가하면 그리스의 오이코스와 상당히 비슷한 모습이다. 이런 출발점을 고려하면, 마르크스는 수렵 채집 사회에서 생산물의 공동 공유가 이루어진 범위를 입증하고, 농업 자급자족으로의 전환으로 인구는 증가했지만 개인의 복지는 축소되었다는 것을 보여주는 인류학 연구를 받아들인 듯하다.

경제가 이런 원시적인 상태에서 발전하면서 가정은 자급자족을 중단하고 서로 물건을 교환하기 시작했다. 마르크스는 이것이 경제에 문제를 만들기 시작했다고 생각했다. 그는 노동만이 생산성이 있다고 믿었기 때문에 눈에 보이는 일(생산물의 교환)보다는 그 근본이 되는 생산에 투입되는 노동 시간(과 노력)의 교환에 집중해야 한다고 주장했다.

그는 생산에는 노동 시간이 필요하기 때문에 노동자의 시간, 기술, 노력을 고용하며 서로에게 재화 생산을 의뢰해야 한다고 주장했다. 하지만 경제 관계의 역사적 발전 과정은 이렇지 않았다. 마르크스는 생산물이 이중적 성격을 띠면서 상품이 되었다고 주장했다. 상품은 시장에서 사고팔 수 있는 교환가치가 있기 때문에 생산물과는 달랐다. 또한 마르크스는 거래된 상품이 구매 후에도 여전히 본질적으로 생산물이며, 따라서 사용가치를 유지한다고 인식했다. 상품 출현에 대한 설명이 그의 시스템에서 중요한 것은 그것이 상품의 사용가치와 시장가치 사이의 차이에 새로운 설명을 제시하기 때문이다.

마르크스는 사용가치와 교환가치의 차이를 설명하기 위해 화폐로 지불이 이루어지는 경제가 있어야 한다고 생각했다. 그는 돈과 금속 화폐의 출현에 대한 전통적인 설명을 바탕으로 돈이 가치 있는 이유를 재화와 서비스를 구매할 수 있는 능력 때문으로만 생각해서는 안 된다고 주장했다. 모든 상품의 교환가치는 그 상품이 판매되는 돈의 양이다. 마르크스는 돈이 시장에 나오는 상품으로 구체화된 추상적 노동 abstarct labour(다른 유형의 작업에서 교환되거나 비교될 수 있는 일반적인 노동 시간. 수행된 특정 유형의 작업인 구체적 노동과 대조되는 개념_옮긴이)에 해당한다고 보았다.

이 추상적 노동이란 단순히 생산에 들어가는 실제 노동이 아니라, 노동력 사용을 아껴 생산을 관리하는 데 능숙한 자본가가 사용하는 노동의 양을 의미했다. 또한 이 추상적 노동은 생산에 사용되는 노력으로, 기술과 위험 감수를 제외하고 분업으로 많은 일자리가 반복적인 일로 변화하고 자본 축적으로 생산 규모가 커진 산업 시대 말 육체노동의 특징을 포착했다. 마르크스가 글을 쓸 당시, 즉 '자본주의적 생산 양식'이 지배적이었던 산업혁명 말기의 노동에 해당한다.

마르크스는 돈이 추상적 노동을 나타낸다는 생각으로 돈도 재정의했다. 그는 돈을 모든 가격을 명시할 수 있는 교환의 매체라고 정의하는 대신 모든 상품의 '유통 매체'라고 불렀다. 그는 사람들이 팔기 위해 상품을 내놓고 그 상품의 판매 대금을 다른 상품을 사는 데 사용한다고 주장했다. 이런 '돈-상품-돈'의 순환은 완전히 무해하며 경제 관계에 대한 일반적인 설명에 지나지 않는 것으로 보일 수 있지만, 마르크스는 이를 통해 자본주의에서는 돈에서 시작되는 다른 형태의 순환이 포함된다고 주장할 수 있었다. 그 돈은 다시 상품을 구매하는 데 사용된다. 상품 가치가 높아지면 그 상품은 더 많은 돈을 받고 판매할 수 있다.

한 나라에서 재화를 구매한 뒤 다른 나라로 보내 가격 차이에서 수익을 남기는 상인을 생각해 보자. 이 예에서 마르크스의 '돈-상품-(더 많은)돈'의 순환은 여전히 무해해 보일 수 있다. 엄밀히 말하면 그는 돈이 주도하는 이런 유통 자체에는 문제가 없고 자본주의 경제에서 그 유통이 이루어지는 방식에 문제가 있다고 보았다.

마르크스가 보기에 자본가 계급의 결정적인 특징은 돈에 대한 끝없는 욕망이었다. 자본가들은 그 욕망을 충족시키기 위해 돈을 유통 자본으로 사용해 상품을 구매하고 변형시킨 뒤 더 높은 가격에 판매한다.

이제는 이 시스템에서 노동자의 역할을 생각해야 한다. 우리는 지금까지 생산물이 사고팔리면서 상품이 된다는 것을 살펴보았다. 그 과정에서 노동자들은 생산한 산물의 판매에 대한 통제권을 잃는다. 밀과 비슷하게 마르크스도 재산권의 형태를 살피고, 노동자들이 임금을 받는 계약을 맺는 경향이 있다는 데 주목했다. 노동자들은 시간, 노력, 기술을 돈과 교환한다. 마르크스의 이론에서는 이것이 노동을 또 다른 상품으로 만든다고 보았다. 마르크스는 이 과정을 '노동의 소외'라고 불렀다. 노동자가 자신의 생산물을 최종 사용자에게 판매하는 일에 대한 통제권을 잃고 그들의 노동이 또 다른 상품이 되기 때문이다. 이는 19세기 자본주의 경제 구조에서 중요한 역할을 했다.

화폐를 유통 자본으로 사용하는 자본가들의 이야기로 돌아가 보자. 그들이 구매하는 거의 모든 상품은 생산성이 전혀 없는 것들이다. 가게에 두면 천천히 썩어가고 말 것이다. 사람들이 공장에 들어와서 작업하고 변형하고 가치를 높이기 전에는 말이다. 시간, 노력, 기술, 즉 상품화된 노동이 없다면 자본가는 상품을 원가 이상으로 판매할 수 없다. 이는 마르크스로 하여금 이윤을 재정의하게 했다. 이윤은 더 이상 자본에 대한 수익이 아니라 노동자가 생산 과정에서 창출했지만 자본가가 차지하는 '잉여가치'다. 잉여가치의 비율이 높을수록 자본주의적 착취의 정도가 커진다.

마르크스는 맬서스의 주장에 의존해 이런 체제에서는 임금에 늘 하방 압력이 있을 것이라고 주장했다. 자본가들 간의 경쟁이 노동을 절약하는 혁신으로 이어질 것이라고 주장한 그는 노동조합을 통해 노동자들이 조직화된다 해도 실업자라는 '노동예비군' 때문에 임금이 낮게 유지되면서 잉여가치의 비율은 높아질 것이라고 말했다. 자본주의 경제 내에서 노동자 계급은 마지못해 자본의 하인이 되는 것이다.

마르크스는 때로 자본가들을 아무런 노력도 기울이지 않고 수익을 얻는 금융 투자자처럼 취급했다. 그러나 혁신에 대한 언급은 마르크스에게 자본주의의 본질이 끊임없이 변화한다는 이해가 있었음을 보여준다. 그는 자본과 노동이 서로의 본질에 영향을 미치는 복잡한 관계의 철학적 틀을 발전시켰다.

이제 우리는 마르크스의 자본주의 비판에서 핵심이 되는 부분에 도달했다. 생산의 본질이 바뀌면서 화폐가 상품의 유통을 가능하게 한 것이 아니라 상품으로 변형되어 더 많은 돈을 창출함으로써 자본가가 이득을 보게 되었다. 마르크스는 자본을 '죽은 노동'으로 보고, 번영을 위해서는 살아 있는 노동을 필요로 하는 뱀파이어에 비유했다. 마르크스는 노동은 상품화되는 가운데 '자기 증식'하는 자본을 유해한 존재로 취급했다. 따라서 경제학이 해야 할 일은 자본의 영향력을 억제하는 것이었고, 여기에는 자본가 계급이 제거가 필요했다.

자본가들은 만족을 모르는 욕망 때문에 자본을 늘리기 위해 필사적으로 경쟁한다. 마르크스는 그런 경쟁 속에 자본주의가 제국주의적 정복과 식민지화를 통해 전 세계로 확산되어 모든 곳에서 지배적인 생산 양식이 될 것이라고 예측했다. 마르크스는 자본가들 간의 경쟁이 혁신을 촉진하고, 이윤율을 낮추며, 일자리를 없애고, 임금을 낮게 유지하는 실업자 예비군이 항상 존재하게 할 것이라고 생각했다. 그는 부가 점차 집중되면서 자본주의에 일련의 위기가 나타날 것이라고 내다보았다.

자본주의적 축적이 경제의 병리라는 것이 마르크스의 생각이었다. 아리스토텔레스의 크레마티스티케는 악덕으로 비난받는 대신 경제 기능의 중심이 되었다. 아리스토텔레스가 이 악덕을 극복하기 위해 개인의 인격 발달에 기대를 걸었다면, 마르크스는 자본주의의 위기가 결국 조직화된 노동자들의 사회주의 혁명으로 이어질 것이라고 믿었다.

이런 주장은 마르크스를 19세기의 가장 정치적인 경제학자로 만들었다. 리카도와 밀은 하원의원이 되어 경제와 사회개혁을 주장했으며, 자유주의자로서 영국 정치 체제의 제약 내에서 활동하는 데 만족했다. 그러나 마르크스는 젊은 시절 혁명 활동에 헌신해 계속 거처를 옮겨 다녔고 결국 그의 활동을 용인하는 영국에 정착했다. 생전에 마르크스의 과학적 사회주의는 권리를 박탈당한 자들의 노동 계급 혁명을 정당화하는 이론에 불과했지만, 그의 사후에는 유럽 전역의 사회주의 운동이 마르크스의 과학적 사회주의를 채택했다. 마르크스는 자본주의가 경제 발전의 필연적인 단계라고 주장하며 고전적 정치경제학을 재구성하면서도, 경제 이론이 사회 계층 간 소득 분배를 설명해야 한다는 점은 대체로 인정했다. 마르크스 사후의 젊은 경제학자들은 리카도의 노동 가치론을 외면하고 자본이 그 자체로 가치를 창출할 수 있다면 어떤 일이 일어날지에 의문을 가졌다.

How to Think Like an Economist

7장

윌리엄 스탠리 제번스, 카를 멩거, 레옹 발라스

세 명의 조용한 혁명가

William Stanley Jevons & Carl Menger & Léon Walras

이윤에서 가치를 찾다

제번스, 멩거, 발라스는 매우 다른 접근법으로 조용한 혁명가가 되었다. 1870년의 관찰자들에게 사회주의와 역사 분석은 훨씬 더 심층적이고 포괄적인 접근법으로 보였을 것이다.

마르크스가 정치혁명을 역설하는 동안, 정치경제학을 경제학으로 바꾸는 지적 혁명이 시작되었다. 충성도 없었고 고전파 정치경제학자들을 재교육 수용소로 끌고 가는 사람도 없었다. 다만 1900년에 이르러 경제학자들은 리카도의 노동가치론과 소득 분배 분석을 대부분 버리게 되었다. 가격과 가치에 대한 이들의 새로운 사고방식은 오늘날까지 경제학에서 널리 사용되고 있다.

예를 들어, 이들 경제학자는 임금 결정 이론에서 맬서스의 인구 원칙과 임금이 최저 생계 수준에 머무를 수밖에 없다는 필연성을 부정했다. 대신 그들은 임금은 근로자의 시간을 빌리는 비용이기 때문에 임금을 가격으로 취급해야 하며, 일하고자 하는 사람들의 자발성과 노동자에 대한 조직의 필요가 균형을 맞추는 수준에서 가격이 책정되어야 한다고 주장했다. 이 새로운 경제학에서는 일자리를 찾고 있지만 찾지 못하는 사람이 있는 실업 상황이라면 일자리를 찾는 모든 사람이 일할 수 있을 때까지 임금이 하락한다.

밀은 경제학을 이런 방향으로 이끌었다. 우리는 이미 그가 말년에 고전적 임금 기금 이론을 포기하고 임금을 단순히 조직의 생산 비용의 일부로 취급해야 한다는 점을 받아들였다는 것을 살펴보았다. 이에 고전적 소득 분배 이론의 완전성이 무너졌고 젊은 경제학자들은 무엇이 임금 수준을 결정하는지 새로운 아이디어를 발전시킬 수 있는 자유를 얻었다.

당대 최고의 철학자로 인정받는 밀은 정치경제학에 사용가치와 교환가치의 개념이 필요하기 때문에 불완전하다는 점을 알고 있었다. 그는 공리주의 분석에서 무엇이든 유용한 것은 가치 있는 것이라고 주장했지만, 정치경제학에서는 계속해서 교환가치를 생산 비용과 연관시켰다. 그는 사용가치를 시장가치로부터 분리하는 것이 정치경제학 이론의 작동에 큰 영향을 미치지 않는다고 주장했다. 하지만 새로운 경제학자들은 그렇게 생각하지 않았고, 그들의 이론은 가치와 가격을 불가분의 관계로 연결시켰다.

1870년에는 경제학의 발전이 이런 형태를 취할 것이라고 전혀 알 수 없었다. 고전적 정치경제학은 대체로 영국의 전통이었다. 최초의 산업 사회의 등장, 도시화와 이주의 물결, 유럽 제국의 부상을 거치며 살아남았고 경제학 역시 영국에 뿌리를 두고 있다.

반면 프랑스의 경제학 접근법은 주로 공과대학에서 발전해 산업 구조 분석에 집중했다. 독일에서는 사학자들이 경제학 연구를 이끌었다. 그들은 경제 행동의 규칙성에 대한 추론을 도출하는 데서 관찰의 중요성을 강조했다. 독일 역사학파는 경제적 관계의 역할을 강조한 미국의 제도주의자에게도 영향을 미쳤으며 20세기까지 중요하게 인식되었다. 마지막으로, 마르크스와 같이 정치와 경제에 중요한 비판자였던 다양한 이념적 색채의 사회주의자들도 있었다.

이 장에서는 세 명의 위대한 경제학자를 같이 다룬다. 과학적 사회주의 1막의 극적인 클라이맥스 이후 무대에 올라 다음 막의 시작을 위해 배경을 개조한 사람들로 말이다. 비록 스포트라이트는 받지 못했지만 그들의 설계는 적응성이 매우 좋아서 다른 경제학자들이 기반으로 삼을 수 있었다. 1870년에 존재했던 여러 경제학 전통 사이의 경쟁 속에서 그들의 사상은 경제에 대한 우리의 사고를 지배했다. 재화의 수요와 공급이나 실업률과 인플레이션 수준을 설명하는 경기 순환의 역할에 대해 이야기할 때, 우리는 경제에 대한 그들의 사고방식에 의존한다.

이 설계자들은 영국인 윌리엄 스탠리 제번스, 오스트리아인 카를 멩거, 프랑스인 레옹 발라스다. 세 사람 모두 경제 분석에 대한 혁신적인 접근법을 개발했고, 그 결과 각자가 차별되는 유산을 남기게 되었다.

제번스는 1850년대 초 유니버시티칼리지 런던에서 화학을 공부했다. 그는 학위를 받지 못한 채 학교를 떠나 호주에서 조폐국을 설립하는 일을 하면서 철학과 경제학에 흥미를 갖게 되었다. 영국으로 돌아온 그는 독립 저널리스트로 일하다가 이후 맨체스터의 오웬스 칼리지의 튜터가 되었고, 결국은 유니버시티칼리지 런던으로 되돌아가 1876년부터 1880년까지 교수로 재직했다. 연구에 더 많은 시간을 투자하기 위해 교직을 내려놓은 뒤 1882년 《경제학 원리 Theory of Political Economy》의 초반 작업 중 익사했다. 1871년에 발표된 그의 저서 《정치경제학 이론 Theory of Political Economy》은 고전 정치경제학의 전통을 강하게 공격하면서 경제적 가치는 생산 과정에서 창출되는 것이 아니라 사용자에게 효용을 창출할 수 있는 재화의 능력을 통해 창출된다는 대안을 제시했다. 그는 노동의 공급을 노력의 고통과 보상의 즐거움 사이에서 찾은 균형의 결과로 생각해야 한다고 주장했다.

제번스가 《경제학 원리》를 작업하는 동안 카를 멩거는 빈에서 변호사가 되기 위한 교육을 받고 있었다. 당시 오스트리아대학에는 경제학과가 없었고 경제학 연구는 법학부 내에서 이루어졌기 때문에, 멩거가 학계에서 자리를 얻기 위해 쓴 강사 자격 논문이 경제학인 것은 자연스러운 일이었다. 1871년에 출간된 《경제학의 원리 Volkswirstschaftslehre》로 그는 빈대학의 교수직을 얻었다. 그의 저서는 오스트리아 경제 이론 전통의 시작점이 되었다. 아리스토텔레스의 전통에 심취한 멩거의 접근법은 귀납적이고 성찰적이었으며, 개념을 신중하게 정의하고 그것을 기초로 논리를 추축하는 단계적인 방식을 사용했다. 그는 희소성의 중요성을 재화의 가격을 설명하는 가치의 기초로 생각한 최초의 경제학자일 것이다.

세 사람 중 마지막 사람인 레옹 발라스는 엔지니어 교육을 받았지만, 그것을 업으로 한 적은 없다. 아버지와 경제학을 진지하게 공부하겠다고 약속한 그는 다양한 직업을 거쳐 저널리스트로 일하다가 공공 재정의 경제학에 대한 이해로 한 스위스 정치인에게 깊은 인상을 주었다. 덕분에 그는 1870년 로잔대학 최초의 경제학 교수가 되었다.

멩거나 제번스와 비교하면 발라스는 경제학 발전에 직접적 영향을 주었지만, 그것은 사후의 일이었고 생전에는 무명에 가까웠다. 그의 명성은 주로 1874년에 발표된 비교적 짧은 저서 《순수 정치경제학의 기본 원리 Éléments d'économie politique pure》 덕분이었다. 이 책은 경제에 대한 새로운 사고방식, 즉 경제를 상호 연결된 시장들의 집합으로 취급하는 일반균형이론을 제시했다.

경제의 일반균형에서 재화의 가격은 각 재화의 수요를 충족할 수 있을 만큼만 시장에 나오도록 정해진다. 발라스의 접근 방식에서 스미스의 보이지 않는 손은 전체 경제를 움직이게 하고 질서를 유지하는 가상의 꼭두각시 조종자다. 일반균형 체계의 수학적 구조는 매우 복잡할 수밖에 없기에 발라스는 완전한 해법을 얻지 못했다. 경제학자들이 일반균형의 본질과 안정성에 대한 그의 직관을 확인하는 데 필요한 수학적 도구를 개발한 것은 1930년대에 이르러서였다.

발라스가 자신의 연구가 제번스와 멩거의 연구와 연결된다는 것을 알았을 때, 제번스는 이미 사망한 후였고 생전에 발라스의 연구는 알고 있었지만 멩거의 연구는 알지 못했다. 발라스는 세 사람 모두 소비자 복지를 분석의 중심에 두고 있었다는 것을 지적했다.

또한 세 사람 모두 현대 경제 분석의 출발점인 희소성의 중요성을 강조했다. 희소성은 욕구가 그것을 충족시킬 수 있는 능력을 초과할 때 나타난다. 따라서 어떤 재화(예를 들어 사과)를 더 많이 구매하려면 다른 재화(예를 들어 배)를 덜 구매해야 한다는 결론이 나온다. 그렇다면 사과의 기회비용은 사과를 하나 더 소비하기 위해 포기하는 배의 수로 정의할 수 있다. 또한 희소한 자원의 경우 가격은 화폐로 표현되는 재화의 기회비용이므로 어떤 재화의 기회비용은 그 가격을 대체재의 가격으로 나눈 값이 된다.

희소성에 대한 이런 사고방식으로 인해 제번스, 멩거, 발라스는 자신의 효용을 극대화하고자 하는 사람은 지출을 다양한 재화에 배분해 어떤 재화에 대한 지출을 조금 늘리는 데서 얻게 되는 부수 이익(한계효용)을 동일하게 해야 한다는 기본적인 경제 결과를 입증하는 논거를 발전시키켰다. 이 등가 한계 원칙에 부합하지 않는 선택을 하는 사람은 구매하는 재화의 조합을 바꾸어 소비에서 얻는 효용을 늘릴 수 있다.

이런 유형의 분석에서는 자원 사용 방식의 작은 변화가 미치는 영향에 대해 생각하는 것이 더 쉽다. 예를 들어, 식료품점을 방문하는 사람은 과일을 조금 더 사고 빵을 조금 덜 사는 실험을 하기로 마음먹을 수 있다. 기업은 직원 몇 명에게 더 긴 시간 일하도록 요청하는 대신 새 기계를 구입해 생산량을 늘릴 계획을 세울 수 있다. 지출 균형에서 이런 종류의 변화에 대한 생각은 자연스럽게 가격 변화에 따라 한 재화(과일)와 다른 재화(빵)의 대체 방법에 대한 논의로 이어졌고 이로써 새로운 용어를 이용한 재화 수요 결정 요인 이론이 발전했다.

경제학자들이 재화의 공급에 관한 이론을 개발하는 데는 더 긴 시간이 필요했다. 어떻게 노동자와 기계 사용의 균형을 맞춰 기업의 이윤을 극대화하는가가 문제였다. 한계주의 접근법에서는 자본과 노동이 서로 다른 사회 계층이 소유하는 자산이 아니라 생산에 필요한 상품이 되었다. 고전적 분석은 생산에 고정 투입물이 필요하며, 기업은 생산에 필요한 자원을 고용하는 데 드는 비용을 회수할 수 있도록 생산물의 가격을 책정한다고 가정한다. 기업의 생산량 결정에 대한 한계 분석에서는 기업이 자본과 노동력을 얼마나 고용할지 결정하고 이윤을 극대화하는 조합을 선택한다.

하지만 이것은 미래의 방향과 영향을 이야기하는 것이다. 제번스, 멩거, 발라스가 아이디어를 발전시킬 당시에는 밀이나 마르크스, 심지어 스미스와 비교해도 분석의 범위가 상당히 좁았다. 이들에게는 소득 분배가 시간에 따라 어떻게 변하는지를 설명하는 리카도의 3부문 모델 같은 것이 없었다. 그러나 새로운 경제학, 자원의 공동 관리가 아닌 개인의 의사 결정에 관한 과학에는 고전 정치경제학에 없는 내적 일관성이 있었다. 이들의 이론은 경제 구조를 이해하는 새로운 방법(개인의 의사 결정 과정에 집중하는_옮긴이)을 제시하는 것 같았기 때문에 초기 경제학자들이 몰두했던 분배 문제를 우회할 수 있었다.

이 접근법은 신고전 경제학으로 알려지게 되었다. 미국의 제도주의 경제학자로 뛰어난 창의성을 가지고 있던 소스타인 베블런 Thorstein Veblen은 사회적 관계보다는 교환에 대한 분석을 통해 전통을 부활시키려는 시도에 불과해 보였던 방식을 하나로 묶어 새로운 용어를 만들었다.

신고전 경제학 발전의 초기 단계에는 베블런이 이 접근법이 고전적 접근법에 대한 약간의 변형으로 보인다는 점을 지적하기가 매우 쉬웠다. 한계 분석이라는 아이디어는 새로운 게 없었다. 예를 들어, 리카도는 수치를 이용한 구체적인 예시로 밀 생산량이 증가함에 따라 소득 분배가 어떻게 변하는지를 설명했다. 그의 한계 단위는 단순히 경작에 투입된 마지막 토지를 의미했고, 그 토지의 한계 가치는 거기에서 생산되는 밀의 양이었다.

또한 한계 분석은 유용한 것이 가치 있는 것이라는 밀의 통찰을 바탕으로 그 가치 측정의 원칙을 제시했다. 이렇게 새로운 경제학은 이미 고전 정치경제학에서 사용되었던 아이디어를 취해 재구성한 것이라 할 수 있다. 그러나 한계^{margin}라는 개념은 고전 정치경제학에서 이미 익숙한 것이었더라도, 신고전 경제학에서의 사용과 대체 원리 도입으로 매우 다른 방식으로 활용할 수 있었다.

그런 분석이 과거의 문제에 효과적인 해결책을 제공할 수 있었던 예로 다이아몬드-물 역설에 대해 생각해 보자. 스미스는 물은 생명에 필수적이지만 보통 공짜로 얻을 수 있는 반면, 다이아몬드는 장식과 보관 가치 외에 달리 용도가 거의 없음에도 불구하고 귀하게 여겨진다는 점에 주목했다. 물의 총가치는 엄청날 수 있지만, 그 가치는 우리가 사용하는 물의 극히 일부분(입원 환자의 수분 보충을 위한 물)과 관련된다. 수돗물을 사용할 때라면 우리는 물에 작은 가치를 부여하는 것이 보통이다. 낮은 가격이 우리가 그 재화에 가치를 두지 않는다는 의미는 아니다. 보통 풍부하기 때문에 가격이 낮다고 생각하는 것이다. 다이아몬드를 가치 있게 만드는 것은 희귀성뿐이다.

분석 방법 쪽으로 초점을 전환한 신고전파 경제학은 밀의 공리주의 원칙을 채택했다. 사람들은 소비로부터 얻는 효용을 극대화하길 원하고 조직은 생산으로부터 얻는 이익을 극대화하길 원한다고 가정하는 것은 당연했다. 최적화를 언급하고 자원 사용에 작은 변화를 줄 수 있는 가능성을 생각하면서부터는 수학적 분석이 거의 불가피해 보인다. 제번스, 멩거, 심지어 발라스까지 주연 배우가 아닌 설계자였다는 사실을 알 수 있는 것이 바로 이 부분이다. 그들은 다른 사람들이 그런 분석 방법을 적용할 수 있도록 길을 터주었지만, 수학을 경제학에 적용하는 데는 진전을 이루지 못했다.

발라스는 자신들의 분석이 일반적인 원리를 공유한다는 것을 알 수 있었지만, 접근 방식에는 차이가 있었다. 경제 분석에서 수학의 사용을 늘리자는 아이디어는 발라스와 제번스에게는 매력적으로 보였지만, 멩거에게는 그렇지 않았다. 법학과 고전 철학을 공부한 멩거는 독일 역사학파의 주장에 대응해 경제에 대한 자신의 사상을 만들어냈다.

멩거와 오스트리아 학파에게 경제학은 대체로 이론적인 것이었지만 거기에는 인간 행동에 대한 복잡한 추론이 수반되었다. 멩거의 접근법은 대상의 본질을 분류하면 대상의 속성을 파악할 수 있다는 아리스토텔레스와 스콜라 학파의 접근법에 의지했다. 그는 재화를 (인간의) 욕구를 충족시키는 속성의 측면에서 정의했지만 (본질적으로 공리주의적 이해) 이후 사람들은 소비가 욕구를 충족시킬 수 있다는 점과 재화의 사용을 관리할 수 있다는 점을 이해해야 한다고 주장했다. 오스트리아의 전통은 처음부터 사람들이 어떤 정보를 가지고 있는지, 그리고 그 정보를 어떻게 사용하는지를 이해하는 데 관심을 두었다.

이 접근법은 당연히 철학적 근거를 가진 경제 이론에 적합하다. 예를 들어, 우리는 재화의 정의와 경제 활동의 목적을 통해 시장을 사람과 조직에 재화를 할당하는 시스템으로 정의할 수 있다. 조직의 역할 또한 노동과 자본같이 간접적으로만 욕구를 충족시킬 수 있는 재화 소비를 통해 직접적으로 욕구를 충족시키는 재화로 전환하는 것이라고 정의할 수 있다. 이런 아이디어는 고전 경제학에도 내포되어 있었지만, 멩거는 이를 명백하게 공식화했고 이로써 경제 구조에 대한 현대적 사고에 큰 영향을 끼쳤다.

발라스 분석의 참신함 역시 추상적인 이론화에서 비롯되었지만, 그는 멩거나 제번스보다 최적화라는 형식 논리를 훨씬 더 강조했다. 발라스의 일반균형 체제에서는 생산 과정에 투입되는 요소들이 결합해 최종 재화를 생산한다. 사실 발라스의 접근법에서는 재화를 생산하기 위해 조직이 등장할 필요가 없다. 사람들은 대가를 지불하고 생산 요소를 임대한다. 이로써 다양한 재화를 생산할 수 있고, 이후 사람들은 이 재화들을 구매한다.

발라스의 일반균형은 시장에 출시되는 각 재화의 양이 시장에서 찾는 양과 같도록 선택된 각 생산 요소와 각 재화의 시장 가격으로 이루어진다. 이를 잘 표현하는 것이 일반균형에서는 모든 재화에 대한 공급과 수요가 일치한다는 진술이다.

이는 모든 생산 요소의 완전 고용 의미하며, 예를 들어 일자리를 찾는 노동자가 없고 더 많은 노동자를 찾는 생산자도 없는 상태다. 소비 측면에서는 낭비되는 생산이 없고(모든 생산물이 판매된다), 시장 가격으로 상품을 구매하고자 하는 사람이 구매하지 못하는 일도 없다.

일반균형에는 반드시 지켜져야 할 다른 많은 기술적 조건이 있다. 이 조건이 충족된다는 것은 보이지 않는 손이 제 역할을 완벽하게 수행했다는 것이다. 모든 자원이 효율적으로 사용되며, 어떤 기획자도 더 이상 상황을 개선할 수 없다.

제번스, 멩거, 발라스는 매우 다른 접근법으로 조용한 혁명가가 되었다. 1870년의 관찰자들에게 사회주의와 역사 분석은 훨씬 더 심층적이고 포괄적인 접근법으로 보였을 것이다. 그러나 신고전주의 경제학의 개념 구조는 곧 유한한 자원의 관리와 관련된 모든 문제에 적용할 수 있는 분석적 프레임워크의 개발로 이어졌다. 베블런의 생각은 고전적 사고와 신고전적 사고를 연결한 부분에서 옳았지만, 신고전적 사고를 실패한 전통을 부활시키려는 시도라고 생각한 부분에서는 틀렸다. 신고전적 사고는 탐구의 엔진이었으며, 그 엔진의 수석 엔지니어 자리에 처음으로 앉은 것은 케임브리지 경제학자 알프레드 마샬이었다.

8장

알프레드 마샬

연약한 장인

Alfred Marshall

경제의 완벽 해부

> 1886년 케임브리지에서의 첫 강의에서 그는 경제학을
> "구체적인 진리가 아닌 구체적인 진리의 발견을 위한 엔진"
> 이라고 말했다.

　알프레드 마샬은 건강이 좋지 않았고, 때로는 건강을 변명으로 이용하기도 했다. 중년에 심각한 병에 걸리면서부터 평생 과로를 걱정했고 허약한 몸 덕분에 자신의 요구와 선호에 따라 생활과 환경을 꾸릴 수 있었다. 그러면서도 그는 거의 매년 여름마다 짐을 싸서 알프스를 헤매곤 했고 케임브리지 경제학파를 만들겠다는 야망을 이뤄냈다.

　제번스는 한계 분석의 중요성을 파악한 최초의 사람이라고 할 수 있다. 그의 연구는 새로운 가능성을 제시했지만 이른 죽음으로 인해 마샬이 근대 경제 원리에 대한 최초의 포괄적인 설명을 제시하면서 정치경제학에서 경제학으로의 전환을 완성할 기회를 가졌다.

1861년 학부생으로 케임브리지에 입학한 때부터 마샬은 성공하리라는 의지를 다졌다. 영란은행 Bank of England의 서기였던 아버지 윌리엄 마샬은 알프레드가 케임브리지대학의 세인트 존스 칼리지에서 장학금을 받아 고전을 공부하며 성공회 사제 서품을 준비하길 기대했다.

젊은 마샬은 아버지의 뜻을 거슬러 학교를 떠났고 수학을 공부하기 위해 삼촌에게 돈을 빌리고 장학금을 받아 세인트 존스 칼리지에 입학했다. 1865년, 그는 2등으로 학교를 졸업했다. 수석 자리는 1904년 노벨 물리학상을 수상한 존 레일리 John Rayleigh에게 주어졌다. 마샬은 좋은 성적으로 세인트 존스 칼리지의 평의원직을 얻었다.

마샬과 케임브리지와의 인연은 평생 지속되었다. 1877년 결혼으로 평의원직을 내려놓아야 했던 마샬은 영국 고등교육 확대의 일환으로 옥스퍼드대학의 두 단과대학에서 설립한 브리스톨의 유니버시티 칼리지 교장 자리에 앉았다. 브리스톨에 있던 중 심각한 병에 걸려 1881년에는 교장직에서 물러났고 팔레르모에서 몇 달간 요양한 뒤 정치경제학 교수로 돌아왔다. 얼마 지나지 않아 옥스퍼드대학의 발리올 칼리지의 정치경제학 강사로 자리를 옮겼다가 1885년에 케임브리지대학으로 돌아와 정치경제학 교수직을 맡았다. 그는 1908년에 은퇴할 때까지 그 자리를 지키면서 영국 경제학계를 대표하는 인물이 되었다.

마샬은 맬서스가 그랬던 것처럼 수학학사 학위를 사제직을 위한 준비 과정으로 여겼다. 1860년대에는 어느 정도 소명의식을 갖고 있었지만, 젊은 시절 케임브리지에서 토론 클럽을 접하면서, 특히 철학자 헨리 시지윅 Henry Sidgwick이 중심적인 역할을 하는 그룹의 일원이 되면서 종교적 믿음이 어느 정도까지 타당한지의 문제와 씨름하게 되었다. 그 과정에서 도덕학 연구의 초점은 형이상학에서 인식론, 이후에는 윤리학으로 옮겨갔고, 끝내는 기독교 교리에 대한 확신이 희미해지면서 철학적 탐구를 응용하는 정치경제학 쪽으로 전환되었다. 성직자가 되어야 한다는 소명의식을 버린 마샬은 경제학에서 비슷한 목적의식을 발견한 듯하다.

수학과 윤리학을 든든한 토대로 삼는 경제학 연구 접근법은 마샬이 정치경제학을 근대 경제학으로 전환시키는 일에 얼마나 적합했는지를 잘 설명해 준다. 그는 기술을 갖추고 있었기에 리카도의 수학적 설명과 경제 시스템에 대한 밀의 설명을 기초로 삼을 수 있었다. 또한 그는 경제 논거의 윤리적 근거를 다루는 동시에 경제학이 독자적인 학문으로 마침내 윤리와 분리되는 데 필요한 새로운 문제 해결 기법을 만들었다.

마샬이 밀의 《정치경제학 원리》를 본격적으로 연구하기 시작한 것은 아마도 1866년이었을 것이다. 이후 그는 미분방정식을 사용해 밀의 진화론적 분석을 탐구했다고 주장했지만, 그의 비공개 문서에는 이에 대한 증거가 거의 없다. 대신 그는 1868년의 대부분을 드레스덴에서 보내면서 독일에 대한 지식을 쌓고 철학책을 읽으며 독서의 폭을 넓혔다. 이후 1870년에 독일을 방문했을 때는 빌헬름 게오르크 프리드리히 로셔Wilhelm Georg Friedrich Roscher와 독일 역사학파는 물론 사회주의 사상가들의 작품까지 접하게 되었다.

1870년 한계혁명이 시작되었을 때 마샬은 경제학에 대한 자신의 비전을 표현하는 데 필요한 기술과 지식을 갖추었다고 생각했을 것이다. 발라스는 1874년 마샬에게 보낸 편지에서 연구를 빨리 발표하라고 재촉했다. 하지만 마샬은 발표를 주저했다. 마샬은 스미스와 마찬가지로 자신의 분석에 만족할 때까지 아이디어를 모으는 것을 선호했다. 원래의 출판 계획을 점차 축소한 것도 스미스와 비슷했다. 그의 계획은 경제학 너머로 확장되지 않았지만 말이다. 마샬의 명성은 《경제학의 원리Principles of Economics》라는 단 한 권의 책으로 이루어졌다. 이 책은 1890년 출간된 이래 1950년대 폴 새뮤얼슨의 《경제학Economics》에 추월당할 때까지 경제학의 표준 입문서였다.

발라스는 《경제학의 원리》가 발표되기 전부터 마샬이 유용한 책을 쉽게 쓸 수 있는 사람이라는 정확한 판단을 내리고 있었다.

그런 능력을 드러내는 사례로, 마셜은 어린 시절 대학 교육을 지원했던 삼촌의 유산으로 1875년 미국을 여행하며 공장을 방문하고 기업가들과 이야기를 나누며 이 신생국이 무역 장벽 뒤에서 어떻게 산업의 기반을 닦을 수 있는지 파악했다. 이후 그는 자신이 내린 결론을 바탕으로 초고를 썼다. 마셜이 출판을 미루자 헨리 시지윅은 자신의 동료가 독창적인 통찰력을 인정받지 못할까 염려했다. 그래서 시지윅은 1877년 원고의 2장을 《대외 무역의 순수 이론 Pure Theory of Foreign Trade》과 《국내 가치의 순수 이론 Pure Theory of Domestic Values》이라는 제목으로 비공개 출판했다.

그 후 마셜은 메리 페일리 Mary Paley(케임브리지에서 도덕 과학 프로그램을 이수한 최초의 여성이자 뉴햄 칼리지의 1기 펠로우 중 한 명)와 결혼하면서 그녀가 시작한 산업경제학에 관한 짧은 책을 이어받아 마무리했다. 이 책은 마셜의 까다로운 기준을 생각하면 놀라운 정도로 빨리 완성되어 1879년에 출간되었다. 브리스톨로 이주한 마셜은 이후 팔레르모에서 요양할 때까지 새로운 대학을 운영해야 하는 행정 업무와 병 때문에 출판을 위한 시간을 거의 갖지 못했다. 과로로 지칠까 봐 불안했던 마셜은 1880년대에는 매년 여름을 책 작업으로 보내는 패턴을 시작했고 마침내 1889년 원고를 인쇄업자에게 넘길 수 있었다.

마셜의 《경제학의 원리》는 경제학의 목적이 수많은 노동 인구의 복지를 개선하는 것이라는 주장으로 시작된다. 이 책은 맬서스의 인구 역학에 고개를 끄덕이거나 경제학에 분배 이론이 필요하다는 것을 인정하는 데 그치지 않았다. 경제학에 대한 마샬의 비전은 밀의 도덕과학과 크게 다르지 않았다. 특히 1890년대에 그는 노동 계급의 요구를 더 잘 이해하기 위해 노동조합 지도자들과 정기적으로 만남을 가졌다.

《경제학의 원리》는 경제학 기본 용어를 소개하는 것으로 시작해, 기업이 시장에서 자유롭게 경쟁한다는 가정하에 욕구와 수요, 생산의 본질, 산업 구조를 분석했다. 그는 시장의 작동을 이해하는 데 필요한 경제 이론을 매우 신중하게 논의했다. 우선 그는 사람들이 재화를 소비하는 재화 시장을 진단하고 수요를 형성하는 데 있어서 한계효용의 역할을 강조했다. 이후 그는 재화를 생산하는 데 필요한 투입물의 시장에 대해 논의하고 이어서 시장 가격과 생산 비용의 변화에 따라 기업이 생산량을 변화시킨다는 주장을 전개했다.

그는 자신의 연구가 시간에 따른 수요와 비용의 상대적 중요성에 대한 보다 완전한 이론에 이르렀다는 믿음으로, 이것이 밀과 제번스의 아이디어를 받아들이는 한 가지 방식에 불과하다는 비평가들의 주장을 일축했다. 마지막으로 경제학의 궁극적인 목표에 대한 주장으로 돌아가 임금 책정에 초점을 맞춘 소득 분배에 대한 탐구와 자본과 토지의 소득에 대한 설명으로 《경제학의 원리》를 마무리했다.

그가 밀과 제번스의 주장 일부를 도용했다는 주장은 그가 재화의 수요를 분석할 때 제번스를 따라 한계효용을 사용하고, 재화의 공급을 분석하기 위해 밀이 생산 비용을 취급한 방식을 사용했기 때문이다. 그러나 마샬은 기업이 이윤을 극대화하는 생산량을 정하는 방법을 분석하면서 한계분석을 사용해 기업은 확장이 더 이상 이윤을 증가시키지 않는 수준으로 생산량을 정할 것이라고 주장했다. 또한 그는 밀과 제번스의 주장이 완전히 일치할 수 없다는 것을 입증했다. 마지막으로 그는 가격이 시장 상황의 변화에 즉각적으로 반응하는 방식을 결정하는 데는 수요가 중요하지만, 시간이 흐르면서 기업이 생산 공정을 조정함에 따라 가격과 거래량을 결정하는 데 비용이 더 중요해질 것이라고 주장했다.

《경제학의 원리》의 목차와 현재 대학에서 타과 학생들에게 제공하는 경제학 입문 과정의 강의 계획서 사이에는 눈에 띄는 유사점이 있다. 이는 학생들이 그런 강좌에서 접하는 경제 이론 방식이 마샬의 도식적 접근 방식에서 유래한 것인 경우가 많기 때문이다. 마샬은 이런 접근법을 통해 한 요소의 변화가 그것이 아니라면 변하지 않을 경제 환경에 미칠 수 있는 영향을 탐구했다. 이 접근법의 주된 목표는 무엇이 재화를 사고파는 시장 가격과 수량에 영향을 미치는지 파악하는 것이었다. 《경제학의 원리》는 그의 논거들을 형식주의 수학이 뒷받침하고 있음을 보여준다.

경제학에 사회 변혁 능력이 있다는 마샬의 신념을 고려하면, 그가 《경제학의 원리》를 단순히 새로운 경제 이론의 입문서로 기획하지 않은 것은 당연한 일이었다. 1886년, 케임브리지에서의 첫 강의에서 그는 경제학을 "구체적인 진리가 아닌 구체적인 진리의 발견을 위한 엔진"이라고 말했다. 이는 상호 연결된 시장에 대한 복잡한 분석으로 경제 전체가 균형 상태에 있을 수 있다고 주장한 발라스의 일반균형이론과는 다른 경제학 개념이었다. 마샬은 이런 접근법을 개발할 만한 기술적 역량이 있었지만, 형식주의 수학 논거가 '삶의 일상적인 일'을 탐구하는 데 유익할지에 대한 의심 때문에 그 접근법에 매력을 느끼지 못했다.

사실 마샬은 수리경제학의 가치에 대해 회의적이었고, 일부 제자들이 형식주의 논증을 통해 얻을 수 있는 것에 대해 과도한 자신감이 있다고 생각했다. 마샬은 아서 보울리 Arthur Bowley 에게 보낸 편지에서 일상 언어로 제시할 수 없는 수학적 논증에는 경제학적 지식이 담겨 있지 않다고 주장했다. 그의 조언은 경제적 논증으로서 확실한 가치가 없는 것으로 드러난 경우에 '수학을 불태우는 것'이 중요하다는 제안으로 마무리되었다.

수학 사용에 대한 그의 조심스러움은 "좋은 경제학은 생물학과 같다"는 그의 신념을 반영했다. 《경제학의 원리》 속표지에는 "자연은 비약하지 않는다$^{Natura\ non\ facit\ saltum}$"라는 모토가 등장한다. 마샬이 케임브리지에 도착한 1861년은 이 모토가 비롯된 찰스 다윈$^{Charles\ Darwin}$의 진화론에 대한 열띤 논쟁이 벌어지던 때였다. 자연선택을 통한 진화론은 마샬의 신앙적 갈등에 큰 영향을 미쳤고, 그로 하여금 시장과 기업 연구에도 비슷한 유형의 이론이 필요하다는 결론을 내리게 했다.

《경제학의 원리》의 독자들은 이 책에서 마샬이 자신의 사상을 어떻게 사용했는지가 드러나는 부분을 많이 찾지 못할 수도 있다. 그는 단기적 행동과 장기적 행동의 차이에 대한 논의로 경제에서의 구조적 변화를 설명했는데, 용어들이 다소 느슨하게 정의되어 있어 오히려 독자들이 구체적인 상황에 어떻게 적용하는지를 깊이 생각하게 만들었다. 또한 마샬은 특정 지역에서 특정 시기에 산업이 등장하는 이유, 번성하는 이유, 결국 쇠퇴하는 이유를 파악하는 데도 관심이 있었다. 이들 아이디어는 '공업 지구$^{industrial\ district}$'라는 개념으로 발전했다. 그는 처음에는 어떤 산업의 기업들이 자원에 대한 접근성을 확보하기 위해 모였다가 관련 기술과 지식이 특정 마을과 도시에 집중됨에 따라 그 지역에 남게 된다는 다소 잠정적인 설명을 했다.

마샬과 스미스의 연구가 매우 유사한 방식으로 이루어졌다는 점을 고려하면《경제학의 원리》와《국부론》을 비교하는 것은 자연스러운 일이다. 두 책 모두 스미스와 마샬이 얼마나 신중하게 논리를 전개했는지를 반영하듯 매우 매끄럽고 완성도가 높다. 《경제학의 원리》의 경우 마샬이 얼마나 정교한 아이디어를 세심하게 배치했는지 놓치기가 쉽다. 그는 자신이 창안한 아이디어를 내세우는 법이 없이, 경제학에 대한 새로운 해석을 이미 널리 받아들여지는 것처럼 제시했다.

스미스가《도덕감정론》에서 그랬듯 마샬은《경제학의 원리》를 제1권으로 광고하고 수년 동안 제2권을 계획했다. 1919년 마침내《산업과 무역 Industry and Trade》을 발표했을 때, 평론가들은 이 책이 서술은 철저하지만 시대에 뒤떨어졌고 기초적인 분석에 그친다는 것을 발견했다. 당시 나이가 많았던 마샬은 안타깝게도 인지 능력 저하를 경험하고 있었다. 많은 아이디어를 발표하지 않고 너무 오래 묵혀둔 것이다. 그의 마지막 저서《화폐, 신용 및 상업 Money, Credit and Commerce》은 그가 사망하기 1년 전인 1923년에 출간되었다. 이 책 역시 반세기 전에 개발된 오래된 아이디어를 모아놓은 것이었다. 메리 페일리 마샬이 자료를 정리하고 편집하는 일에서 주도적인 역할을 해야 했을 수도 있다.

책을 거의 내지 않았던 마샬은 주로 강의를 통해 명성을 얻었다. 그가 케임브리지에 도착했을 때만 해도 정치경제학 강의는 역사학과 도덕학과에서 이루어졌다. 1903년, 마샬은 마침내 경제학부 설립이라는 오랜 야망을 이루었다. 그의 '케임브리지 학파'는 꾸준하고 질서 있는 성장을 보이지 못했고, 주로 강의로 전해지는 그의 가르침에 기반을 두었다.

마샬은 경제학자 길드에 입회시키기 위해 도제를 가르치는 장인이라고 생각할 수 있다. 학생들이 개별적으로 튜터를 만나는 19세기 후반 케임브리지의 교수 구조가 이런 접근법을 가능하게 했다. 마샬은 대부분의 강의를 정치경제학 교수가 된 뒤 아내를 위해 지은 집 발리올 크로프트Balliol Croft에서 했다. 일대일 수업 시간이면 학생들은 논문에서 전개한 논거를 방어해야 했다. 메리 페일리 마샬은 학생에게 차와 케이크를 내주었고, 남편은 의자에 앉아 취조에 가까운 질문을 계속했다. 질문이 끝나면 학생은 책과 주석이 잔뜩 달린 논문을 들고 자리를 떠났다. 이후 영국 전역의 학계에 점점 많은 마샬의 제자들이 진출해 영국 경제학에 그의 영향력을 심었다.

그는 경제학파를 설립하겠다는 굳은 의지로 목표를 향해 나아갔다. 하지만 안타깝게도 아내인 메리 페일리가 지적 탐구의 파트너가 될 수 있다는 사실을 깨닫지 못했다. 두 사람은 1870년대 중반에 만났는데, 결혼 후 마샬은 브리스톨에 있는 동안 그녀를 여학생을 위한 정치경제학 강사로 삼았다. 그럼에도 불구하고 그는 평생 남녀 혼합 교육에 반대했고, 1896년부터 1897년까지 케임브리지에서 여성이 학위를 취득해 학업을 마칠 수 있도록 하는 데 반대하는 캠페인에 중요한 역할을 했다.

아내가 《경제학의 원리》의 좋은 독자이자 유능한 비평가가 될 수 있다는 생각을 하지 못한 것은 이런 이유 때문일 듯하다. 마샬은 아내에게 아주 간단한 연구 과제만을 맡겼다. 마샬의 사후, 메리 페일리는 그의 유산 집행인으로서 새로 설립된 마샬 도서관의 명예 사서라는 새로운 역할을 맡아 1930년대 후반까지 그 일을 계속했다. 일부 케임브리지의 경제학자들은 사별이 그녀에게 새로운 삶을 선사했다고 생각했다.

마샬이 자신의 경제학파를 고집한 것도 제번스의 업적을 인정하지 않은 이유가 될 것이다. 밀과 마찬가지로 마샬은 전반적으로 경제학 발전에 기여한 모든 전임자의 공헌을 관대하게 취급하자는 원칙을 고수했다. 19세기 후반의 경제학자들이 다른 누구보다 제번스에게 많은 신세를 입었다고 말했다. 그럼에도 불구하고 그는 수요의 기초로서의 효용에 대한 제번스의 연구는《경제학의 원리》의 발전에 그다지 기여하지 않았다고 주장했다. 대신 마샬은 큰 영향을 준 사람들로 밀과 리카도, 앙투안 오귀스탱 쿠르노 Antoine Augustin Cournot, 쥘 뒤피 Jules Dupuit, 요한 하인리히 폰 튀넨 Johann Heinrich von Thünen 등 19세기 전반의 여러 저자들을 꼽았다.

자신의 지적 발전에 대한 마샬의 기억은 정확했을 수도 있다. 제번스는 마샬보다 여덟 살 연상일 뿐이었다. 제번스는 1860년대에 한계효용의 역할에 대한 논거를 발전시켰고 1866년경에 처음으로 연구 결과를 발표했으며, 마샬은 이때부터 경제학을 본격적으로 공부하기 시작했다. 1872년 초, 마샬은 제번스의 《정치경제학 이론》을 검토하고, 거기에서 새로운 것을 거의 찾지 못했다고 주장했다. 마샬은 자신이 공정하지 못했을 수 있다는 두려움에 수요 이론을 연구하던 제자 허버트 폭스웰Herbert Foxwell과 자신의 평가에 대해 논의하기도 했다.

폭스웰 역시 훗날 케임브리지 학파를 발전시키고자 한 마샬의 결의에 영향을 받게 된다. 1908년에 마샬의 후임으로 정치경제학 교수 후보에 올랐던 그는 마샬이 그 자리에 아서 피구Arthur Pigou를 앉히면서 스승이 40년 우정을 간단히 저버릴 수 있는 사람임을 알게 되었다. 이 경험으로 상처를 받은 폭스웰은 마샬과 영원히 화해하지 못했다.

마샬은 《경제학의 원리》에서 단순히 학계 동료들을 대상으로 글을 쓰기보다는 가능한 한 폭넓은 독자층을 확보하기 위해 일반인을 대상으로 글을 쓰고자 했다. 발라스와는 매우 다른 포부를 품었던 것이다. 따라서 그는 형식주의적 수학 분석은 본문에 포함시키지 않고 기술적 부록에 배치했다. 또한 그는 현대 경제학의 구조 대부분을 정의하면서 밀과 어느 정도의 일관성을 인정했다. 이런 신중한 분석은 대서양 양안의 많은 추종자들, 특히 이후에 살펴볼 시카고대학의 추종자들에게 영감을 주었다.

*How to Think Like
an Economist*

9장

조지프 슘페터

창조자 그리고 파괴자

Joseph Schumpeter

무엇이 경제학에서 좋은 성과를 만드는가?

Joseph Schumpeter

> 슘페터는 자본 이론에 의지해 기업가는 자원에 대한 접근권이 필요하며, 산업 경제 내라면 그것은 투자자로부터 자본을 조달하는 것을 의미한다고 주장했다.

"젊은 시절의 나는 빈 최고의 연인, 오스트리아 최고의 기수, 세계 최고의 경제학자가 되기로 결심했다."

1930년대 하버드에서 쇼맨의 역할을 맡았던 '슘피 Schumpy'는 언제나 이런 유머러스한 말로 학생과 동료를 즐겁게 해주기도, 아연하게 만들기도 했다. 이 유명한 레퍼토리에는 여러 가지 결말이 있는데, 그중 웹에서 가장 많이 발견되는 것은 "최고의 기수가 되겠다는 꿈은 젊은 날의 환상이었다"이다. 하버드의 동료와 학생들은 수많은 재담과 함께 유럽의 구세계에서 가져온 경제 분석에 대한 새로운 접근 방식으로 그를 기억한다. 하버드 경제학과 학과장이었던 프랭크 타우시그 Frank Taussig는 학생들과 젊은 동료들에게 미치는 그의 영향력 때문에 1925년부터 그를 영입하기 위한 노력을 시작했고 1932년 마침내 그를 맞이하게 되었다.

슘페터의 경력은 경제학사의 중요한 전환점이 되는 몇몇 순간에 걸쳐 있다. 1883년에 태어난 그는 오스트리아-헝가리 제국이 제1차 세계대전으로 멸망하기 직전인 1911년에 최연소 교수가 되었다. 그는 1920년대 유럽 대륙이 전쟁의 영향을 이겨내기 위해 애쓰는 동안 유럽에서 일했다. 그가 미국에 도착했을 때 미국은 대공황을 겪고 있었다. 그는 제2차 세계대전 중에 미국에 머물렀고 1950년에 사망했다.

그는 1883년 모라비아의 트리쉬(현재 체코의 트레스트)에서 독일어를 사용하는 방앗간집의 아들로 태어났다. 네 살 때 아버지가 사망하고 어머니가 재혼해 빈으로 이주하게 되었다. 슘페터는 명문 김나지움에서 중등 교육을 마친 후 빈대학에서 법학과 정치경제학을 공부했다. 그 후 영국으로 건너가 마샬을 만났지만 그 만남은 그리 성공적이지 못했다. 슘페터는 이론에 지나치게 집착하는 것을 경계하라는 마샬의 충고를 한 귀로 흘렸다. 그는 1908년 발라스를 찾아가 경제사상사에 대한 자신의 첫 번째 책을 선물했다. 안타깝게도 발라스는 젊은이가 그렇게 좋은 책을 쓸 수 있다는 것을 받아들이지 못하고 슘페터의 아버지에게 감사를 전해달라고 몇 번이나 당부했다.

슘페터는 경제학의 역사와 방법론 모두를 대단히 진지하게 생각했다. 그는 발라스에게 보여준 책에서 독일 역사학파와 오스트리아 학파의 발전을 비교했다. 멩거의 연구가 처음 등장한 이래 독일 경제학자들과 오스트리아 경제학자들 사이에는 경제 지식을 정립하는 방법에 대한 논쟁이 이어지고 있었다. 역사적 접근 방식은 특정 시간과 장소에 한정된 데이터로부터 인과관계를 추론한 반면, 멩거의 '명확하고 보편적이며 추상적인 이론'은 니즈를 충족시키려는 충동이 인간 행동의 궁극적인 동인이라고 제안했다. 이 때문에 멩거와 오스트리아 학파는 경제 분석에서 데이터를 사용하는 데 회의적이었다.

슘페터는 이 논쟁을 매듭짓기 위한 시도로 독일과 오스트리아의 경제학자들이 서로 다른 분석 방식을 채택하지만, 경제 관계의 본질에 대한 이해를 공유하기 때문에 역사와 이론은 궁극적으로 상호 보완적이라는 의견을 내놓았다. 역사는 이론을 판단할 증거를 제공할 수 있다.

슘페터는 독일과 오스트리아의 동적 분석과 영국 경제학의 정적 분석의 차이가 훨씬 더 크다고 생각했다. 그는 영국 경제학은 상황이 바뀌면서 경제의 최종 상태가 어떻게 변하는지만을 분석한다고 믿었다. 한 번에 시장에 영향을 주는 한 가지 요인만의 변화를 허용하는 마샬의 접근 방식을 생각해 보라. 슘페터는 독일어권 경제학자들의 동적 분석이 경제의 새로운 상태에 대한 논의를 가능하게 한다고 생각했다. 그는 연구에서 동적 분석을 사용했고, 정적 분석의 가치에 대해서는 회의적이었다. 영국을 사랑했지만 그는 영국 경제학자들이 잠재력을 발휘하지 못했다고 생각했다.

영국으로 간 슘페터는 글래디스 시버^{Gladys Seaver}(아마도 열두 살 연상인 그녀에 대해 알려진 것은 거의 없다)와 결혼했다. 이후 그는 카이로에서 변호사로 일자리를 구했고, 다음으로 체르노비츠(현재 우크라이나 체르니우치)에서 교수직을 맡았다.

슘페터가 교수가 되었을 때 오스트리아 학파는 멩거의 초기 정리를 훨씬 넘어서는 진전을 이루었다. 이는 주로 멩거의 제자 프리드리히 폰 비저^{Friedrich von Wieser}와 오이겐 폰 뵘바베르크^{Eugen von Böhm-Bawerk}의 연구를 통해서였다. 오스트리아 학파는 폰 비저를 통해 한계효용과 수요 분석을 발전시켰고, 폰 뵘바베르크를 통해 자본 이론을 수립했다. 슘페터는 이들의 아이디어를 자신의 동적 분석의 구성 요소로 이용해 1911년에 경제 발전이 발명과 혁신을 통해 이루어진다는 《경제발전론^{Theorie der wirtschaftlichen Entwicklung}》(1934년에 영어 번역본 《Theory of Economic Development》 출간)을 출간했다.

슘페터는 이 책에서 그의 업적 중 가장 유명한 동적 경제 분석을 처음 선보였다. 그는 경제가 시간에 따라 어떻게 변화하는지를 설명하고자 한 마샬과 같은 목표를 가졌지만 접근 방식은 매우 달랐다. 슘페터는 경제 분석의 형태가 생물학적이어야 한다는 마샬의 신념을 비판했다. 슘페터가 진화경제학의 창시자 중 한 명이고 그들이 경제 발전을 위해서는 기업 활동이 필요하다는 데 동의했다는 점을 고려하면 처음에는 놀랍게 느껴지는 일이지만, 슘페터의 동적 분석은 마샬의 정적 분석과는 매우 다르다.

다윈 이론에 영향을 받아 치열한 경쟁이 경제학의 일반적인 상황이라고 믿었던 마샬은 기업 활동이 환경적 제약에 지능적으로 대응하는 것이라고 생각했다. 경제 발전에 대한 그의 이해는 본질적으로 생태학적이었다. 기업가 정신은 경제 발전의 필수 요소지만 그것은 거의 사회적 기능이고, 그의 논의에서 기업가 정신은 대체로 비인격적(기업가 정신이 개별 기업가의 야망이나 특성에 의해서 주도되는 것이 아니라 시장 요구와 환경적 제약에 대응하는 경제 시스템의 구성 요소라고 보았다는 의미_옮긴이)이다.

오스트리아의 전통하에 있던 슘페터는 기업가에게 주체성이 있다고 생각하는 것이 훨씬 더 자연스러웠고, 따라서 기업가들은 인간의 니즈를 충족시키기 위해 자원을 잘 사용할 수 있는 새로운 방식을 생각한다. 그는 그런 식으로 경제가 진화한다고 주장했다. 기업가는 성공한다는 보장이 없기에 그들은 필연적으로 위험을 감수해야 한다. 그렇기에 많은 사람이 니즈를 충족하는 새로운 방법을 생각해 낼 수 있다. 그들은 다른 자원을 조정할 수 있는 관리 기술이 필요했고, 슘페터는 기업이 기존의 니즈를 충족하는 새롭고 효율적인 방법을 구현하는 프로세스 혁신의 중요성을 강조했다.

슘페터는 자본 이론에 의지해 기업가는 자원에 대한 접근권이 필요하며, 산업 경제 내라면 그것은 투자자로부터 자본을 조달하는 것을 의미한다고 주장했다. 기업가들은 잠재 투자자에게 어떻게 수익을 얻을지 믿을 만하게 설명할 수 있어야 한다. 슘페터의 분석에서 변화는 경제 외부의 변화로 인해 진화하는 것이 아니라 인간 주체성의 결과이며, 경쟁이라는 비인간적인 힘이 어떤 변화가 진화적으로 살아남을 수 있는지를 결정한다. 다음 세대의 기업가들이 제안하는 혁신은 고립적으로 나타나는 것이 아니라 이전의 혁신에 의해 형성된다는 경제 발전에 대한 슘페터의 비전은 마샬보다는 마르크스의 영향을 더 많이 받은 것으로 보인다.

슘페터 주위에는 항상 경제학 이외의 다른 일이 벌어지고 있었다. 그리고 그것은 여성과 관련된 경우가 많았다. 제1차 세계대전 중 오스트리아-헝가리 제국이 마침내 무너지면서 그는 정치에 매료되었다. 1919년, 그는 전쟁에서 참패한 후 오스트리아를 안정시키려는 좌파 정부의 젊은 우파 재무장관이 되었다. 당시 빈은 마르크스주의 사상의 중심지 중 하나였다. 슘페터가 좌파 정부에 합류할 수 있었던 것은 그가 다른 오스트리아 경제학자들과 마찬가지로 마르크스주의 분석의 복잡한 체계에 탄복하고 있었기 때문으로 보인다. 또한 그는 자신이 정책 혁신가가 될 수 있다고, 동료들과 독립적으로 활동할 수 있으리라고 상상했을 것이다.

하지만 그는 정치에 대한 무지와 동료들과의 정책적 견해 차이로 불과 몇 달 만에 사임 압박을 받아 자리에서 물러났다. 이후 은행 면허를 취득한 그는 1921년 빈 비더만 은행 Biedermann Bank 의 은행장이 되었다. 하지만 1924년 은행이 무너지면서 그는 엄청난 빚을 얻고 다시 학계로 돌아가 본대학의 경제 이론 교수로 일하면서 경제와 은행업에 대한 글을 쓰는 일을 해야 했다.

슘페터의 개인적 상황을 고려할 때 1925년 이후 글을 썼다는 자체가 놀라운 일이었다. 어머니가 돌아가셨고, 그다음 주 두 번째 아내 안나 Anna 가 출산 중 아기와 함께 숨졌다. 슘페터는 이 충격에서 제대로 회복하지 못했다. 그는 심한 우울증을 겪었고 1937년의 세 번째 결혼 이후, 적어도 제2차 세계대전이 끝날 때까지 계속되었다. 그가 정신 상태를 관리하기 위해 시도한 방법 중 하나는 육체적 한계까지 일을 하는 것이었다.

안나의 죽음 이후 커리어를 회복하기 위한 첫 시도는 화폐와 신용 사이클에 대한 분석이었다. 그는 경제 이론에 크게 기여하고 유럽 경제가 직면한 문제도 해결하겠다는 계획을 세웠다. 안타깝게도 그런 계획을 가진 경제학자는 그만이 아니었다. 존 메이너드 케인스도 1930년에 《화폐론 Treatise on Money》을 발표했다. 슘페터는 자신의 책 《화폐와 통화 Money and Currency》의 막바지 작업을 하고 있었지만 바로 그 프로젝트를 보류했다. 사망한 후에도 남아 있던 원고는 1970년에 《화폐의 본질 Das Wesen des Geldes》이라는 제목으로 출간되었다.

1930년대에 하버드로 자리를 옮겼지만, 세계 최고의 경제학자가 되겠다는 그의 야망은 실현되지 못했다. 여전히 우울증을 앓고 있던 그는 대공황의 이유를 설명해 줄 것으로 믿고 경기 순환에 대한 연구를 해나갔고 이 기념비적인 연구를 완성하기 위해 10년을 보내면서 탈진 상태에 빠졌다. 슘페터는 경기 순환에 대해 기업이 3년에 걸쳐 재고를 쌓고 소진하는 재고 사이클, 은행의 대출 의향 변화가 주도하는 약 9년의 신용 사이클, 1920년대 소련 경제학자 니콜라이 콘드라티예프 Nikolai Kondratiev가 제안한 기술 혁신의 훨씬 긴 사이클 등 세 가지 유형의 사이클이 존재한다고 주장했다. 1930년대 초에 이들 사이클의 하강이 겹쳤다는 것이 대공황에 대한 슘페터의 설명이었다.

하지만 다시 한번 존 메이너드 케인스가 그를 앞질렀다. 1936년 케인스의 책 《고용, 이자 및 화폐의 일반 이론 General Theory of Employment, Interest and Money》은 출간되자마자 하버드대학의 경제학자들을 비롯한 많은 젊은 경제학자들의 지지를 얻었다. 슘페터는 큰 충격을 받았다. 그가

〈미국 통계협회 저널 Journal of the American Statistical Association〉에 기고한 리뷰는 이 책이 오로지 정책 처방을 정당화하기 위한 이론을 담고 있으며 일반적인 분석이라기보다는 "쇠퇴하는 사고방식에 대한 강한 신념을 보여주고 있다"고 주장했다. 이 글은 유럽 역사에 대한 지식만으로도 케인스의 결론을 손쉽게 논박할 수 있다는 여러 가지 힌트와 함께 마무리되었다.

1937년, 슘페터는 세 번째 결혼을 했다. 아내 엘리자베스 부디 Elizabeth Boody 역시 경제학자였다. 이혼 경력이 있는 그녀는 가정부이자 업무 관리자, 간호사가 되어야 한다는 것을 알면서도 슘페터와의 혼인을 감행했다. 부유했던 그녀는 슘페터가 거의 완벽한 평화를 누릴 수 있도록 가정을 관리했다. 그녀는 슘페터의 연구를 돕고 그의 글을 타이핑하면서 읽고 난 뒤 의견을 제시했다. 마샬과 마찬가지로 슘페터도 강하고 능력 있는 여성에게 의지하게 되었다. 부디가 그와 함께하면서 편안한 환경을 만들어주지 않았다면 그는 우울증과 과로로 죽었을지도 모를 일이다.

슘페터는 결혼하고 얼마 지나지 않아 《경기순환론 Business Cycles》을 완성할 수 있었고 이 책은 1939년 출간되었다. 신중하게 수집한 증거와 철저한 논증에도 불구하고 이 책은 경제학에 거의 영향을 주지 못했다. 1969년 노벨 경제학상의 첫 수상자가 된 노르웨이의 위대한 수리경제학자 랑나르 프리슈 Ragnar Frisch 의 감상이 전쟁이 아닌 것에 대한 책을 읽게 되어 기쁘다는 것이었을 정도로 미지근한 반응이었다.

슘페터는 부디의 지원을 받으며 1940년대 내내 작업을 계속해 《자본주의, 사회주의, 민주주의 Capitalism, Socialism and Democracy》와 《경제 분석의 역사 History of Economic Analysis》 대부분을 완성했다. 부디는 1950년 슘페터가 사망한 후에도 《경제 분석의 역사》의 출판 준비를 계속했지만, 1953년에 그녀가 유방암으로 사망하면서 1954년에야 출간되었다. 꼼꼼하고 성실했던 그녀는 슘페터의 모든 글을 보관하고 있었고, 덕분에 우리는 그의 내면에 대해서 많은 것을 알게 되었다.

1943년에 처음 출간된 《자본주의, 사회주의, 민주주의》는 그의 경제 발전 이론을 기반으로 한다. 1950년에 3판이 나올 정도로 가장 성공한 책이었지만 슘페터는 이 책을 높이 평가하지 않았다. 그는 이 책을 이론의 깊은 부분까지 파헤치지 못한 '돈벌이를 위한 책'으로 취급했던 것 같다. 슘페터는 항상 일반 대중의 돈보다는 학계의 박수를 얻고자 했다.

이 책에는 지금은 유명해진 아이디어인, 혁신에는 창조적 파괴가 수반된다는 아이디어가 소개되었다. 그는 혁신이 생산 과정, 그리고 사람들이 소비하는 재화와 서비스를 생산하는 데 사용되는 자원에 영향을 미친다고 주장했다. 생산 공정에 사용되는 재화의 가치가 그들이 생산하는 재화의 가치에 의해 결정된다고 생각한 슘페터는 공정 및 품질 혁신이 기존 공정을 불필요하게 만들 때 창조적 파괴가 일어난다고 말했다. 낡은 기술을 사용하는 공장은 손실을 입고 폐쇄에 직면하게 된다. 혁신은 창조적이지만 경제의 다른 곳에서는 파괴적인 영향력을 발휘한다.

슘페터가 《자본주의, 사회주의, 민주주의》에서 제기한 수사적 의문, "자본주의는 살아남을 수 있을까?"와 그에 대한 답, "나는 그럴 수 없다고 생각한다"에는 도발의 의도가 담겨 있는 듯하다. 하지만 그는 대단히 보수적이었으며, 그 때문에 프랭클린 루스벨트 대통령에 대해 미국을 유럽 전쟁에 끌어들여 윈스턴 처칠Winston Churchill과 이오시프 스탈린Joseph Stalin이 독일을 파괴할 수 있게 한 선동가로 생각하고 불신했다. (이 복잡한 남자는 당대에 만연한 문화적 반유대주의에 전적으로 동의했다. 아시아 무역 및 정치 전문가인 엘리자베스 부디는 일본에 동조한다는 의심을 받았다. 그들에 대한 FBI 조사에서는 아무런 범법 행위의 증거도 발견하지 못했다.)

그는 각국 정부가 경제 활동을 지휘해야 했던 제2차 세계대전이라는 전 세계적 위기 속에서 《자본주의, 사회주의, 민주주의》를 썼다. 슘페터는 혁신이 관료주의적 프로세스가 되었고, 지속적인 혁신의 이점은 조직 내부에서 유지된다고 믿었다. 따라서 대규모 조직은 항상 소규모 경쟁자를 약화시킬 수 있으며, 따라서 상당한 시장 지배력을 획득하게 된다. 그는 대중이 기업을 소유하고 그들의 활동을 지휘하는 민주적 사회주의를 통해 경제 발전의 혜택이 공정하게 분배될 수 있다고 결론지었다.

슘페터는 《경제 분석의 역사》를 통해 경제학의 발전에 대해 고민하며 커리어를 마무리했다. 이 책은 매력적이면서도 방대하고 복잡하다. 그는 생의 마지막 15년 동안 이 책에 매달렸고, 그 작업은 경제학의 발전 과정 전체를 조사하는 특별한 시도였다. 빈 김나지움에서 중등 교육을 마친 슘페터는 그 이전이나 이후의 어떤 사람보다 고대 그리스부터 1940년대까지 발전해 온 경제 이론을 많이 읽었다. 그것도 원어로 말이다.

사망 당시까지 책이 미완성이었기 때문에, 출판된 버전에서는 최종 원고가 있었다면 보지 못했을 과정, 즉 슘페터(그리고 그의 편집자인 부디)가 아이디어를 어떻게 발전시켰는지를 들여다볼 수 있다. 하지만 1,200쪽에 달하는 이 초고에는 이미 명확한 최종 판단이 숨 쉬고 있다. 그의 견해에 동의하지 않는 사람은 있을 수 있지만, 이 현자의 학식에 감탄하지 않는 사람은 없을 것이다. 슘페터가 가장 좋아했던 말을 빌리면, 그것은 정말 '현저한 성과'였다.

슘페터가 '성과'라고 말할 때 의미한 것은 이론적 프레임워크를 개발하는 데 있어서의 일관된 탁월함이었다. 이런 이유에서 그는 발라스의 일반균형을 경제학의 가장 위대한 업적으로 여겼다. 마르크스의 역사적 결정론도 성과 면에서 높은 점수를 기록했다.

그는 스미스를 경제학의 발전을 방해한 인물로 보았다. 스미스를 경제철학자로 취급한 슘페터는 그를 정치경제학의 창시자가 아닌 정치경제학 이전의 역사 끝에 위치시켰다. 마샬의 성과는 가장 실망스러웠다. 슘페터는 정적 이론에 대한 의존뿐 아니라 경제학이 노동 계급의 변혁이라는 도덕적 목적을 가지고 있다는 그의 믿음, 광범위한 독자를 얻고자 하는 욕망, 수학의 사용에 대한 경계를 비판했다.

마샬에 대한 그의 평가는 슘페터가 수학에 맹점이 있었다는 점을 더 흥미롭게 만든다. 하지만 타우시그는 그를 고용해 하버드의 수학적 경제학 교육을 강화하고자 했다. 슘페터는 1973년 노벨 경제학상을 받은 바실리 레온티예프(Wassily Leontief)에게 넘겨줄 때까지 2년 동안 강의를 개발해 열정적으로 일했다. (또한 그는 네 명의 노벨상 수상자를 배출했는데, 그중 폴 새뮤얼슨, 토머스 셸링, 로버트 솔로 등 세 명은 이후에 다룰 것이다.) 슘페터는 자신이 '젊은 천재'라고 인정한 동료 중 한 명에게 이 과정을 전수하는 것에 대해 아무런 우려도 없어 보였다.

'성과'는 무대를 암시한다. (perfomance는 성과와 공연이라는 의미가 있다_옮긴이) 슘페터는 사람들에게 놀라움을 주고 즐겁게 만드는 것을 즐겼다. 그것은 편리한 페르소나였다. 우울증으로 거의 혼자서 일하면서 마샬의 속도로 글을 쓴 1920년대와 1930년대에는 특히 더 그랬다. 《경기순환론》의 일부 평론가들은 한 사람이 그렇게 상세한 작품을 많이 내놓을 수 있다는 것을 놀라운 일로 생각했다. 학생들이 메이너드 케인스의 《고용, 이자 및 화폐의 일반 이론》을 사기 위해 서점에 몰려들 때 슘페터가 발견한 것처럼, '성과'는 '창조적 파괴'와도 본질적으로 유사하다. 아마도 이것은 경제학계를 뒤흔든 '위대한 경제학자'가 주류에 편입되지 못한 이유를 설명하는 데도 유용할 것이다.

*How to Think Like
an Economist*

10장

존 메이너드 케인스

마지막 아마추어

John Maynard Keynes

경제를 통일된 시스템으로 취급해 정부의 새로운 역할을 창조한다

전문 투자자였던 케인스는 투자자들이 데이터나 객관적인 사실이 아닌 직관에 근거해 미래의 시장 상황이나 투자 성과에 대한 믿음을 형성한다는 사실을 잘 알고 있었다.

1919년 5월, 존 메이너드 케인스는 베르사유 평화 회담의 영국 정부 대표단에서 물러나기로 마음먹었다. 제1차 세계대전이 끝나고 시작된 이 회담은 승전국인 영국, 프랑스, 미국이 주도했고, 영국과 프랑스 정부는 독일에 대가를 치르게 하기로 결정했다. 전쟁 동안 영국 재무부에서 일한 케인스는 영국 최고의 국제 금융 전문가였다. 그는 독일에 부과된 평화 조건이 유럽의 경제에 심각한 피해를 주고 또 다른 전쟁으로 이어질 수 있다는 확신이 있었다. 몹시 화가 난 그는 주말도 없이 매일 하루에 1,000단어씩 글을 쓰겠다는 목표를 세웠고, 그렇게 1919년 말 격론을 불러일으킬 저서 《평화의 경제적 결과 The Economic Consequences of the Peace》를 출간했다. 이 책이 세계적 성공을 거두면서 케인스는 대중 지식인으로 자리 잡았다. 그는 새로운 경제학을 구축한 새로운 유형의 경제학자였다.

케인스가 《평화의 경제적 결과》를 집필할 당시 슘페터는 오스트리아의 재무장관이었다. 그는 1946년 케인스의 사망 기사를 쓰면서 "그의 행동은 도덕적 용기에서 나온 개가였고, 이 책은 실용적이되 깊이가 있는 지혜로 가득하며, 가차 없이 논리적이면서도 결코 냉정하지 않고, 진정으로 인간적이면서도 감상을 찾아볼 수 없으며, 무익한 후회 없이 모든 사실과 마주하면서도 절망하지 않는 걸작이자 건전한 분석에 더해진 건전한 조언이다"라고 아낌없는 찬사를 보냈다.

대중을 염두에 두고 빠르게 《평화의 경제적 결과》를 집필한 것은 케인스의 성향이 마샬이나 슘페터와는 얼마나 다른지를 보여준다. 1920년대의 경제적 혼란과 1930년대의 대공황을 거치는 동안 그의 책상에서는 정책을 제안하는 팸플릿과 신문 기사가 쏟아져 나왔다.

케인스는 1909년부터 1946년 사망할 때까지 케임브리지 킹스칼리지의 선임 연구원이었다. 그러나 그는 사학자, 철학자, 수학자, 출판인, 공무원, 예술품 감정가, 극장 건축가, 예술 부문의 공적 자금 관리자, 개인 투자자, 재정 고문이자 투자 관리자, 정부 고문(때로는 국제 협상 대표), 저널리스트, 자유당 허버트 헨리 애스퀴스Herbert Henry Asquith와 데이비드 로이드 조지David Lloyd George를 지지하는 정치 운동가이기도 했다. 보통 일주일에 이틀 정도 케임브리지에 있었던 그는 지칠 때까지 일하면서도 쉽게 균형을 잡는 것처럼 보이는 마지막 아마추어였다.

세상을 바꾸겠다는 결심은《평화의 경제적 결과》집필을 자극하는 연료가 되었다. 이런 결심은 대공황이 한창이던 시기에 그의 명저《고용, 이자 및 화폐의 일반 이론》을 집필할 때도 중요한 역할을 했다. 1936년 이 책이 출간되자 미국의 대학원생들은 가능한 한 빨리 책을 읽기 위해 출판사에 직접 대량 주문을 하기도 했다. 제2차 세계대전이 끝날 무렵, 이 젊은 경제학자들은 새로운 케인스주의 경제학을 가르치기 시작했다.

메이너드 케인스(그는 학교 다닐 때 '존'이라는 이름을 사용하지 않았다)는 마샬의 첫 제자 중 한 명인 존 네빌 케인스John Neville Keynes의 장남으로, 그의 아버지는 아들이 자신과 무관하게 메이너드로서 명성을 얻을 수 있도록 항상 신경을 썼다. 그는 아들이 이튼에서 킹스 장학금을 받을 수 있도록 했고, 이는 케임브리지대학 킹스칼리지의 대학 장학금으로 이어졌다. 메이너드 케인스는 그곳에서 마샬과 마찬가지로 수학 학사 학위를 받았다.

이후 그는 케임브리지에서 1년간 대학원 과정을 밟으며 1905년에는 마샬의 강의를 들었다. (그 준비를 위해《경제학의 원리》를 읽었다.)

그는 학자가 될 것인지에 대한 결정을 미루고 1907년에 공무원이 되어 인도 사무소에서 일했다. 통화 개혁에 관한 일을 하면서 그는 곧 통화 경제와 금융 기관에 대한 전문가가 되었다.

인도 사무소에서 근무하는 동안 그는 케임브리지와의 인연을 유지하며 확률 이론에 관한 펠로우십 논문 작업을 병행했다. 논문 심사를 맡은 것은 분석철학자 알프레드 노스 화이트헤드 Alfred North Whitehead였다. 1908년 말 논문을 마친 그는 철학자가 될 수 있었지만, 대신 경제학을 가르치는 일을 선택했다. 1909년 초, 케인스는 화폐, 신용, 물가에 관한 첫 강의를 했다. 케인스와 마샬은 모두 케임브리지 수학과를 졸업했으며 두 사람 모두 경제학자였지만 성격은 전혀 달랐다. 케인스는 학생 토론 클럽 아포슬 Apostle (학생 클럽이지만 회원 자격이 평생 이어진)에 영입된 능란한 네트워커였고, 이 때문에 클럽의 다양한 모임에 대학 관계자들이 참석하곤 했다. 그가 학부생이었을 때, 이 협회는 도덕적 선에는 진리, 사랑, 아름다움의 추구가 필요하다고 주장한 철학자 조지 에드워드 무어 George Edward Moore에 빠져 있었다.

항상 실용적이었던 케인스에게 무어의 철학은 권위나 전통보다 인간관계가 더 중요하다는 믿음과 창작 예술에 대한 관심으로 나타났다. 그는 작가 리튼 스트레이치 Lytton Strachey, 그래픽 디자이너 던컨 그랜트 Duncan Grant와 친구가 되어 오래도록 우정을 이어갔다.

이들은 바네사 벨Vanessa Bell과 그녀의 여동생 버지니아 울프Virginia Woolf를 케인스에게 소개해 주었다. 이후 그랜트, 벨, 울프는 미술 평론가 로저 프라이Roger Fry와 함께 블룸즈버리 그룹Bloomsbury Group으로 알려진 예술가 및 작가 집단의 중심 인물이 되었다. 뛰어난 네트워커였던 케인스 역시 이 그룹에 속해 있었다. 그는 고든 스퀘어에 있는 벨 부부와 스트레이치 근처에 집을 얻었다. 케인스는 제1차 세계대전 이전에 블룸즈버리 그룹을 위해 출판사를 운영했고, 이후에는 회원들의 투자를 관리하는 일을 했다. 서식스 다운스에 있는 틸튼 하우스Tilton House를 임대할 만큼 부유해지기 전까지는 글을 쓰기 위해 조용한 곳에 가야 할 때마다 틸튼에서 불과 1마일 떨어진 벨 부부의 별장 찰스턴Charleston을 이용하기도 했다.

제1차 세계대전이 발발하자 재무부 장관인 로이드 조지는 국제 금융에 정통한 케인스를 고문으로 영입했다. 케인스는《평화의 경제적 결과》를 집필하기 위해 사임할 때까지 그 자리에서 일했다. 1920년, 36세의 나이에 안정적인 교수 자리와 정책 고문으로서 입증된 실적, 상당한 대중적 명성을 갖고 있던 그는 처음으로 투자 회사의 이사직을 맡으면서(이후 여러 회사에서 비슷한 직책을 맡게 된다) 투자 분야에서 경력을 시작한다.

제1차 세계대전으로 제정러시아, 대게르만국, 오스트리아-헝가리 제국, 이렇게 세 개의 제국이 무너졌다. 세계 제국을 건설한 영국은 살아남았지만 큰 대가를 치렀다. 전쟁 중 연합국의 재정을 확보한 케인스의 업적은 1920년대와 1930년대에 세계에서의 위상이 약화된 영국이 경제 재건을 위해 고투하는 과정에서 그가 미칠 영향력의 전조였다.

1920년대까지 영국의 실업률은 계속 10퍼센트를 넘겼다. 전쟁 중 급격한 물가 상승이 영국으로 하여금 파운드화의 가치는 금에 고정되고 미국 달러와의 환율은 파운드당 4.86달러로 고정된 금본위제를 포기하게 만들었다. 영국 정부는 국제 무역에서의 위상 회복을 위해 금본위제로 돌아가고자 했다. 1925년 재무부 장관이었던 윈스턴 처칠이 이 일을 맡았다. 케인스는 또 다른 격렬한 비판,《처칠이 낳은 경제적 결과 Economic Consequences of Mr Churchill》를 발표했다. 그는 파운드화 가치가 높아지면 수출 주도 산업, 특히 석탄 채굴 산업의 임금이 낮아질 것이라고 주장했다. 처칠은 광산 소유주들에게 상당한 보조금을 지급했지만, 케인스가 예측한 산업계의 불황은 1926년 5월의 총파업으로 이어졌다.

예술에 열정을 갖고 있었던 케인스는 이 무렵 러시아 발레리나 리디아 로포코바 Lydia Lopokova 와 결혼했다. 블룸즈버리의 친구들은 어울리지 않아 보이는 두 사람의 모습에 어리둥절했지만 서로에게 푹 빠진 모습을 보며 당혹감은 곧 해소되었다. 케인스의 전기 작가들도 이를 설명하기 위해 고심했다. 아마도 우리는 〈보그 Vogue〉

1925년 8월호의 묘사처럼, 이 결혼을 "예술과 과학의 상호 의존을 보여주는 반가운 상징"으로 받아들여야 할 것 같다.

1920년대 후반, 케인스는 정부가 생산 능력에 대한 투자를 장려함으로써 영국의 경제 문제를 해결할 수 있는 정책을 개발해야 한다고 주장했다. 슘페터의 경기 순환 연구에서 보았듯, 다른 경제학자들 역시 주로 투자 수준의 변화를 통해 생산량과 실업률의 변동을 설명하는 이론을 발전시켰다.

케인스는 1930년에 출간된 《화폐론Treatise on Money》에서 논거를 발전시키기 위해 1926년에 사망한 스웨덴 경제학자 크누트 빅셀Knut Wicksell의 연구를 받아들였다. 빅셀은 은행이 기업에 대출하는 것이 새로운 화폐를 발행하는 것이라고 말하면서 투자가 은행의 기업 대출에 의존한다고 주장했다. 경제가 성장하면 새로운 화폐가 물가를 끌어올릴 것이다. 생산물이 더 높은 가격에 판매되는 것을 본 기업은 더 많은 수익을 창출할 기회가 있다고 믿고 더 많은 투자를 계획한다. (경기 침체는 투자가 많지 않기에 일어난다.) 이런 논거를 바탕으로 케인스는 정부가 금리를 낮추라고 지시하면 기업들이 저렴한 대출을 통해 이윤을 낼 수 있다고 생각하고 투자를 늘리면서 빅셀이 예상했던 확장 과정이 시작될 것이라고 제언했다.

그러나 1930년 《화폐론》이 출간되었을 때, 케인스의 주장은 설득력을 갖춘 것처럼 보이지 않았다. 그 자신에게조차 말이다.

1929년 5월 총선을 앞두고 그는 휴버트 헨더슨Hubert Henderson과 함께 〈로이드 조지는 할 수 있을까Can Lloyd George Do It?〉라는 평론을 썼다. 그들은 경제 회복을 위한 정부의 직접 지출을 주장했다. 이 평론은 케인스의 사고에 새로운 변화를 나타냈고, 그는 뒤이은 정부들의 소위 '재무부 견해Treasury View'라는 입장, 즉 경제 회복의 길은 균형 예산과 '건전 화폐sound money'에 있다는 입장에 점점 더 비판적이 되었다.

1929년 말의 월스트리트 대폭락과 대공황의 시작도 케인스의 생각에 영향을 주었다. 1932년, 은행의 연이은 파산 와중에 미국의 실업률은 25퍼센트에 이르렀다. 영국은 1931년에 다시 금본위제를 버렸고, 영국 파운드화의 가치는 20퍼센트나 하락했다. 전 세계 정부는 자국 산업을 보호하기 위해 관세 장벽 뒤로 후퇴하고 채무 불이행의 조짐을 보였다. 파시즘의 부상으로 인한 정치적 혼란이 유럽을 빨아들였다. 케인스는 이것이 자연스러운 흐름이 아니며 경제에 대한 완전히 새로운 사고방식이 필요하다는 결론을 내렸다.

이렇게 지적 혁명을 촉발한 《고용, 이자 및 화폐의 일반 이론》이 탄생했다. 케인스는 시장의 행동에 집중하는 대신 경제를 가계, 산업, 정부와 같은 기능적 부문으로 나누었다. 그는 이들 부문 사이에서 소득과 지출의 형태를 띤 돈의 흐름이 나타난다고 주장했다. 케인스는 가계가 얻은 소득을 모두 소비하지 않고 그 일부를 은행에 예치한다는 사실을 깨달았다. 이에 은행은 그 돈을 기업이 사용할 수 있게 하며, 기업은 돈을 빌려 투자 지출을 위한 자금을 마련해 다른 기업에서 상품을 구매함으로써 향후 더 많은 재화를 만든다.

이후 케인스는 가계가 기업이 투자하려는 것보다 더 많이 저축하기로 결정하면 어떤 일이 일어날지 질문했다. 그는 가계 저축이 은행에 쌓일 것이라는 결론을 내렸다. 전보다 더 적은 재화가 생산되고 이윤이 감소하므로 기업은 임금과 배당금을 낮춰야 한다. 경제는 가계 저축과 기업 투자가 같아질 때까지 계속 위축된다. 여기에 대공황에 대한 케인스의 첫 번째 설명이 있다. 거의 모든 경제에서 저축-투자 채널이 막히고 경제 전반에 걸쳐 기업의 생산물에 대한 수요가 충분하지 않았기 때문에 지속적인 실업으로 이어졌다는 것이다.

전문 투자자였던 케인스는 투자자들이 데이터나 객관적인 사실이 아닌 직관에 근거해 미래의 시장 상황이나 투자 성과에 대한 믿음을 형성한다는 사실을 잘 알고 있었다. 그는 투자자의 '야성적 충동animal spirit'을 언급하며 이런 믿음의 심리적 특성을 강조했다. 또한 그는 다른 투자자들이 어떻게 행동할지 예측하는 일의 중요성을 이해하고 투자자들이 군중심리를 갖는 경향이 있다고 지적했다. 이를 통해 그는 저축-투자 채널의 폐색을 투자자들이 신뢰를 잃은 결과로 설명할 수 있었다. 그는 1930년대에 비관론의 물결을 경험했으며, 이런 믿음은 어떤 상황에 대한 대응이기도 하지만 그 원인이 되기도 했다고 주장했다.

1936년 슘페터 등 많은 평론가는 이 책이 '일반 이론'이라는 것을 납득하지 못하고 '시대상을 다룬 논문' 정도로 생각하는 듯 보였다. 케인스의 사상은 완전히 정립되지 않았다. 그의 주장은 종종 혼란스러웠다. 반대되는 사상을 더 쉽게 무너뜨리기 위해 희화화한 부분도 있었다. 이런 결함이 있지만, 이 책은 정부가 인내심을 갖고 회복이 시작되기를 기다려야 한다는 '재무부 견해'에 대한 설득력 있는 도전이기도 했다.

《고용, 이자 및 화폐의 일반 이론》은 위기 시에 정부의 작용에 대한 뛰어난 논의로 볼 수도 있다. 야성적 충동의 변화가 나머지 경제의 수요를 부진하게 하더라도, 정부는 장기적인 전망을 가져야 한다. 정부는 더 많은 공공 서비스를 제공하고 민간 부문에서 생산되는 재화와 서비스에 더 많은 지출을 함으로써 사회의 이익을 도모할 수 있다. 케인스는 지출과 투자가 경제에 파급 효과를 일으키는 방식을 고려할 때, 정부 지출의 크지 않은 증가만으로도 경기 회복을 촉발할 수 있다고 주장했다.

《고용, 이자 및 화폐의 일반 이론》을 집필하던 중 케인스의 건강은 크게 악화되었다. 가장 큰 원인은 20년 전 제1차 세계대전 중 재무부에 합류한 지 얼마 지나지 않아 걸렸던 복막염 때문이었다. 병원에는 부상당한 군인들이 가득했고, 의사들은 조리대에서 그를 수술했다. 이 병의 합병증은 심장에도 영향을 주었다. 1936년 《고용, 이자 및 화폐의 일반 이론》이 출간된 직후, 그는 엄격한 의료 감독을 받게 되었다. 로포코바가 감독하는 식이요법과 운동을 통한 회복에 2년이 넘는 시간이 필요했다. 그 무렵 경제 정책 논쟁의 초점은 다른 곳으로 넘어갔고, 그는 다시 한번 전쟁 재정의 문제로 관심을 돌렸다. 그는 1940년 재무부에 재합류하기 전에도 〈전쟁 비용을 지불하는 방법 How to Pay for the War〉이라는 소논문을 통해 세금, 특히 부유층에 대한 세금 인상을 주장했다.

재무부로 돌아온 케인스는 영국의 해외 자산을 매각해 자금을 조달하거나 파운드화 대출에 대한 담보로 제공하는 등의 계획을 개발하며 전쟁 자금을 조달하는 다양한 방법을 제안했다. 또한 영국 정부 대표로 국제 무역 협정과 전후 재건의 재정에 관한 미국과의 광범위한 협상에 참여했다. 1943년 하원의원이 된 케인스는 IMF와 세계은행 설립, 그리고 1945년 영국이 전후 재건에 착수할 수 있게 한 미국 차관 등의 문제에서 영국의 대표 교섭자였다.

케인스는 엄청난 에너지와 다양한 재능으로 이 책에서 모두 다룰 수는 없는 많은 일을 했다. 그는 두려움 없는 투기꾼이기도 했다. 종종 재산을 위태롭게 하는 듯 보였지만 결국 좋은 결과를 보았다. 1920년대 중반부터 재무 담당자로 킹스칼리지의 재정을 관리했고, 기민한 투자를 통해 킹스칼리지를 케임브리지에서 가장 부유한 단과대학으로 만들었다. 1930년대에 재정에 대한 접근권을 이용해 케임브리지 예술 극장 Cambridge Arts Theatre을 홍보하고 건축을 감독하며 로포코바가 이 새 극장에서 첫 시즌을 준비하는 일을 지원했다. 1940년에는 음악·예술 장려 협의회 Council for the Encouragement of Music and Arts의 회장으로 임명되었고, 이어 영국 예술 위원회 Arts Council of Great Britain의 초대 위원장이 되었다.

슘페터가 세계 최고의 경제학자가 되겠다는 목표를 세웠다고 농담했다면, 케인스는 실제로 그 꿈을 이루었다. 이 결과는 부분적으로나마 작업 방식에서의 차이를 반영하는 것이었다. 슘페터는 협력자가 거의 없었지만, 케인스는 유익한 협력 관계를 구축할 수 있는 젊은 학자들을 찾는 능력이 뛰어났다. 1920년대의 경우 통화 이론의 데니스 로버트슨 Dennis Robertson, 확률 이론의 프랭크 램지 Frank Ramsey, 적극적 정부 정책 개발의 휴버트 헨더슨 등이 대표적인 사례다. 1930년대에는 그의 동료들이 케임브리지 서클 Cambridge Circle로 알려지게 되었다. 여기에는 피에로 스라파 Piero Sraffa, 리처드 칸 Richard Kahn, 조앤 로빈슨 Joan Robinson과 오스틴 로빈슨 Austin Robinson이 포함되었으며 이들은 《고용, 이자 및 화폐의 일반 이론》의 아이디어를 형성하고 지지하고 확산시키는 데 도움을 주었다.

케인스와 슘페터는 모두 학자 그 이상이었으며, 우리는 케인스의 다른 활동이 그의 경제학 발전에 어떤 영향을 미쳤는지 살펴봤다. 1923년경까지만 해도 케인스는 정통 경제학을 가르쳤다. 중년에 유럽 경제에 이어 미국 경제가 대공황의 늪에 빠지자 그는 경제에 대한 생각을 바꿔야 한다는 결론을 내렸다. 《고용, 이자 및 화폐의 일반 이론》은 젊은 경제학자들을 기쁘게 했던 것과 거의 같은 이유로 슘페터를 경악하게 했다. 케인스는 마샬의 경제학과 자신의 스승이었던 피구의 경제학을 '고전'으로 분류했다. 그는 이 책을 현재 우리가 거시경제학이라고 부르는 새로운 형태의 경제 분석에 대한 최초의 설명이라 칭했다. 피구도 언급했듯 케인스 이전에는 전체 경제 시스템의 행동을 종합적인 차원에서 이해하려는 시도를 한 사람이 아무도 없었다.

어쩌면 케인스는 의식적으로 이런 일을 했는지도 모른다. 그는 지난 30년 동안 자신의 책상을 거치는 거의 모든 서류를 꼼꼼히 보관했고, 비서들은 그의 모든 서신 사본을 보관했다. 그는 자신이 위대한 삶을 살고 있다는 것을 알고 있는 것 같았다. 경제 혁명가가 된 것은 그 일부에 불과했다. 혁명가라면 마르크스가 생각날지 모르지만 케인스는 확고한 부르주아였고 정치적으로는 자유주의자였다. 이런 위대한 삶을 산 그는 《고용, 이자 및 화폐의 일반 이론》에 담긴 아이디어를 자세히 설명할 시간이 없었다. 아니 어쩌면 의도적이었을 수도 있다. 공직에 있는 동안 죽음을 맞이한 그는 그 도전을 많은 추종자에게 무사히 물려주었다.

*How to Think Like
an Economist*

11장

프리드리히 하이에크

매우 다른 유형의 자유주의자

Friedrich Hayek

경제를 기계가 아닌 유기체로 대하다

Friedrich Hayek

> 하이에크는 정보 흐름의 중요성, 그리고 사회 제도의 진화적 적합성을 강조함으로써 신고전주의 경제학의 한계에 도전하고 있었다.

케인스는 《화폐론》에서 독일어를 거의 읽지 못한다고 인정했다. 반면 1923년에 런던정치경제대학(이후 런던정경대)을 졸업하고 불과 6년 후에 교수가 된 라이오넬 로빈스 Lionel Robbins는 독일어를 유창하게 구사했다. 그것은 케인스가 적극적인 정부 정책을 주장하기 위해 빅셀의 이론을 단순화시켰다는 것을 로빈스가 이해했다는 의미다. 더구나 그는 런던정경대가 케인스에 맞서기 위해 누구에게 의지해야 하는지 정확히 알고 있었다. 그것은 빈의 경제학자 프리드리히 하이에크였다.

하이에크는 오스트리아의 법학과 경제학 전통 아래에서 교육을 받았다. 그는 학자 집안에서 태어났고(철학자 루트비히 비트겐슈타인Ludwig Wittgenstein이 그의 먼 친척이다), 아버지와 형제들을 포함한 여러 명의 가족이 자연과학과 생명과학 분야의 진로를 택했다. 사실 하이에크는 심리학을 공부하고 싶었지만 북부 이탈리아의 전장에서 군 복무를 하던 중 말라리아에 감염되어 학업을 중단했다. 제1차 세계대전이 끝난 후 빈에서는 고급 과정의 심리학을 공부할 기회를 찾기가 힘들었다. 결국 그는 더 안정적인 경력을 기대하며 경제학으로 전향했다. 나중에 하이에크는 이전에 관심을 가졌던 심리학으로 돌아가 경제의 구조를 유기적(생태학적) 측면에서 생각하게 된다.

다른 경제학자들은 곧바로 그의 재능을 알아차렸다. 그는 프리드리히 폰 비저가 루돌프 힐퍼딩Rudolf Hilferding, 오토 노이라트Otto Neurath 같은 사회주의자들은 물론 호전적인 자유주의자 루트비히 폰 미제스Ludwig von Mises까지 모아 운영하는 세미나 그룹에 합류했다. 하이에크는 폰 비저의 제안으로 오스트리아 경기순환연구소Austrian Institute for Business Cycle Research에서 폰 미제스의 비서로 일하기 시작했다. 그는 곧 젊은 시절의 사회민주주의적 성향을 버리고 대신 고전적 자유주의를 받아들였으며 이것은 그의 정치경제 사상의 중심이 되었다. 신용 가용성의 변동에 기초해 경기 변동을 설명하는 데 대한 그의 헌신에 처음 관심을 보인 것은 로빈스였다.

대공황이 시작된 1930년, 영국 최초의 노동당 총리 램지 맥도

널드 Ramsay MacDonald는 경제자문위원회 Economic Advisory Council를 만들었다. 뛰어난 네트워커였던 케인스는 당연히 위원이 되어 참여했다. 그는 총리를 설득해 휴버트 헨더슨, 아서 피구, 조시아 스탬프 Josiah Stamp 등 학술 경제학자로 구성된 위원회에 위원장으로 임명되었다. 런던정경대 대표를 포함시키고 싶었던 케인스는 로빈스에게 합류를 요청했고, 그는 초대를 받아들였다. 그러나 케인스의 추가 정부 지출 제안 때문에 그들의 사이는 틀어졌다. 결국 로빈스는 공공사업과 관세 장벽에 대한 케인스의 권고를 강력히 비판하는 보고서를 만들었다. 하이에크는 이 논쟁에서 자연스럽게 로빈스의 협력자가 되었다.

하이에크는 1931년 1월에 런던에 도착해 신용 사이클에 관한 강의를 했고, 이 강의 내용은 그해 말 《가격과 생산 Prices and Production》이라는 제목으로 출간되었다. 하이에크의 전기 작가 브루스 콜드웰 Bruce Caldwell은 이후 그가 런던정경대 교수직을 제안받은 것은 그 강의의 난해함 때문이라는 농담을 하기도 했다. 얼마 지나지 않아 〈이코노미카 Economica〉의 편집장이었던 로빈스는 하이에크에게 케인스의 《화폐론》 리뷰를 맡겼다.

로빈스가 원했던 대로 하이에크의 리뷰는 냉혹했고, 케인스가 공개적으로 보인 반응은 사나웠다. 그는 《화폐론》을 변호하는 데서 더 나아가 《가격과 생산》을 "내가 읽은, 가장 끔찍하게 뒤죽박

죽인 책이며, 그 안에는 견실한 명제가 거의 없다"라고 공격했다.

두 사람 모두 첫 충돌에서 평소답지 않은 행동을 했다. 케인스의 매력과 공손함은 하이에크에게만 해당되지 않았다. 하이에크는 폰 미제스와 관계가 악화되는 일 없이 함께 일할 수 있는 거의 유일한 사람이었을 정도로 친화적이었다. 곧 진짜 모습이 나타났고 두 사람은 대신 서신으로 논쟁을 계속했다. 하지만 케인스가 《고용, 이자 및 화폐의 일반 이론》 작업을 시작하면서 논쟁은 끝나버렸다. 하이에크가 두 번째 리뷰를 발표하고 논쟁에 복귀하자 케인스는 답장하는 일을 칸과 스라파에게 위임했다.

1936년 하이에크는 《고용, 이자 및 화폐의 일반 이론》에 대한 논쟁을 피하고 대신 자신의 책 《순수 자본 이론 Pure Theory of Capital》 작업에 몰두하기로 했다. 그는 이 책이 경제 변동을 설명하고 케인스의 아이디어가 대체로 쓸모없다는 것을 보여줄 것으로 기대했다. 하지만 1941년 출간된 책은 하이에크조차도 불완전하고 불만족스럽다는 점을 인정해야 할 수준이었다. 심지어 슘페터의 《경기순환론》만큼의 영향력도 발휘하지 못했다.

전쟁 중 런던정경대의 교직원을 케임브리지로 대피시킨다는 결정이 내려졌을 때 케인스는 하이에크가 킹스 칼리지에서 지낼 곳을 구할 수 있도록 도와주었다. 그 후 1944년 하이에크가 뛰어난 정치론, 《노예의 길 The Road to Serfdom》을 출간했을 때, 케인스는 그에게 감탄의 편지를 보냈다. 두 사람은 정치적으로는 자유주의가 무슨 의미인지에 대해 의견의 차이가 컸지만, 존중에 기반한 관계를 키워나가게 되었다. 훨씬 뒤에 하이에크는 저녁 식사를 함께하고 싶은 손님으로 케인스와 슘페터를 꼽았다. 대부분의 경제학자는 앉아서 이야기를 듣기만 해도 즐거울 만한 자리가 아닐까?

《노예의 길》이 성공을 거두면서 세상의 이목이 하이에크에게 쏠렸다. 당시 시카고대학의 카울스 경제 연구 위원회 Cowles Commission for Research in Economics 의 소장이면서 1918년이란 이른 시기부터 코카서스에서 사회주의 혁명가로 활동했던 제이콥 마샤크 Jacob Marschak 는 이 책을 추천하면서 "열정과 명료성을 갖춘 이론가가 애정에서 비롯된 조급함으로 동료들에게 전하는 경고의 메시지"라는 찬사를 내놓았다.

케인스가 대중과 소통하고 상호작용하는 것을 즐겼다면 하이에크는 좀 더 전통적인 스타일의 학자였다. 그는 자신의 대중적 인지도에 대해, 그리고 정치 담론의 한쪽이 자신의 사상을 단순화시켜 전용할 위험에 대해 불안감을 가지고 있었다. 1945년 〈리더스 다이제스트 Readers' Digest 〉에서 《노예의 길》을 요약해 발표한 후 정말 그런 일이 일어났다. 사회주의, 더 넓게는 계획 경제에 대한 하이에크의 강력한 반대론은 루스벨트의 뉴딜 정책을 납득하지 못하는 미국인들의 공감을 얻었다.

그들은 조만간 경제 계획이 중앙집권화되어 경제가 사회주의로 빠져들 것이라는 하이에크의 주장을 덥석 받아들였다. 하이에크는 경제 계획의 설계자들이 각 재화를 얼마나 생산해야 할지, 어디에 팔아야 할지 결정하게 되지 않을까 우려했다. 경제 정책 입안자들이 보이지 않는 손의 역할을 하고, 그들의 활동이 기업가들이 이윤을 위해 분투할 이유를 없애면서, 경제는 침체되고 부진해질 것이라고 말이다.

케인스, 슘페터가 함께 만찬을 즐기게 되었다면 하이에크는 슘페터와는 사회주의, 민주주의에 대해 이야기를 나눴을 테고 경제 계획에 대해서는 케인스와 긴 토론을 했을 것이다. 영국은 사회보장에 관한 베버리지 보고서 Beveridge Report 와 케인스가 제2차 세계대전이 끝날 무렵 재무부에서 한 후속 작업을 통해 하이에크가 우려했던 형태의 경제 계획 쪽으로 향했다. 그는 혁명 이후 경제가 갑자기 사회화되는 것보다는 일련의 경제 개혁 제안이 점진적으로 국민을 변화시켜 그들이 자유의 상실을 견디면서 전체주의 정부의 부상을 묵인할 위험을 더 걱정했다. 경제 계획이 필연적으로 사회주의로 이어진다는 의견은 케인스에게 골칫거리였다. 하이에크가 개인의 자유에 영향을 미치지 않는 범위에서라면 공공의 경제 개입이 있어야 한다는 데 동의한다는 사실을 알고 있던 케인스는 그에게 유익한 정책과 해로운 정책을 구분할 방법을 물었다.

이는 의미가 큰 질문이었고 이후 하이에크의 커리어 대부분은 이 질문에 대한 답에 사용되었다. 첫 번째 단계는 《노예의 길》을 홍보하기 위한 미국 투어였다. 본래 이 투어에는 학자들 대상의 강연이 포함되어 있었다. 그러나 투어는 3,000명의 일반인을 대상으로 하는 뉴욕 연설에서 시작되었다. 투어 도중 하이에크는 자선 신탁인 볼커 펀드 Volker Fund를 운영하던 사업가 해롤드 루노우 Harold Luhnow를 만났다. 이후 루노우는 1947년에 스위스 브베에서 열린 '고전 자유주의' 경제학자 그룹(지지자들에게는 자유주의자, 폄하하는 사람들에게는 신자유주의자 neo-liberal)의 첫 모임을 후원했다. 이 그룹은 학회에 이 지역 산의 이름을 붙여 몽 펠르랭 Mont Pèlerin이라고 불렀다. 이 모임에는 하이에크 외에도 밀턴 프리드먼, 조지 스티글러 George Stigler, 모리스 알레 Maurice Allais 등 미래의 노벨 경제학상 수상자 세 명이 더 있었다.

몽 펠르랭 학회가 즉각적으로 거둔 실질적인 성과는 1950년대 초 서독이 시장 경제를 통해 안정을 꾀하는 데 필요한 경제적 논거를 제공한 것이었다. 또한 여러 싱크탱크로 연결된 네트워크를 만들었다. 이들이 함께 발전시킨 자유주의 정책 아이디어는 1970년대에 오랜 저성장과 높은 인플레이션으로 케인스식 수요 관리 도구들이 갑자기 무능하게 보이면서 기회를 얻었다.

1950년대부터 하이에크의 연구는 두 부분으로 갈라졌다. 그는

《자유헌정론The Constitution of Liberty》과《법, 입법 그리고 자유Law, Legislation and Liberty》에서 자유주의 질서가 어떻게 부상하고 지속되는지 상세하게 설명했다. 하이에크 경력의 정점은 마거릿 대처가 영국 보수당의 당수가 된 직후 핸드백에서《자유헌정론》을 꺼내 "이것이 우리가 믿는 것이다"라고 선언하면서 정치 이념의 중심으로 공식화한 일이었다. 하이에크는 마침내 케인스를 쫓아내고 정책 고문으로 선택되었다.

하지만 이전에 하이에크는 첫사랑인 이론 심리학으로 돌아가 1952년,《감각적 질서The Sensory Order》를 출간했다. 이는 1920년대 비엔나 서클Vienna Circle의 철학자들 사이에서 발전한 논리적 실증주의에 대한 하이에크의 신중한 반응이었다. 전문 경제학자로서는 매우 이례적인 프로젝트였던 셈이다. 우리는 경제에 대해 깊이 생각하는 철학자들을 살펴봤지만, 이번에 등장한 것은 철학과 심리학에 대해 깊이 생각하는 경제학자다. 그는 정치경제학에 적절한 근거를 마련하기 위해 우리의 모든 감각에 질서를 확립하는 방법을 탐구했다. 이 때문에 그는 인식과 지능의 본질, 그리고 우리가 언어를 통해 감각을 소통하는 방법을 탐색해야 했다. 그는 인간의 의식 밖에 물리적 실재가 존재하며, 이 물리적 실재는 물리과학을 통한 체계적 탐구가 가능하다고 주장했다. 반면, 사회적 상호작용은 주관적일 수밖에 없고 우리의 행동으로 인해 변화한다고 했다.

하이에크는 우리의 사상이 사회 구조와 제도의 구성 요소라고 설명한다. 그는 스코틀랜드 계몽주의 학자들, 특히 애덤 스미스는 물론 데이비드 흄과 애덤 퍼거슨Adam Ferguson의 연구를 바탕으로 사람을 자율적 개인으로 취급했다. 인간의 행동human action(폰 미제스가 선호하는 용어)이 의식적인 설계 과정 없이도 사회 제도의 출현으로 쉽게 이어질 수 있다는 그들의 이해는 그가 연구하는 정치경제학의 토대가 되었다. 하이에크는 질서 있는 시장을 보장하는 보이지 않는 손(개인의 이기심과 경쟁의 자연스러운 과정을 의미한다_옮긴이)이 있다는 스미스의 주장을 훨씬 뛰어넘어, 보이지 않는 손이 먼저 시장이나 다른 적절한 자원 관리 방법을 확립할 것이라고 제안했다.

하이에크는 의식적 계획 없이 출현한 이런 시스템은 진화론적으로 더 적합할 것이며, 실험과 혁신은 더 효과적인 제도로 이어질 것이라고 생각했다. 이후 거래를 완료하는 비용은 물론 생산비용이 떨어질 것이다. 예를 들어 물물교환을 대체하는 화폐 또는 현재의 화폐 디지털화를 생각해 보라. 이런 혁신은 결제 비용을 절감시켰다. 이 분석에서 시장 경제는 물적 자원의 관리와 관련된 정보 전달에 매우 유용한 방식이었다.

하이에크는 이런 논거를 통해 중앙의 권위를 이용한 경제 계획은 비효율적일 수밖에 없다고 주장했다. 그는 경제 내 정보의 흐름이 사람들의 시장 참여와 별개가 아니라고 주장했다. 즉, 경제에는 기획자가 관찰할 수 없는 중요한 정보가 존재한다. 하이에크의 경제, 자기조직적 사회 질서로서의 경제는 우리 사이에 분산되어 있으며, 우리의 행동을 통해서만 소통되는 개인적 지식에 의존한다. 하이에크는 충분한 지식을 획득할 수 없는 점이 케인스가 제안하는 적극적인 정부 정책을 무력화한다고 주장했을 것이다. 또한 경제적 가치의 급격한 변화가 따르는 슘페터의 창조적 파괴를 통해 지식이 경제 내에서 역동적이며 끊임없이 변화한다는 것을 보여줄 것이다.

하이에크는 밀의 추종자이기도 했으며 계획보다 자유로운 교환이 사회에 더 낫다고 믿었다. 그는 자유주의 정부는 합법적인 강제력을 가진 유일한 기관이며, 그 권력은 개인과 조직이 다른 사람을 강압하는 데 힘을 사용하지 못하도록 하는 부분에만 엄격하게 제한해 가능한 한 자율적이고 개인이 재산권을 보장받을 수 있도록 해야 한다고 말했다. 자유주의 정부는 '법의 지배' 아래에서만 강제권을 행사하며, 적용에는 개인적인 부분을 개입시키지 않아야 한다. 또한 정부는 법 위에 군림하려 하기보다는 법이 자신들의 행동을 구속한다는 사실을 받아들여야 한다.

경제적 자급자족이 가능한 사람은 아무도 없으며 따라서 하이에크의 경제적 자유 개념은 법에 기반을 둔다. 우리 모두는 다른 사람이나 조직과 지식과 자원을 공유하거나 교환하면서 협력해야만 한다. 사람과 조직 간의 분쟁 해결을 가능케 하는 일련의 제도로서의 법은 필수적이며 자유주의 사회에서는 개인의 자유를 허용해야 한다. 타인에게 경제적 손실이 되는 행위가 아닌 한 어떤 행동이든 허용되어야 한다는 하이에크의 주장은 '위해 원칙'을 반영했다.

자체적인 행동 규칙을 가진 사회 제도로서의 시장에서 사람들은 타인이 어떻게 행동할지에 대한 기대를 가진다. 예를 들어, 우리는 재화의 판매자가 재화의 (관찰할 수 없는) 특성을 정직하게 설명하리라고 기대한다. 보다 일반적으로, 구매자와 판매자가 어떻게 행동하리라고 기대하는지는 상황에 좌우된다. 우리는 슈퍼마켓에 가는 것이 중고차를 구매하는 것과 매우 다른 경험이 될 것이라고 기대한다.

그렇다면 시장 시스템에는 일련의 가격을 실현하는 발라스적 목표가 있어야 한다고 생각할 수 있다. 사람과 조직의 행동은 상대적 가격의 변화에 따른다. 이는 새로운 상대적 가격으로 이어지고, 이렇게 변화하는 가격은 시장 참여자들에게 메시지를 보내 또 다른 행동 조정을 이끌 것이다. 이런 진화적 접근법에서 가격은 지금까지 발전해 온 경제 상황에 대한 정보를 전달하는 수단으로서의 역할에 적합하다. 가격은 시장 참여자로 하여금 경제가 어떻게 작동하는지에 대한 방대한 양의 정보를 끌어내 재화에 대한 수요를 어떻게 조정할지 결정할 수 있게 한다.

하이에크는 이런 주장을 펼치면서 자원을 효율적으로 분배하는 편리한 수단으로 시장을 묘사했다. 하이에크는 정보 흐름의 중요성, 그리고 사회 제도의 진화적 적합성을 강조함으로써 신고전주의 경제학의 한계에 도전하고 있었다. 그는 경제는 새로운 재화의 조합을 만들고 니즈를 충족하는 새로운 방법을 찾고자 하는 우리의 타고난 욕구에 대응해 항상 진화한다는 슘페터의 생각에 동의했다.

말년의 하이에크는 젊은 경제학자들이 개발한 분석 방법에는 비판적이었다. 수백 개의 방정식을 동시에 푸는 복잡한 시스템을 담고 있는 일반균형이론을 예로 들어보자. 하이에크는 그런 구조가 경제의 기능과 거의 관련이 없다고 보았다. 그들은 주로 모델의 가정에 따라 해법이 결정되는 흥미로운 두뇌 운동일 뿐이다. 따라서 경제학은 하이에크가 구성주의적 합리성 constructivist rationality이라 부르는 것, 즉 경제 제도가 시간이 흐르면서 시행착오를 거치며 설계될 수 있다고 가정하는 오류에 빠질 위험이 있다. 대신 그는 제도는 생태학적으로 합리적이면 족하며, 따라서 효율성이라는 적합성 기준을 충족하면 된다고 주장했다.

그는 이런 구성주의적 합리성이 17세기 르네 데카르트 René Descartes의 연구 이후 유럽 철학과 법학에서 중요한 부분을 차지해 왔다고 믿었다. 그는 자유 교환에서 발생한 소득 분배를 변화시키려는 과정에서, 구성주의적 합리성 접근이 사회 정의를 달성한다는 목적을 가진 제도로 이어지는 사례를 확인했다. 하이에크는 사회 정의를 추구할 수도, 자유를 추구할 수도 있지만, 둘 다 추구할 수는 없다고 말했다. 즉, 지속적인 사회 및 경제 발전을 위해 자유가 필수적이라는 그의 믿음은 그가 경제 내 사회 프로그램의 제한적인 역할만을 받아들일 수 있다는 것을 의미했다.

경제 시스템을 거대한 멀티플레이어 게임과 같다고 생각해 보자. 이런 필수적인 구조(예를 들어 법률)를 도입하는 것은 게임의 설계자(사실상 정부)지만, 이 게임에 어떻게 참여할지 결정하는 것은 플레이어다. 플레이어들은 개인의 목표, 게임 구조에 대한 생각, 이 환경에서 다른 플레이어가 자신의 행동에 어떻게 반응할지에 대한 이해에 따라 행동한다. 게임 내에서는 가상의 커뮤니티가 등장한다. 이런 커뮤니티는 게임의 기본 구조 내에서 플레이 패턴을 통해 자체적인 제도를 발전시킨다. 플레이어가 상황에 직면하고 이를 자신만의 방법으로 풀어감에 따라, 보통 그들이 만든 제도는 하이에크의 생태학적 합리성의 기준을 충족하게 된다. 이런 접근법 내에서 정부가 질서를 강요해서는 안 된다.

케인스는 하이에크에게 편지를 보내 《노예의 길》을 칭찬하던 때, 세계은행과 국제통화기금 설립에 합의하는 회의에 참석하느라 미국에 있었다. 두 번의 세계대전 사이의 지속적인 위기가 되풀이되어서는 안 된다고 판단한 케인스는 각국의 통화 관리와 무역에 필요한 국제 결제를 지원하는 동시에 각국이 개발에 필요한 자금을 조달할 수 있도록 공식 기관 설립이 필요하다고 주장했다.

케인스는 전문가의 판단을 신뢰하는 전문가였다. 그가 하이에크에게 "선을 어디에 그어야 하는가"라고 물은 것은, 하이에크가 법률 시스템이나 국방과 같이 강압을 수반하지 않는 영역에서의 정부 조치에는 반대하지 않는다는 것을 알고 있었기 때문이다. 케인스는 정부가 완전 고용을 보장하기 위해 투자 지출을 할 수 있는 능력이 있다고 생각했다. 하이에크는 전문가들은 그 목표를 달성하는 데 필요한 정보를 가질 수 없고, 광범위한 소득 재분배를 감독할 능력은 더 부족하다고 주장하며 케인스의 생각에 동의하지 않았다. 우리는 이 논쟁을 통해 이 두 위대한 자유주의 경제학자들이 자유의 본질에 대해 근본적으로 달리 생각하고 있었음을 알 수 있다. 케인스는 자유를 아리스토텔레스의 '좋은 삶'을 누리기 위한 자원을 확보하는 문제로 보았지만, 하이에크는 좋은 삶이 선택의 자유에서 비롯된다고 생각했다.

*How to Think Like
an Economist*

12장

존 폰 노이만

가장 뛰어난 수학자

John von Neumann

경제적 상호작용을 설명하기 위해 게임을 정의하다

> 우리에게는 이런 자기 성찰적 분석을 통해 직접적인 관계가 있는 사람들뿐 아니라 실제 관찰자까지 포함한 다른 사람들의 승인을 얻을 수 있는 행동을 선택하는 경향이 있다.

20세기 초 오스트리아-헝가리 제국이 해체되는 정치적 격변기에도 부다페스트는 빈과 마찬가지로 활기찬 학술적 문화가 조성되어 있었다. 이 세대에 헝가리에서 성장한 뛰어난 과학자들은 1920년대의 정치적 불안 속에 거의 모두 고국을 떠났다. 수학자 존 폰 노이만처럼 미국 시민권을 획득하고 제2차 세계대전에서 중요한 역할을 수행한 경우도 많다.

경제학자처럼 생각하는 데 폰 노이만을 포함시킨 이유는 무엇일까? 그에게는 수많은 업적이 있지만, 그중 하나는 수학의 한 분야인 게임이론을 만든 것이다. 그는 포커와 같이 플레이어 간의 상호작용이 결과에 중요한 역할을 하는 게임을 분석하는 데 게임이론을 처음으로 사용했다. 여기에서 한 단계 더 나아가 소수의 기업만이 존재하는 산업에서 경쟁 행동을 분석하거나 소규모 그룹 사이에서 갈등이 아닌 협력을 이끌어내는 조건을 찾는 데 게임이론을 적용했다.

병원에 가거나 자동차를 정비소에 맡길 때면, 우리는 전문가를 신뢰하고 싶어 한다. 대부분의 사람은 수리가 필요한지, 수리에 그만한 가치가 있는지, 심지어 수리가 제대로 완료되었는지조차 알 수 없다. 게임이론은 왜 우리가 일부 전문가는 우리에게 최선의 이익을 위해 행동할 것이라고 믿지만 다른 전문가는 믿지 않는지 이해하는 데 도움을 준다. 또한 경제적 관계가 어떻게 유지될 수 있는지에 대해 생각하는 방식도 제공했다.

거의 1년에 한 번 차를 박살내는 것으로 유명한 폰 노이만은 정비의 문제를 탐구한 적이 없었다. 그저 경제학자들이 그 문제를 연구하는 것이 가능하도록 만들었을 뿐이다. 그가 게임이론의 원리를 처음 개발한 것은 1928년이었다. 이후 1941년에서 1944년 사이에 독일 경제학자 오스카르 모르겐슈테른 Oskar Morgenstern과 함께 《게임이론과 경제 행동 Theory of Games and Economic Behaviour》을 썼다. 케인스가 자신의 《고용, 이자 및 화폐의 일반 이론》이 새로운 유형의 경제학 기초라고 주장하고 10년도 되지 않아 폰 노이만과 모르겐슈테른은 자신들의 책을 통해 게임이론이 경제학의 기본 이론으로 더 큰 영향력을 가진다고 주장했다. 아마 케인스 역시 게임이론의 가치를 이해했을 것이다. 그는 불황은 경제 상황에 대한 광범위한 자기 정당화의 결과라고 주장했다. 믿음과 행동의 이런 일관성은 플레이어가 완전한 정보를 갖고 있지 않은 게임에서 평형 상태가 유지되는 데 필수적인 것으로 드러났다.

폰 노이만과 모르겐슈테른이 경제학의 기초를 확고히 했다고 주장하는 것은 다소 대담하고 확실치 못한 일이다. 폰 노이만과 모르겐슈테른이 사용한 사례는 일반적인 게임이었고, 자동차 수리같이 자원 관리가 수반되는 상황이 아니었다. 하지만 그들이 이런 추상적인 분석을 완성하는 과정에서 경제 이론에 상당한 공헌을 한 것은 사실이다. 포커 같은 흥미로운 게임에서 플레이어들은 실제 상황을 확신할 수 없는 상태로 결정을 내린다. 이런 게임을 분석했다는 것은 폰 노이만과 모르겐슈테른이 경제 이론의 의사 결정에 불확실성을 통합하는 표준 접근법을 개발했다는 의미다.

외부에서 경제학에 들어온 폰 노이만은 수학 사용에 대한 경제학자들의 망설임에 맞서는 데 유리한 위치에 있었다. 지금까지 이 책에서 만난 경제학자 중 수학을 많이 사용한 사람은 엔지니어들이 경제학을 탐구하는 전통을 지닌 프랑스 출신으로 일반균형 모델에 수학을 사용한 발라스뿐이었다. 폰 노이만이 이 분야에 큰 공헌을 한 것은 우연에 가까웠다. 1930년대에 그는 몇 가지 유형의 일반균형 모형을 해결하는 접근법을 개발했고 1950년대에 케네스 애로 Kenneth Arrow 와 제라르 드브뢰 Gérard Debreu 는 폰 노이만의 초기 연구를 토대로 일반균형 모델을 해결할 수 있는 조건을 증명했다. 두 사람 모두 노벨 경제학상을 수상했다.

폰 노이만은 1930년대의 경제학에 자신의 수학 스타일이 유용하다고 판명될 만한 시점에 도달했는지 의심했지만, 게임이론은 경제학이 이전에는 해결할 수 없었던 문제들을 완전히 새롭게 생각할 수 있는 방식을 마련했다. 예를 들어, 마샬이 게임이론을 이용해 산업 구조에 영향을 미치는 요인과 소수의 경쟁자만 있을 때 비즈니스 행동의 결과에 대해 더 많은 것을 이해할 수 있었다면 《경제학의 원리》 2권을 만족할 만한 수준으로 완성할 방법을 찾을 수 있었을 것이다.

1903년 중상류 유대인 은행가, 상인 가정에서 태어난 폰 노이만은 어떤 면에서 보나 천재였다. 그의 가족은 3대가 할아버지 야캅 칸 Jakab Kann 소유 큰 건물에 살았다. 1층에는 칸의 농기계 업체 사무실이 있었다. 칸은 성공한 은행가인 막스 노이만 Max Neumann 과 결혼한 딸 마가렛 Margaret 에게 이 건물의 맨 위층을 주었다. 칸의 큰 손자인 폰 노이만은 대가족 사이에서 성장했다.

그의 가족들은 훗날 폰 노이만의 애칭으로 알려진 얀시 Jansci 의 이야기를 즐겨 하곤 했다. 그는 아주 어린 나이에 부다페스트 전화번호부 한 페이지를 읽자마자 외워 어른들을 즐겁게 해주었다. 그의 이례적인 기억력은 평생 지속되었다. 그는 문학과 시를 포함해 읽은 것은 거의 모두 기억했고 특히 역사에 큰 관심을 가지고 있었다. 그의 타고난 재능은 복잡한 산술 계산으로까지 확장되었다.

막스 노이만은 열 살 아들을 루터교회 김나지움에 입학시켜 또래 친구들과 함께 학교를 마치게 하되 수학은 개인 과외를 받을 수 있도록 했다. 1년 선배인 유진 위그너 Eugene Wigner의 말에 따르면 폰 노이만은 순수 수학, 특히 집합론과 정수론에 대한 아이디어를 거의 끊임없이 쏟아냈다. 노벨 물리학상을 수상한 위그너가 자신은 결코 수학자로서 성공할 수 없을 것이라고 생각했던 것도 무리는 아니다.

1913년, 막스 노이만은 귀족 작위를 샀다. 중부 유럽의 유대인 가족들은 늘 반유대주의가 그들의 편안한 삶을 없애버릴 가능성 속에 살아야 했다. 노이만 가문은 작위를 사들여 헝가리 사회에서는 자리를 공고히 했을지 모르지만, 제국 질서가 무너지려는 참이었다. 제1차 세계대전 종전 직전 독립한 헝가리는 자유주의 정부, 그에 이어 사회주의 실험을 경험했다. 그러나 둘 다 빠른 실패를 기록하면서, 억압적인 친파시스트 호르티 미클로시 Horthy Miklós 정권으로 대체되었다. 막스 노이만은 사회주의 정부가 통치하던 시기에 가족을 오스트리아로 이주시켰지만, 은행가로서의 역할이 안정되자 가족을 다시 데려왔다. 폰 노이만의 커리어 일부는 그가 정치적 불확실성과 폭력의 시기를 겪으며 성인이 되었다는 점으로 설명할 수 있다. 그는 과학자이자 전략 고문으로서 군이나 정부 관리들과 일하면서 사회주의에 반대했고 소련에 대한 본능적인 혐오감이 있었다.

1921년 폰 노이만은 고등학교를 졸업했다. 그는 수학자가 되기로 아버지와 합의한 것으로 보인다. 그는 우아한 신사의 삶을 살 수 있는 부유한 수학자가 되었다. 부다페스트에서 대학원에 입학한 후 대부분의 시간을 베를린대학에서 보냈지만 괴팅겐에서 다비트 힐베르트 David Hilbert와 함께 일하기도 했다. (1900년대의 선도적 수학자였던 힐베르트는 폰 노이만이 박사 학위 논문을 발표하는 자리에서 "학위 후보자는 어디에서 옷을 맞췄나?"라는 질문만을 한 것으로 유명하다.) 1926년 그는 취리히에서 화학공학 학위를, 부다페스트에서 수학 박사 학위를, 베를린에서 수학 교사 자격증을 취득하고 괴팅겐의 힐베르트 그룹에 참여했다. 그의 눈앞에 학문의 세계가 펼쳐져 있었다.

이렇게 그는 게임이론을 연구하기 시작했다. 〈팔러 게임이론 Theory of Parlour Games〉은 제목만 보면 전혀 흥미롭지 않다. 폰 노이만은 1928년에 발표한 이 논문에서 제로섬 게임의 방법을 분석했다.

제로섬 게임의 가장 간단한 사례가 '가위바위보'다. 이 게임에서 두 플레이어는 동시에 결과 중 하나를 선택해야 한다. 같은 행동을 선택하면 두 플레이어는 비긴다. 하지만 바위는 가위를 이기고, 가위는 보를 이기고, 보는 바위를 이긴다. 이렇게 승부가 나면, 승자가 패자로부터 돈을 받으므로 승리로 인한 이득이 패배 비용과 같고 그렇기에 제로섬이다.

이 게임에서 최적의 전략은 무작위적인 행동이란 것이 확실해 보인다. 수학자인 폰 노이만은 이 결과를 증명하기로 결심했다. 그는 먼저 제로섬 게임 분석 이외의 다른 상황에서 사용되어온 순수 수학으로부터 몇 가지 중요한 결과를 끌어내야 했다. 이렇게 기초가 마련되자, 플레이어가 채택할 수 있는 최선의 전략(결정 규칙)의 일반적인 형태로 미니맥스^{minimax}(최소 극대화) 원리를 개발했다.

폰 노이만은 플레이어가 항상 최소 보상을 극대화(달리 말해, 자신이 받는 손실을 최소화_옮긴이)해야 한다고 말했다. (따라서 미니맥스.) 우리가 가위바위보를 할 때 당신이 내가 선택할 행동을 예측할 수 있다면, 내 보상을 최소화하는 행동을 선택하는 것이 합리적이다. (당신 보상을 극대화할 수 있기 때문이다.) 하지만 나는 그 점을 알기 때문에 손실을 최소화하는 전략을 선택하고, 당신도 똑같은 전략을 선택할 것이다.

폰 노이만이 분석한 일부 유형의 게임에서는 이것이 필요한 전부다. 우리의 결정 규칙은 일관적이며 우리의 행동은 손실을 최소화할 것이다. 한 플레이어는 필연적으로 패자가 되겠지만 패했을 때의 손실을 가능한 한 최소화하는 게임을 할 것이다.

하지만 가위바위보의 구조를 고려하면 미니맥스 원리를 적용하는 것이 조금 더 복잡해진다. 모든 행동이 동일한 최소 손실(또는 최대 이득)과 연관되어 있기에 폰 노이만은 플레이어는 게임에 임할 때마다 무작위로 행동을 선택해야 한다고 말했다. 이렇게 하면 내가 어떤 전략을 선택하든 상관없이 게임에서 기대하는 보상이 0이 되므로 플레이어의 기대 보상도 0이 된다. 이 경우 나는 당신이 선호하는 행동 패턴을 악용할 수 없다. 물론 균형을 위해서는 나 역시 무작위적인 선택을 해야 한다. 그렇지 않으면 당신이 내 패턴을 악용할 수 있으니까 말이다. 이렇게 우리가 행동을 무작위로 선택하면, 폰 노이만의 미니맥스 원리가 충족된다. 우리 두 사람 모두 기대 수익을 가능한 한 최대화하는 전략을 선택하기 때문이다.

폰 노이만은 1920년대의 연구로 세계적인 명성을 얻었고, 이로써 미국으로 이주할 수 있는 기회를 얻었다. 당시 프린스턴대학은 고등연구소 Institute of Advanced Studies를 설립하고 유럽 최고의 과학자와 수학자를 영입하기 위해 노력하고 있었다. 슘페터는 미국 이주를 주저했지만, 폰 노이만은 더 젊었고 슘페터처럼 결정에 영향을 미치는 감정적 제약이 없었다. 27세의 그는 결혼 때문에 잠시 시간을 끈 것 이외에는 기회를 받아들이는 데 망설임이 없었다. 프린스턴에서 수학 전반에 상당한 진전을 이루는 한편 우아하게 옷을 입고, 세련된 행동을 보였고, 눈에 띄는 유럽식 악센트로 영어를 구사했으며, 사교 모임을 즐기며 유럽인이라는 것을 분명히 드러냈다. 1930년대의 그의 세미나 노트는 미국 전역에 널리 퍼졌다. 미국 수학계에는 친숙하지 않은 유럽의 발전상을 한데 모은 것이었기 때문이었다.

폰 노이만은 1930년대 내내 동료와 가족들을 안전한 미국으로 데려오기 위해 노력했다. 또한 나치주의를 타도해야 한다는 확신을 가졌기에 원자폭탄을 개발하는 로스 알라모스의 과학자팀에 합류했다. 그것은 그의 능력과 관심사에 알맞는 일이었다. 공학 박사 학위를 가진 수학자인 그는 과학팀과 공학팀을 오가며 문제 해결사 역할을 했다. 그는 긍정적인 태도로 역할에 임하는 행복한 전사였다. 그는 곧 맨해튼 프로젝트의 군사 행정을 이끈 레슬리 그로브스Leslie Groves 장군의 신임을 얻었다. 그로브스는 전략에 대해 깊이 생각하고 미군의 목표를 직관적으로 이해한 이 보수(정치적으로) 학자의 조언에 가치를 두었다. 폰 노이만은 핵무기의 가치를 전혀 의심하지 않았다. 소련에 강한 혐오감을 갖고 있었기에

제2차 세계대전이 끝나기도 전에 소련을 미국이 맞서야 할 다음 적으로 생각했다.

폰 노이만은 여러 면에서 차분하고 이성적인 플레이어였다. 미군이 전쟁에서 성과를 올리고 마침내 일본을 물리치기 직전, 소련은 참전을 고려하고 있었다. 미국은 소련이 동아시아에서 영향력을 확대할 기회를 잡는 것을 원치 않았다. 이런 상황에서 폰 노이만은 원자폭탄으로 일본을 항복하게 만드는 것이 미국의 전략적 이익 달성에 전적으로 부합한다고 주장했다.

전략에 대한 그의 조언은 그가 다른 플레이어를 희생시켜 승리를 얻는 제로섬 게임에 집중하고 있었음을 보여준다. 그는 미국이 수소폭탄을 빨리 개발해야 하며, 소련이 미국을 타격할 역량을 갖추기 전에 핵무기와 공군력으로 물리치는 '예방 전쟁 preventive war (타국의 침략을 막기 위해 선제공격하는)' 전략을 채택해야 한다고 주장했다.

폰 노이만이 1944년 가을 뉴멕시코에서 맨해튼 프로젝트에 참여하고 있을 때 케인스는 영국 대표단을 이끌고 뉴햄프셔의 브레턴우즈 회의에 참석해 세계은행과 국제통화기금 설립을 위한 협상에 임하고 있었다. 두 사람의 경력은 공익의 매우 다른 두 가지 측면을 나타낸다. 케인스는 국제 금융 문제의 해결에 30년의 경험을 갖고 있었고, 협상과 타협을 통해 모두가 더 잘 살 수 있다는 믿음으로 정부 간 협력을 증진하기 위해 노력했다. 제로섬 게임에 초점을 둔 폰 노이만의 게임이론은 자연히 경제적 상호작용의 경쟁적 요소를 강조하는 정반대의 경향을 가지고 있었다. 비논리적이고 비효율적인 정치적 과정은 그를 혼란스럽게 했다.

폰 노이만의 통찰이 중요하기는 하지만, 그의 연구를 발전시키고 케인스의 협력과 폰 노이만의 경쟁 프레임워크 모두를 수용하는 게임이론의 보다 일반적인 토대를 마련하는 데는 또 다른 수학 천재 존 내쉬John Nash가 필요했다. 내쉬는 1940년대 후반에 쓴 일련의 논문에서 미니맥스 원리보다 더 일반적인 게임 규칙을 개발했다. 그는 플레이어가 다른 플레이어들이 따르는 전략에 따라 가능한 한 최상의 결과를 얻을 수 있는 전략을 선택해야 한다고 주장했다.

가위바위보에서 살펴보았듯 내가 무작위로 선택하면 당신은 자신의 선택이 기대하는 보상에 영향을 미치지 않는다는 결론을 내리게 되고 결국 어떻게 게임을 하는지는 문제가 되지 않는다. 따라서 무작위 선택은 게임을 플레이하는 어떤 방법에 못지않은 좋은 전략이다. 당신과 나 둘 다 무작위 선택을 할 경우 우리는 게임 방식을 바꿔도 둘 다 이득을 볼 수 없다. 내쉬의 균형은 어느 플레이어도 플레이 방식을 바꿔 더 나은 결과를 기대할 수 없을 때 발생한다. 현재는 폰 노이만의 미니맥스 원리가 아닌 내쉬의 균형 개념이 기본적인 게임이론으로 간주된다.

게임에 대한 이런 수학적 접근에서는 플레이어가 서로 소통하지 않고 의사 결정을 한다. 거의 모든 사회과학에서 사용되는 죄수의 딜레마Prisoner's Dilemma(격리된 공범 두 명이 상대를 배신하고 자백해 감형을 받느냐, 상대를 믿고 입을 다무느냐의 협력·비협력의 곤경_옮긴이)는 이런 수학적 게임의 가장 유명한 예다. 1950년 랜드 연구소RAND Corporation에서 폰 노이만의 동료들이 설명한 이 게임에 처음 이름을 붙인 것은 심리학자 앨버트 터커Albert Tucker였다. 이 게임의 구조는 간단하다. 플레이어는 협력할지 이기적으로 행동할지를 결정해야 한다. 정보 교환이 가능한 경우에는 협력하는 것이 이기적으로 행동하는 것보다 낫지만, 그렇지 않은 경우에는 이기적으로 행동하는 것의 보상이 협력하는 것보다 크다. 내쉬의 균형은 좁은 의미의 이기심을 따르는 것이지만, 결국 그 결과는 모두가 협력했을 때보다 나빠진다.

죄수의 딜레마 같은 구조의 문제는 경제학에서 매우 자주 생긴다. 자동차 정비사를 신뢰할 수 있느냐의 문제에서 부도덕한 정비사는 좋지 못한 서비스를 제공함으로써 즉각적인 이득을 얻을 수 있다. 그러나 신뢰할 수 있는 정비사는 평판이 좋아지고 단골과 새로운 고객이 생긴다. 장기적인 관점에서, 타인과의 협력은 자신의 이익으로 쉽게 정당화된다. 이에 대해서는 스미스도 놀라지 않았을 것이다. 부도덕한 정비공의 행동은 정의로운 행동도 절제력이 있는 행동도 아니다. 이런 행동이 흔한 사회라면 사람들이 서로를 믿지 않고 좀처럼 협력하지도 않을 것이다. 죄수의 딜레마 같은 게임은 오랫동안 경제학의 구성 요소였던 전통적 윤리 문제를 탐구하는 새로운 방식을 제공한다.

폰 노이만과 내쉬의 아이디어가 더욱 정교해지고 그 범위가 넓어지면서 경제학의 영역은 마샬의 경제학이 다루지 않았던 부분까지 확장되었다. 수학자들은 19세기에 리카도와 발라스가 그랬듯 경제학자들에게 새로운 분석 방법을 제공했지만, 경제학자들이 그들의 연구를 소화하고 게임이론을 경제학에 유용하게 만들기까지는 시간이 필요했다.

13장

로널드 코스

차분한 관찰자

Ronald Coase

효과적인 자원 관리에는 왜 질서와 협상이 필요한가

> 경제의 자기 조직적 성격에 대한 스미스의 주장에서
> 영감을 받은 코스에게 법이 중요했던 것은
> 선택할 수 있는 틀을 제공하기 때문이었다.

로널드 코스는 경제학자가 마땅히 그래야 할 방식으로 세상을 보았다. 1930년대 초 런던정경대 학부생이었던 그는 미국 전역을 여행했고 대기업을 주의 깊게 관찰하면서 산업 구조에 대한 새로운 설명을 발전시켰다. 하이에크가 케인스와 논쟁을 벌이며 자본 이론을 마무리하기 위해 노력하는 동안, 코스는 하이에크의 후기 연구와 유사한 아이디어를 개발하고 시장에 한계가 있는 이유를 설명했다.

그 후 그는 수년 동안 아이디어를 발전시키는 데 매달렸다. 중년에는 사람들이 자신의 자원을 관리하기 위해 노력할 때 발생하는 분쟁을 해결하는 기법들을 분석했다. 거의 동시에 시카고대학의 동료이면서 경제학에 관한 한 과장이 심했던 조지 스티글러가 '코스 정리 Coase Theorem'를 발견했다고 주장했다. 문제는 이 정리가 온전히 스티글러가 발명한 것이었다는 점이다. 이 용어가 많은 교과서에 등장하면서 스티글러의 부정확한 주장이 진실로 받아들여졌다. 코스는 이 정리에 대해 설명해 달라는 요청을 받을 때마다 관련성을 부인해야 했다.

제1차 세계대전 이후 유럽이 기진맥진한 상황에서, 1920년대에 미국의 시대가 시작되었다. 경제 강국으로 부상하던 미국은 이미 오래전부터 유럽 경제학자들의 관심을 끌고 있었다. 1875년 마샬은 미국을 방문했고 그 관찰을 바탕으로 산업 구조를 새로운 방식으로 생각하게 되었다. 항상 미국의 에너지에 매력을 느꼈던 슘페터는 하버드 교수직을 수락하기 훨씬 전인 1920년대 내내 미국을 정기적으로 방문했다. 폰 노이만은 젊은 나이에 미국에 도착했다. 하이에크 역시 1920년대에 미국을 찾았다. 그 후 그는 《노예의 길》로 명성을 얻었고 1950년대에는 시카고에서 일했다. 코스는 그 길을 이어갔다. 1910년 런던에서 태어난 그는 1950년 영국을 떠나 이후 50년을 시카고대학에서 보냈으며, 사망할 당시에 교수로 재직 중이었다.

이 책에 등장하는 대부분의 경제학자와 비교하면 코스는 가정 형편이 별로 좋지 않았다. 그의 아버지는 우체국에서 전신을 담당하는 사무원이었다. 어린 시절 코스는 몸이 약했고 몇 년 동안 다리에 보조기를 착용해야 했다. 야심 찬 부모가 없고 특수 학교에 다닌 그가 대학에 가지 못한 것은 당연한 결과였다. 코스는 자신이 런던정경대에서 상법을 공부하게 된 과정을 우연이라고 설명했다. 그곳에서 그는 애덤 스미스의 보이지 않는 손이 경제의 자기조직적 성격을 어떻게 설명하는지 논의하는 경영학 졸업반 과정을 맡은 아놀드 플랜트Arnold Plant를 만났다. 그에게 영감을 얻은 코스는 상법에 초점을 맞춘 정규 학업과 경제학 사이의 연관성을 탐구하기 시작했다.

경제에 법의 중요성을 처음으로 고려한 것은 그가 처음이 아니었다. 중세 스콜라 학파는 경제 정의를 위해 안전한 재산권이 필요하다고 주장했다. 스미스는 법, 윤리, 정치경제를 인문학의 한 분야로 취급했다. 오스트리아의 경제학 전통은 빈 법학부에서 출현했다. 초기 경제학이 법학의 일반 철학 원리에 의지했다면, 코스의 전문 분야는 상법이었기 때문에 그는 당연하게도 산업 조직에 대해 생각하게 되었다.

플랜트의 강력한 지원으로 코스는 카셀 여행 장학금을 받아 1931에서 1932년까지 미국을 여행할 수 있었다. 미국 기업에서 내리는 결정을 관찰한 코스는 기업이 복잡한 제품을 생산하는 계획을 세울 때 최종 제품에 들어가는 각 부품을 직접 만들거나 다른 전문 부품 생산업체에서 구매한다는 결론을 내렸다.

코스는 미국에서 관찰한 자동차 제조업체들이 차량 제작을 대부분 회사의 사업 내부로 통합한 사례를 자주 언급했다. 1920년대에는 폐쇄형 차체의 개발로 자동차 제조업체들이 차체 전문 생산업체를 인수했다. 이런 결정은 제조업체에서 차체를 가능한 한 가장 낮은 비용에 그들의 니즈를 충족하는 사양으로 설계하고 제조할 수 있다고 믿었다는 것을 시사한다. 반면 타이어 제조업체는 인수하지 않았다. 차체 구입은 직접 만드는 것이 효율적이지만, 타이어는 경쟁하는 여러 브랜드가 충분히 대체할 수 있고 경쟁으로 인해 가격이 낮게 유지되기 때문에 외부에서 구입하는 편이 나았기 때문이다.

코스는 이런 결정에 자원을 어떻게 사용할지에 대한 계획이 포함된다는 것을 깨달았다. 그는 뛰어난 통찰력으로 기업과 시장이 자원을 관리하는 두 가지 방식을 대표한다는 사실을 파악했다. 기업에서는 기업가와 관리자가 지시를 내릴 수 있는 반면, 시장에서는 가격 시스템이 자원의 흐름을 결정한다. 경제학자들은 이미 이 모든 것을 알고 있었다. 코스가 할 일은 이런 아이디어를 한데 묶어 새로운 방식으로 제시하는 것이었다.

산출물 생산에 필요한 구성 요소를 입수하는 두 가지 방법이 있을 때, 보다 효율적인 방법을 선택하는 것이 관리자의 합리적인 행동이다. 그들이 의식적으로 선택하지 않더라도, 시간이 흐르면 경쟁이 수익에 미치는 효과 때문에 더 효율적인 방식이 지배적인 방식이 된다. 따라서 코스는 각 기업의 한계를 설정해 부품을 생산하는 것이 더 효율적일 때는 생산하고, 매입하는 것이 더 효율적일 때는 시장에 나가 부품을 조달해야 한다고 주장했다. 코스는 더 크고 복잡한 조직에서는 자원 관리가 더 어려워질 것이라고 가정하고 디스토피아 공상과학 소설에서 등장하는 일, 즉 거대 기업이 경제를 장악하고 모든 인간의 필요를 충족시킨다고 주장하는 일은 결코 일어나지 않을 것이라는 결론을 내렸다.

코스는 영국으로 돌아와 학자로서의 커리어를 시작했고, 미국 방문에서 얻은 결론을 1937년 〈기업의 본질 The Nature of the Firm〉이라는 짧은 논문으로 펴냈다. 그로부터 50여 년 후, 코스는 노벨 경제학상을 수상했다. 노벨상 공식 성명에서는 우아하지만 학부 논문만큼이나 개념적으로 단순한 이 논문이 산업 경제학에 대한 새로운 사고방식의 출발점이 되었다고 평가했다.

이런 아이디어는 중앙 계획의 부적절성에 대한 하이에크의 주장과 혁신에 대한 슘페터의 생각을 뒷받침했다. 중앙의 기획자들은 모든 수요를 예측하고 전적으로 합리적으로 행동한다 해도 시장만큼의 효율적인 배분을 할 수 없다. 혁신이 생산 프로세스의 변화를 야기하면, 시간이 지남에 따라 산업 구조가 변화할 것이고 이로써 기업과 시장이 하는 의사결정의 범위는 달라질 것이다. 기획자는 이런 진화 과정을 예측할 수 있어야 한다.

〈기업의 본질〉은 상대를 무장 해제시킬 정도로 단순하며 그 중요성은 훨씬 후에야 분명해졌다. 이것은 코스의 주장이 가진 전형적인 스타일이었다. 그는 기업이 내리는 결정들을 관찰하고 그것을 설명할 새로운 방법을 찾을 뿐이었다. 이전의 경제학자들은 다른 곳에 주의를 기울이느라 코스가 발견한 구조를 간과했다.

예를 들어, 마샬은 《경제학의 원리》에서 생산 관리 비용을 거의 무시했다. 이는 생산 관리 비용을 그다지 중요치 않은 것으로 취급했다는 의미다. 물론 그런 단순화는 유용한 이론을 더 쉽게 개발하게 해주었지만 변화하는 경제 구조를 설명하는 능력은 제한했다. 코스의 초기 주장은 경제의 기존 구조와 그 구조를 바꾸는 데 드는 비용, 심지어 그런 변화가 궁극적으로 이득이 되는 경우에도 쉽게 적용할 수 있었다.

〈기업의 본질〉을 통해 큰 업적을 이루었지만, 코스에게는 슘페터와 같은 강한 야심이나 케인스와 같이 위대한 삶을 살 것이라는 믿음이 없었다. 그의 커리어는 천천히 발전했다. 대공황으로 경제가 아수라장이었던 1930년대에는 지속적인 경제 회복을 촉발하는 방법에 대한 열띤 논쟁이 있었고, 산업에서의 질서가 자연스럽게 생겨난다는 코스의 생각은 중요치 않아 보였다. 그렇게 그는

1950년까지 런던정경대에서 연구를 이어가다가 버팔로대학으로, 다음에는 버지니아대학으로 자리를 옮겼다.

그는 버지니아대학에서 버지니아 학파로 알려지게 된 그룹과 어울렸다. 제임스 뷰캐넌 James Buchanan과 고든 털럭 Gordon Tullock이 가장 유명한 멤버였고, 공공선택이론에 관한 연구로 뷰캐넌이 1986년 노벨 경제학상을 수상했다. 생산 구조에 대한 코스의 사고와 서비스 제공자로서의 정부에 대한 뷰캐넌의 분석 사이에는 많은 유사점이 있었다. 이 때문에 버지니아는 코스에게 제2의 고향이 되었고, 그는 그곳에서 위대한 경제사상가로서의 명성을 공고히 하는 연구를 완성했다.

코스가 기업과 산업 수준에서 연구를 했다면, 뷰캐넌과 털럭은 정부를 경제 주체의 하나(단, 궁극적으로는 강압적이면서 상당한 권력을 가진)로 취급했다. 따라서 정부는 큰 기업과 비슷하되 직접 재화와 서비스를 구매하지 않고도 개인과 조직이 세금을 납부하도록 강제할 수 있는 존재였다. 어떤 면에서 그런 이론은 케인스주의 경제학에 대한 보수적인 대응이었다. 대공황과 제2차 세계대전 이후 정부의 역할이 확대되기 전에는 그런 이론이 등장할 수 없었을 것이다. 정부를 기업과 같은 존재로 생각한 뷰캐넌과 털럭은 정부 정당성의 원천을 이해하고, 정부가 시민의 요구에 계속 부응할 수 있도록 하는 방법에 초점을 맞추었다.

피구와 같은 초기 경제학자들은 정부가 본질적으로 편파적이기 않기 때문에 사회의 복지를 추구할 것이라고 가정했고, 뷰캐넌과 털럭은 그것이 정치적 정당성의 문제를 무시한다고 생각했다. 밀이나 19세기 철학적 급진주의자들과 마찬가지로, 그들은 시민들이 정치적 의사 결정에서 나온 규칙을 받아들이기 위해 동의가 중요하다는 점을 강조했다. 그들은 이런 규칙에 함축된 사회 계약이 법체계 안에 내포되어야 한다고 주장했다. 자유의 중요성에 대한 하이에크의 신념을 공유한 뷰캐넌과 털럭은 먼저 다양한 유형의 헌법적 규칙이 사회에 미치는 영향을 이해하고, 이후 헌법적 규칙의 적용이 어떻게 개인의 목표 달성에 기여하는 사회 질서를 지원할 수 있는지 조언했다.

이것이 방송에 대한 정부의 개입이 산업 구조에 어떤 영향을 미쳤는지에 대한 코스 연구의 배경이었다. 그는 1959년 발표한 논문 〈연방 통신 위원회 The Federal Communications Commission〉를 통해 방송용 주파수를 사용할 권리는 명확하게 정의된 재산권으로 취급되어야 한다고 제안했다. 그는 연방 통신 위원회가 이런 권리를 할당하는 관행으로 인해 미국 라디오 산업에서의 경쟁 기능이 작동하는 것은 자산 가치보다 훨씬 높은 가격(방송의 권리가 갖는 가치를 반영한다)에 이루어지는 인수합병 뿐이라고 주장했다. 코스는 그 대신 주파수 권리를 위한 시장을 만들어야 한다고 주장했고, 현재는 이것이 보편적인 아이디어가 되었다.

1920년대에 라디오 산업이 등장했을 때, 주파수 사용권 시장에 반대하는 가장 효과적인 논거는 라디오 신호가 서로 간섭할 가능성이었다. 해적 방송이 정당한 권리자의 신호를 뒤덮고 전달된다고 생각해 보라. 코스는 판례법에 대한 지식에 의지해 라디오가 발명되기 훨씬 전부터 그런 갈등을 해소하기 위해 그에 영향을 받는 모든 사람의 피해를 최소화해야 한다는 법적 원칙이 확립되어 있음을 보여주었다. 이후 코스는 경쟁이 치열한 자산의 사용에 대한 사적 협상이 법원 판결의 대안이 될 것이라고 언급했다.

시카고대학의 경제학자들은 이것이 완전히 틀렸다고 생각했다. 그들은 오염원에 세금을 부과하는 것이 최선이라는 피구의 주장을 받아들였다. 이 문제를 더 자세히 탐구하기 위해 〈법과 경제학 저널 Journal of Law and Economics〉의 창간을 준비하던 애런 디렉터 Aaron Director는 코스를 위해 만찬을 준비하고 회의적인 시카고 경제학자 스무 명을 불렀다. 그날 저녁 행사를 기록으로 남기기 위해 글재주가 있는 조지 스티글러가 참석하는 것은 거의 필연적인 일이었다. 스티글러에 따르면, 그날 저녁의 시작과 끝은 '피구냐 코스냐'라는 질문에 대한 투표가 장식했으며, 처음에는 모두가 피구에게, 마지막에는 코스에게 표를 던졌다고 한다.

그날의 만찬은 코스에게 의미 있는 일이었다. 먼저 디렉터는 그에게 〈법과 경제학 저널〉에 〈사회적 비용의 문제The Problem of Social Cost〉라는 후속 논문을 써달라고 요청했다. 이후 코스는 1964년에 시카고대학 법학대학원으로 자리를 옮겼고, 1965년에는 디렉터의 은퇴로 〈법과 경제학 저널〉의 편집장 자리를 물려받았다. 이미 50대 중반이었던 그는 2013년 102세로 사망하기 직전까지 인생 후반기를 그곳에서 보냈다. 오랫동안 〈법과 경제학 저널〉의 편집장 자리를 지킨 그는 두 분야를 아우르는 연구의 방향에 큰 영향을 미쳤다.

〈사회적 비용의 문제〉에는 곡식을 키우는 농부의 사례가 있다. 다른 농부들은 그 농부의 토지를 거쳐 소를 이동시킬 수 있는 통행권을 갖고 있고, 소들은 으레 통행로 양쪽의 농작물을 뜯어 먹었다. 확실한 해법은 땅 주인인 농부가 울타리를 설치하도록 해주는 것 같지만, 코스는 그 방법을 사용한다면 소가 먹이를 찾을 수 없으며 소를 키우는 농부에게 피해를 줄 수 있다고 지적했다. 대신 그는 재산권에 두 가지 명백한 초기 할당이 있다고 주장했다. 코스의 논문에서 이 사례는 소를 키우는 농부에게 가축의 방목을 허용할 권리가 있다는 것을 시사하기 위해 제시되었다. 다른 버전의 이야기는 농사를 짓는 농부가 처음부터 소가 통행권을 가진 길로 이동하도록 울타리를 설치하는 것으로 시작된다. 거기에는 풀을 뜯을 권리가 없고 소를 키우는 농부들은 돈을 지불해 곡식을 키우는 농부가 울타리를 철거하도록 할 수 있다.

코스는 이 사례를 이용해 우리는 자산 사용에 대한 협상을 통해 자산이 창출하는 사회적 가치를 최대화해야 한다고 주장했다. 이 사례에서 소를 키우는 농부가 풀을 뜯게 하는 가치가 곡식을 키우는 농부가 농작물 피해로 입는 손실보다 크다면 그 땅은 울타리가 없는 상태로 남아 있게 된다.

〈사회적 비용의 문제〉는 오랫동안 경제학에서 가장 많이 인용된 논문 중 하나였다. 여기에는 법률 이론가들이 그 사상을 철저히 논의했다는 이유도 있다. 스티글러가 '코스 정리'를 주장하면서 코스가 말하려 했던 바를 창의적으로 해석했기 때문이기도 하다. 스티글러에 따르면, 코스는 계약 체결 비용이 없는 완전 경쟁 시장에서는 원래의 재산권 할당에 영향을 받지 않는다고 주장했다. 이는 코스가 주장했던 것보다 훨씬 더 엄밀하고 훨씬 더 제한적이었다. 그는 자원 사용 방법에 대한 분쟁이 있는 상황에서도 공권력의 강제 없이 사람들이 합의에 도달할 수 있다고 주장했다.

코스의 아이디어는 정부의 시장 개입에 대한 새로운 접근법으로 이어졌다. 예를 들어 쿼터나 최저 가격 등의 직접 규제나 세금이나 생산 기준 설정과 같은 간접 개입 대신 재산권 접근 방식을 취하면 정부는 재산권을 경매로 내놓아 그 사용에 대한 사적 협상을 허용할 수 있다. 우리는 오래전부터 무선 주파수 경매나 광물 자원 개발권 경매에서 이런 접근법이 사용되는 것을 보아왔다. 현재 진행 중인 기후변화 협상에서 손실이나 피해에 대한 보상 문제가 더 두드러진다. 여기에서는 부유한 국가들이 암묵적으로 인정되는 오염의 권리를 이용해 개발도상국의 동의 없이 그들에게 비용을 떠안겼다는 코스주의적 주장이 나오고 있다.

코스의 사상은 정부가 탄소 배출량의 상한을 정하고 이를 내보낼 수 있는 허가증(시간 제한이 있는)을 경매하는 '배출권 거래제(시간이 지남에 따라 점차 권리를 축소하는 방식)'의 바탕이다. 효과적인 제도의 설계에는 기술적인 어려움이 있지만, 시간이 지나면서 그런 책략이 경제 활동의 환경 비용을 관리하는 점점 더 효과적인 방법이 되고 있다.

코스에게 시카고가 특히 매력적이었던 것은 〈법과 경제학 저널〉 편집에 알맞은 기반을 제공했기 때문이다. 이는 그로 하여금 법률 제도 분석에 대한 비판적 전통을 확립하게 해주었다. 개별 기업들의 존재를 정당화하는 거래 비용의 존재에 대한 그의 관찰은 시장 그리고 기관의 계층 구조에서 정보 흐름의 본질을 구분한 올리버 윌리엄슨 Oliver Williamson 의 연구로 이어졌다. 올리버 하트 Olive Hart 는 불확실성이 존재하는 상황에서의 사회적 비용(및 편익)에 대해 연구했고 코스의 관찰을 기반으로 조직은 그들의 역량에 의해 정의될 수 있다고 주장했다. 재화와 서비스를 창출하는 필수적인 기술과 지식이 조직에 집중되고 이런 조직의 개인은 고정된 임금 대신 이익을 분배받게 된다. 일반적으로 상당한 선급금 외에 수익의 일부를 받는 영화배우를 생각해 보라. 하트의 분석에서, 기업들은 그런 생산 프로세스 내에서는 가치가 있지만 외부에서는 가치가 거의 없는 자산을 중심으로 형성된다. 자동차 생산업체가 차체는 직접 만들지만 타이어는 다른 업체에서 구매하는 경우가 여기에 해당된다. 윌리엄슨과 하트 두 사람이 노벨 경제학상을 수상한 것은 경제학 발전에 있어 코스의 아이디어가 얼마나 중요했는지를 명확히 입증한다. 노벨 경제학상을 수상한 성공적인 무선 주파수 경매에 필요한 경매 이론에 대한 폴 밀그롬^{Paul Milgrom}의 연구 역시 코스의 초기 통찰을 기반으로 했다.

코스는 런던에서 버지니아를 거쳐 시카고로 자리를 옮기면서 시장 제도의 이해와 강화에 대한 자신의 헌신을 선뜻 받아들이는 동료들과 일했다. 하지만 어떤 면에서 코스는 구식 정치경제학자였다. 그는 데이터의 측정과 해석보다는 관찰에 의존했다. 코스는 시카고 경제학자들이 예측 이론을 만들고 통계 분석으로 자신들의 예측을 입증하는 데 회의적이었다. 그는 그들의 활동을 "데이터를 충분히 고문하면 자연이 자백할 것"이라고 비판한 것으로 유명하다.

경제의 자기 조직적 성격에 대한 스미스의 주장에서 영감을 받은 코스에게 법이 중요했던 것은 선택할 수 있는 틀을 제공하기 때문이었다. 의사 결정권자를 이기적인 존재로 간주한(이 역시 스미스의 통찰) 그는 일반적으로 자발적인 조정이 가장 효과적이라고 믿었다. 거기에서 법은 공공기관이 감독하는 의사 결정 과정을 관리한다. 이 모든 것이 하이에크의 연구를 보완해 제도적 구조의 역할에 대한 이해를 더욱 발전시킴으로써 더 큰 자유를 향한 길을 제시했다.

How to Think Like an Economist

14장

밀턴 프리드먼

통화주의자

Milton Friedman

정치적 보수주의, 경제적 자유주의로 케인스의 영향력을 무효화하다

케인스가 돈을 저축과 투자의 흐름 측면에서 생각했다면
프리드먼은 돈과 은행 신용을 같은 동전의 양면으로 생각했다.

시카고는 중서부에서 대서양으로 가는 관문이다. 육류 포장업을 기반으로 하며 훌륭한 대학이 있는 곳이기도 하다. 석유 재벌인 존 데이비슨 록펠러 John Davison Rockefeller의 후한 기부로 미국 동부 해안의 아이비리그 대학과는 매우 다른 유형의 교육 기관이 만들어졌다. 20세기 초 이 대학은 개인의 자유를 옹호하고 산업계와 긴밀히 협력해 학자들의 연구를 바로 활용할 수 있도록 하는 것을 목표로 교직원 채용을 시작했다.

하이에크는 시카고에서 12년을 보냈다. 코스는 그곳에 정착했다. 애런 디렉터와 조지 스티글러는 20세기 중반 시카고대학의 경제학을 형성하는 데 중요한 역할을 했다. 그러나 제2차 세계대전 이후 '시카고학파'가 보수 경제사상의 중심이 되도록 한 것은 밀턴 프리드먼이었다. 그는 경제가 시장에 대한 국가의 개입으로부터 자유로워야 한다고 주장했다. 제한된 정부의 역할에 대한 그의 정치적 신념은 마샬주의 핵심 경제 이론에 대한 강한 믿음에서 비롯되었다. 프리드먼은 가격이 매우 유연하며, 수요와 공급이 균형을 유지할 수 있게 한다고 생각했다. 프리드먼의 생각에는 지속적인 실업에 대한 케인스의 사상이 끼어들 여지가 없었다.

시카고학파의 기원을 추적하려면 1929년 시카고에 도착한 강성 개인주의자 프랭크 나이트Frank Knight까지 거슬러 올라가야 한다. 나이트와 함께 1930년대에 대학원생들에게 주요 가격 이론 과목을 가르친 무역 이론가이자 사상사학자 제이콥 비너Jacob Viner와 1930년대 후반 법학대학원으로 자리를 옮겨 디렉터와 코스를 위해 길을 닦은 헨리 사이먼스Henry Simons의 역할에 주목할 필요도 있다. 이 세대의 학자들에게 마샬의 《경제학의 원리》는 경제 분석의 출발점이었다.

대공황 동안은 시카고의 경제학자들조차 급진적인 행동을 추천했다. 시장 지배력의 축적이 경제에 해를 끼친다고 생각한 사이먼스는 대기업의 영향력을 줄이기 위한 아이디어를 개발했다. 이후 시카고학파는 매우 다른 접근 방식을 취했다. 디렉터와 스티글러는 시장 지배력은 경제 발전에 필수적이며, 아이디어가 경제를 통해 확산됨에 따라 빠르게 쇠퇴하는 것이 일반적이라고 주장했다. 그들은 결과적으로 규제가 시장 지배력을 용인하는 것보다 더 큰 해를 끼치는 경우가 많다고 주장했다.

1920년대와 1930년대에 시카고에서 가르친 경제학에는 특별히 눈에 띄는 것이 없었다는 비너의 기억은 아마 옳을 것이다. 하지만 1950년대와 1960년대 시카고학파의 주요 인물들은 제2차 세계대전 이전에 시카고대학의 대학원생들이었다. 1920년대의 디렉터, 1930년대 초의 프리드먼과 스티글러가 그랬다.

디렉터는 1946년 사이먼스가 자살한 후 시카고로 돌아와 하이에크의 일을 이어받았다. 그 결과 하이에크가 몽 펠르랭 소사이어티의 컨퍼런스를 준비할 때 디렉터는 프리드먼과 스티글러가 참석해야 한다고 추천할 수 있었다.

《노예의 길》이 성공한 후, 하이에크는 케인스주의 사상에 대한 도전을 이끌기에 이상적인 위치에 있는 것처럼 보였을지도 모른다. 그러나 하이에크는 지적으로 케인스 못지않았음에도 불구하고, 케인스에게는 너무도 자연스러웠고 프리드먼 역시 탁월했던 역할, 즉 대중과 정책 입안자를 설득하는 역할은 도무지 편하게 할 수가 없었다. 케인스의 추종자들이 엄청난 영향력을 행사하던 1950년대와 1960년대 내내 프리드먼은 지칠 줄 모르고 공개 토론에 참여했다. 케인스의 경제학 개혁 이후 시카고학파는 반종교개혁에서의 예수회와 같은 역할을 맡았고, 프리드먼은 예수회의 로욜라^Ignatius de Loyola(예수회 창설을 주도한 인물_옮긴이) 역할을 맡아 매우 실용적이고 지적인 대응에 영향을 미쳤다.

프리드먼의 정치적 메시지는 애런 디렉터의 여동생인 아내 로즈^Rose와 함께 쓴 두 권의 책에서 가장 선명하게 드러난다. 로즈와 밀턴은 1932년 비너의 경제학 이론 수업에서 처음 만났고 1938년에 결혼했다. 1962년에 쓴 두 사람의 책 《자본주의와 자유^Capitalism and Freedom》와 1978년에 출간된 《선택할 자유^Free to Choose》는 광범위한 독자를 대상으로 한 책이었다. 이 책들의 자료는 강연 투어(《선택할 자유》의 경우 TV 시리즈)를 위해 개발된 것이었다. 이들은 여러 면에서 하이에크가 《노예의 길》에서 주장한 경제적 자유에 대한 의견을 채택했다. 논란이 이어진 이 책에는 국가라는 죽은 손에서 벗어나는 방법에 대한 사례가 가득했다. 프리드먼 부부는 《자본주의와 자유》 초반에 '현대 자유주의자'들이 반대하리라고 생각하는 정책 강령의 목록을 적어두었다. 이 목록의 대부분은 코스나 하이에크가 쓴 것일 수도 있다. 현재 이 목록의 거의 대부분이 널리 받아들여지고 있다는 것이 이들의 성공을 나타내는 척도일 것이다.

이 책들은 두 공화당 대통령 후보의 선거 운동에 지적 버팀목이 되었다. 《자본주의와 자유》는 1964년 배리 골드워터^Barry Goldwater

(린든 B. 존슨에게 패했다_옮긴이)의 정강 정책에, 다음에는 제한적이긴 하지만 1968년 리처드 닉슨의 정강 정책에 영향을 주었다. 한편 프리드먼은 《선택할 자유》에서 1980년 로널드 레이건이 설득력 있고 효과적으로 주장한 경제적 논거를 제시했다. 프리드먼의 책들이 주는 정치적 메시지는 그의 경제학과 대부분과 일치했지만, 그는 선거 캠페인에 한정했던 정치적 조언을 경제 연구와는 의도적으로 분리시켰다. 대신 그는 자신이 정치에 발을 들인 것이 순전히 적극적인 시민으로서의 행동이었다고 주장했다.

이를 위해서는 사회과학으로서의 경제학과 정책 조언의 기초가 되는 경제적 통찰을 구분해야 했다. 케인스에게는 지극히 낯선 일인 셈이다. 프리드먼은 자신의 아이디어와 정책을 홍보하고 옹호하는 활동은 관찰에 기초하며, 여기에 경제 원칙, 특히 모든 자발적 교환은 모든 거래 당사자에게 이익이 되므로 허용되어야 한다는 경제 원칙을 적용했다고 주장했다.

이런 입장을 철저히 옹호한 것이 1953년에 발표한 에세이 〈실증경제학의 방법론 The Methodology of Positive Economics〉이었다. 많은 경제학자는 이것을 경제 연구의 목적과 본질을 요약한 에세이로 여겼다. 프리드먼은 경제 이론을 예측 엔진으로 제시하면서 도구주의적 입장을 채택해 경제학을 자연과학의 가까운 이웃의 자리에 두었다. 프리드먼은 이 에세이에서 예측의 정확성을 결정하는 데 측정이 필수적인 역할을 한다고 말했다. 그러나 예측을 평가하는 방법에 대한 자세한 설명은 없으며, 우리의 통찰을 통해 엿볼 수 있는 궁극적인 진실이 존재할 가능성은 다루지 않았다. 아마 여기에서 가장 유명한 것은 이론의 가정이 항상 비현실적이라는 설명일 것이다. 이론이 상당한 예측력을 가질 때만 유용할 수 있다는 믿음을 가졌던 프리드먼은 이론이 현실을 설명하거나 현실을 추상화하려는 시도라고 생각하지 않았다. 프리드먼은 이런 주장을 하면서 경제 분석에 대한 시카고학파의 접근법이 20세기 초 미국 제도주의자들의 특징이었던 측정과 데이터에 대한 상세한 설명과 어떤 차이가 있는지 보여주었다.

〈실증경제학의 방법론〉이 이전 20년 동안 프리드먼이 경제학자로서 연구한 성과를 담은 책이라면, 이 에세이가 처음 등장한 책《실증경제학 에세이 Essays in Positive Economics》는 그의 궁극적인 목표(케인스가《고용, 이자 및 화폐의 일반 이론》에서 저축-투자 채널을 사용한 것에 대한 대안으로서 통화 이론을 부활시키는)에 대한 설명서였다.

프리드먼은 뉴저지의 럿거스대학에서 수학을 전공했고 원래는 보험계리사가 되려고 했다. 럿거스대학에 다니는 동안 그는 아서 번스 Arthur Burns(이후 연방준비제도이사회 의장이 된다)와 호머 존스 Homer Jones(프리드먼에게 시카고 스타일의 가격 이론을 소개하고 프리드먼이 시카고에서 공부를 계속할 수 있도록 지원했다)와 함께 경제학 수업을 들었다.

시카고에서 1년을 보낸 후 그는 뉴욕의 컬럼비아대학으로 갔다. 1946년까지 뛰어난 수학 경제학자로 아직까지 널리 사용되고 있는 이론 모델을 만든 해럴드 호텔링 Harold Hotelling의 지도 아래 박사 학위 논문을 완성했다.

1930년대에 젊은 경제학자들은 워싱턴 DC의 뉴딜 행정부로 빨려 들어갔다. 프리드먼은 국가자원위원회 National Resources Committee에 일자리를 얻어 소비자 예산 연구를 담당했다. 이는 이후 소비함수에 대한 연구의 기초가 된다. 이를 계기로 사이먼 쿠즈네츠 Simon Kuznets와 함께 전미경제연구소 National Bureau of Economic Research에서 개업의의 소득과 직업 진입의 제한으로 소득이 높아진 정도에 대한 연구를 진행했다. 제2차 세계대전 중 프리드먼은 재무부(세금 정책)와 컬럼비아대학 호텔링의 그룹(군사 효율성 문제에 대한 통계적 분석)에서 일했다. 그는 당시 처음으로 경제학에 적용되던 많은 통계적 방법을 완전히 익혔다.

컬럼비아와 전미경제연구소에서 번스, 호텔링과 맺은 관계는 프리드먼을 미국 최고의 제도권 경제학자인 웨슬리 클레어 미첼 Wesley Clair Mitchell의 영향권 내에 들어가게 했다. 미첼은 오랫동안 경기 순환과 경제 구조의 변화에 대한 실증적 연구에 관심을 가졌다. 이 연구의 대부분은 1946년 번스와 미첼이 공동 집필한 〈비즈니스 사이클의 측정 Measuring Business Cycles〉이라는 연구에 요약되어 있다.

이 연구는 설명적이었고 따라서 프리드먼이 채용하기 시작한 유형의 통계 분석을 사용하지 않았다.

방법론에 관한 그의 에세이는 프리드먼이 기본적으로는 이론가였음을 보여준다. 1946년 시카고로 돌아가기 전, 그는 마샬의 《경제학의 원리》를 출발점으로 하는 경제 분석에 대한 접근법을 개발했다. 그는 이후 30년을 시카고의 거의 모든 대학원생에게 가격 이론과 화폐를 가르치는 데 보냈다. 시카고대학에는 다른 학교의 경제학과에서 이미 오래전부터 일반화된 미시경제학과 거시경제학의 구분이 없었다. 물론 가격 이론은 마샬과 나이트와의 연속성과 한 번에 한 시장의 행동을 이해하기 위한 경제 원리의 적용을 강조했다. 화폐에 대한 수업은 화폐의 수량 이론을 적용했을 때의 결과에 중점을 두었다.

이는 본질적으로 경제에서 유통되는 화폐의 양이 경제 내에서 이루어지는 모든 거래의 대가를 지불하기에 충분해야 한다는 회계 동일성에서 출발한다. 이런 지불들은 거래의 수와 거래의 경제적 가치(즉 국가의 국민소득)뿐 아니라 물가 수준에 따라서도 달라진다. 어떤 기간이든 통화량은 경제를 계속 순환하며 결제 자금을 조달할 수 있다. 1년과 같은 단기라면 돈이 흐르는 속도가 크게 변하지 않으리라고 예상한다. 또한 국가의 생산 능력도 천천히 변화한다고 예상한다. 따라서 경제 내에 통화량이 급격히 변화하면 물가 수준도 거의 같은 방식으로 변화해야 한다.

케인스가 돈을 저축과 투자의 흐름 측면에서 생각했다면 프리드먼은 돈과 은행 신용을 같은 동전의 양면으로 생각했다. 은행은 돈을 빌려줄 때 한 계좌에서 돈을 빼고 다른 계좌에 돈을 넣는다. 따라서 은행은 매우 빠르게 돈을 만들 수 있으며, 프리드먼은 이것이 너무 빨리 일어나면 물가 상승으로 이어진다고 주장했다.

그는 1957년에 발표한 연구 논문 〈소비함수 이론 A Theory of the Consumption Function〉에서 케인스주의 시스템을 비판하는 초기 증거를 제시했다. 우리는 그가 《실증경제학의 방법론》의 접근법을 적용하는 것을 볼 수 있다. 그는 먼저 이론을 제시했고, 경험적 증거로 이론을 확증했다.

이 이론 자체는 총소비가 국민소득의 일정한 비율이 될 것이라는 개념을 기반으로 하는 다소 간단한 진술이다. 이를 위해 프리드먼은 소득을 일정 기간에 받는 돈으로만 정의하지 않고 재화와 서비스를 구매할 수 있는 능력의 변화(즉각적인 것이 아니라 시간이 지남에 따르는)로 정의했다. 급여가 인상되면 근로자의 현재와 미래 소비력이 증가한다. 반면 보너스를 받는다면 미래의 소비력은 지금 지출하지 않는 정도까지만 증가한다. 프리드먼의 항상 소득(개인의 장기적이고 안정적인 소득_옮긴이) 기대치 개념은 시간에 따른 소비 자금 조달 능력과 연관 지을 수 있다.

또 다른 예로, 집의 가치가 상승한다고 가정해 보자. 분명히 당신은 더 부유해졌다. 당신은 돈을 빌려서 상승한 만큼의 가치를 지금 소비한 뒤 나중에 집을 판 대금으로 빚을 갚을 수도 있고, 현금을 실제 손에 쥘 때까지 기다렸다가 돈을 쓸 수도 있다.

프리드먼은 일부 통계적 증거가 소비를 생계에 필요한 고정량과 소득에 비례하는 가변량으로 구분할 수 있다는 케인스주의의 설명 방식과 일치한다는 것을 인정했다. 그는 약 7년의 경기 순환 데이터를 보았을 때 소비와 국민소득 사이의 관계에 예측되는 고정 요소가 존재하는 것 같다고 주장했다. 그러나 그는 이 고정 요소는 훨씬 더 긴 기간의 관계를 검토할 때는 사라졌다는 말도 했다.

그는 이것이 측정된 소득에 예측할 수 없는 변동이 있을 때 예상할 수 있는 정확한 패턴이라고 주장했다. 측정 소득에 일회성의 큰 변화가 있다는 것은 항상 소득의 변화와 소비의 변화가 작다는 것을 의미한다. 케인스가 예측했듯 하나의 경기 사이클 내에서 소비되는 소득의 비율은 호황기에는 가장 낮고 불황기에는 가장 높을 것이다. 이는 여러 경기 사이클에서 소득에 비례해 소비가 증가하는 추세와 일치했다.

항상 소득 소비 이론은 사람들이 지금 얼마를 소비할지 결정할 때 미래를 계획한다고 가정한다. 프리드먼은 전후 케인스주의 경제학이 이런 바람직한 예측 요소를 무시하거나 가격이 변하지 않을 것이라고 가정하는 경향이 있었다고 주장했다. 1960년대에 그는 이런 비판을 바탕으로 실업률과 인플레이션율 사이에 반비례하는 안정적 관계가 있으며 이는 몇 해 동안 지속될 수 있다는 알번 윌리엄 필립스Alban William Phillips의 주장에 근거한 정책 조언을 비판했다. 필립스 곡선은 계획 수요에 대한 케인스의 정설을 확장해 약간의 인플레이션을 용인함으로써 실업률을 억제할 수 있다는 내용이다.

프리드먼은 필립스 곡선에 대한 이런 설명이 틀렸다고 확신했다. 물가가 오를 것을 예상하는 사람들은 물가가 오른 것처럼 행동할 것이다. 믿음은 그 믿음을 사실로 만드는 행동으로 이어지고, 따라서 인플레이션 억제는 대단히 어려워진다. 다시 한번 그는 자신의 이론이 예측 능력의 측면에서 케인스주의 대안보다 더 낫다고 주장했다. 그는 물가가 예상을 벗어나 느닷없이 상승하면 기업은 수익이 증가하게 된다는 점을 인정했다. 그러면 기업은 직원을 고용하게 되고 따라서 실업률은 낮아진다.

그는 반대로 상당한 인플레이션이 있을 것이라는 믿음이 광범위하게 확산되면 더 높은 임금을 요구하게 되고, 기업의 비용이 증가하고, 계약 시 가격의 물가 연동과 같은 관행이 생기게 될 것이라고 주장했다. 이로써 필립스 곡선은 상향 이동하고 실업률의 수준에 상관없이 실업률과 관련된 인플레이션율은 상승한다. 또한 프리드먼은 높은 인플레이션으로 기업이 직면한 경제 환경이 더 불확실해질 것이라고 주장했다. 상대 가격의 변화는 기업에 시장 상황에 대한 유용한 정보가 되기 때문에, 물가 변동성이 커지면 가격이 가지는 정보로서의 유용성은 감소한다. 즉, 높은 인플레이션에서는 투자는 감소하고 실업률이 높아질 것을 예상해야 한다.

프리드먼은 인플레이션이 지속되는 동안, 또는 인플레이션 수준이 점진적으로 높아지는 동안 필립스 곡선이 바깥쪽으로 이동한다는 결론을 내렸다. 1970년대 높은 인플레이션, 지속적인 실업, 느린 성장이 겹친 스태그플레이션은 이런 분석을 다시 한번 확인시켜주는, 즉 그의 예측 엔진이 유효한 것임을 재확인하는 듯 보였다.

소비함수에 대한 연구의 목적은 케인스 이론이 효과적인 예측 엔진이 아니라는 것을 보여주기 위한 것이었다. 이 연구를 마친 프리드먼은 통화 이론으로 눈을 돌려 경기 변동을 신용 사이클 측면에서 더 효과적으로 설명할 수 있다고 주장했다. 보수주의자들이 여전히 경외심을 표현하는 《1867~1960년, 미국 화폐사 A Monetary History of the United States,1867~1960》(1963년 출간, 안나 슈워츠 Anna Schwartz 공저)는 의심의 여지가 없는 걸작이다. 경기 순환에 관한 미첼의 초기 연구(1933년)

에서 영향을 받은 이 유명한 연구에서 주목할 부분은 대공황을 설명하기 위해 저축-투자 관계의 실패를 살펴야 한다는 주장에 대한 반박이었다. 프리드먼과 슈워츠는 1929년 초부터 연방준비제도이사회가 금리를 인상했고, 따라서 은행들이 신규 신용 대출을 줄이게 되었다고 주장했다. 좀 더 유연한 통화 정책을 폈다면 연방준비제도이사회는 인플레이션을 통제하고 위기를 피할 수 있었을 것이다.

프리드먼이 대공황을 정부 정책의 재앙적 실패로 설명한 것은 시카고학파 경제학의 신조와 전적으로 일치한다. 그러나 돈의 본질에 대한 그의 이해에서는 프리드먼의 정치적 보수주의와 하이에크의 자유주의 사이의 차이점도 발견할 수 있다. 하이에크는 은행 예금이 곧 돈이고 은행은 대출이나 대출 연장으로 돈을 창출하기 때문에 정부가 돈의 발행에 관여할 필요가 없다고 주장했다. 모든 돈은 민간에서 창출될 수 있다. 이후 그는 정부가 은행 규제에 관여해서는 안 되며, 은행 파산 시 예금자에 대한 공적 보상도 없어야 한다고 주장했다. 손실 위험은 안전에 의심이 들자마자 고객들이 계좌를 옮긴다는 것을 의미한다. 이를 아는 은행도 절대 이례적인 위험을 감수하지 않을 것이다. 하이에크는 많은 예금자가 은행으로 몰려가 돈을 인출해 은행이 문을 닫게 만드는 뱅크런을 정부 개입의 결과로 보았다.

하이에크와 달리 프리드먼은 돈을 공공기관에서 발행해야 한다는 것을 기꺼이 받아들였다. 그의 이상은 통화 당국이 명목 화폐 공급량을 매년 약 5퍼센트로 완만하게 늘리는 규칙을 따르는 것이었다. 그렇게 하면 차입으로 자금을 조달하는 호황과 그에 따른 위기를 피할 수 있을 것이다. 그러나 은행이 신용을 발행함으로써 돈을 창출하는 경제에서 이런 목표를 달성하기란 대단히 어려운 일이었다.

프리드먼은 커리어 초기에 은행 개혁을 위한 시카고 계획Chicago Plan을 지지했다. 사이먼스가 대공황 동안 나이트와 당시 미국 최고의 통화 경제학자인 어빙 피셔Irving Fisher의 지원을 받아 개발한 이 계획은 은행의 재무 구조를 크게 단순화시킬 수 있었다. 은행은 예금자의 수요를 항상 충족시킬 수 있도록 중앙은행에 예금자들의 예금 가치와 동일한 준비금을 보유한다. 대출을 위한 자금은 정부에서 제공하지만, 은행의 대출 결정은 정치적 영향력에서 자유롭다. 사이먼스는 그런 조치를 채택함으로써 은행 시스템에 대한 신뢰를 회복하고 향후 은행의 위험을 줄일 수 있었을 것이라고 믿었다.

이런 아이디어를 실행하기 위해서는 은행 시스템의 본질적인 개혁이 필요했기 때문에 정치적으로는 실현 가능성이 없었다. 대공황이 끝을 향해 가던 1935년의 은행조례 개혁만으로도 은행 시스템에 대한 대중의 신뢰를 회복하기에 충분했다. 그는 프리드먼의 5퍼센트 통화 성장 규칙을 실행하는 데 공공기관의 예금 관리 시스템이 필요한 것처럼, 지금은 널리 보급된 예금에 대한 암묵적 공공 보증도 그만큼 많은 이점을 달성할 수 있다는 결론을 내렸다.

하이에크는 케인스와 슘페터를 초대해 만찬을 함께하고자 했다. 그러나 지난 세기에 가장 설득력 있는 경제 논거를 주장한 두 사람, 케인스와 프리드먼이 함께하는 만찬 역시 대단히 즐거웠을 것이다. 그들의 토론은 정부의 역할에 대한 의견 차이뿐 아니라 두 사람이 경제의 본질에 대해서도 의견이 다르다는 것을 입증했을 것이다. 프리드먼은 가격이 유연할 수밖에 없고 정부의 간섭을 최소화할 때 경제가 가장 잘 작동한다고 생각했다. 케인스는 대공황 때의 정책 자문 경험으로 그런 경제의 회복력은 쉽게 실패할 수 있으며, 정부는 다른 누구도 하지 않을 때 신뢰를 회복할 책임이 있다는 결론을 내렸다. 하지만 프리드먼의 표적은 《고용, 이자 및 화폐의 일반 이론》이 아니었다. 그가 공격한 것은 폴 새뮤얼슨과 같이 경제를 관리하는 것이 가능하다고 믿는 케인스 추종자들이었다.

15장

폴 새뮤얼슨

미국의 케인스?

Paul Samuelson

Paul Samuelson

경제 이론에 수학적 엄정함을, 세상에 케인스를 끌어들이다

새뮤얼슨은 자신을 최후의 일반주의 경제학자일 것이라고 말했다. 경제학이라는 학문이 빠르게 확장되고 있었기 때문에 어느 한 사람이 그 모든 분야를 아우르는 것은 거의 불가능했다.

1915년 인디애나주 미시간 호숫가에서 태어난 폴 새뮤얼슨은 시카고대학에서 학위를 받는 것이 당연한 선택이었다. 1932년 경제학을 공부하기 위해 시카고에 도착한 그는 곧 당시 대학원생이었던 조지 스티글러와 어울리게 되었다. 제이콥 바이너는 가격 이론 수업에서 소크라테스식 교수법을 사용해 학생들의 지적 능력을 키웠다. 새뮤얼슨은 수학적 재능 덕분에 교수의 결함에 의문을 제기할 정도였다. 스티글러와의 친분 덕분에 경제 이론에는 수학적 기초가 있는 것이 당연하다고 생각한 그는 가능한 것과 이미 이루어진 것을 빠르게 배웠다.

새뮤얼슨은 1935년 시카고대학을 졸업하면서 다른 기관에 다니는 조건으로 2년간의 대학원 과정을 지원하는 사회과학연구협의회 Social Sciences Research Council 장학금을 받았다. 그의 스승들은 만장일치로 프리드먼과 같은 노선을 택해 컬럼비아에 진학하라고 권했다. 스티글러보다 더 활기가 넘치는 이야기꾼이었던 새뮤얼슨은 하버드가 초목이 우거진 작은 시골 마을이라고 상상하고 하버드를 선택했다고 말했다. 사실 그는 불완전 경쟁 시장의 경제학에 관한 에드워드 챔벌린 Edward Chamberlin 의 연구와 독점 경쟁 모델에 매료되어 있었다.

그 끌림은 다소 유감스러운 결말을 맞았다. 하버드 재학 시절 새뮤얼슨은 제도적인 반유대주의를 경험했다. 1970년 미국인 최초로 노벨 경제학상을 수상한 직후, 그는 친구에게 보낸 편지에서 당시의 차별을 자행했던 사람들을 언급했다. 그 목록의 맨 처음 자리는 1940년에 새뮤얼슨의 정규직 제안을 반대한 경제학과 학과장 해럴드 버뱅크 Harold Burbank 가 차지했고 두 번째가 챔벌린이었다.

새뮤얼슨이 도착한 1935년에 하버드는 경제학과를 설립하는 중이었고 슘페터 외에 바실리 레온티예프가 고용된 상태였다. 레온티예프는 30년 넘게 하버드를 지키면서 투입-산출 분석, 즉 경제를 여러 산업 부문으로 나누어 전체 경제의 행동을 분석하는 방법을 개발했다. 연산력이 매우 제한적이었던 당시에는 이런 접근법으로 세계 에너지 가격 상승과 같은 갑작스러운 경제 상황의 변화에 대응해 경제 구조가 어떻게 변화할 수 있는지 생각할 수 있었다.

슘페터는 새뮤얼슨의 뛰어난 재능을 알아보고 그의 수학적 탐구를 옹호했다. 레온티예프는 새뮤얼슨이 젊은 시절 펼친 인상적인 활동을 감독하는 역할을 맡아 그가 하버드에서 주니어 펠로우로 재직하는 1937년부터 1940년 사이 약 25편의 논문을 발표할 수 있도록 도왔다.

이 중 가장 중요한 논문 중 하나는 현시선호이론에 대한 논문이었다. 이는 관찰할 수 없는 효용 개념에 의존하지 않고, 아직 완전히 확립되지 않은 수학적 분석을 사용해 개인의 선택 방법과 관련된 결과를 도출하는 방법이었다. 이 연구를 위해 새뮤얼슨은 레온티예프가 사용하던 것과 동일한 수학적 기법에 의지하면서도 그것들을 매우 다른 경제학 영역에 적용했다.

현시선호revealed preference에 대한 새뮤얼슨의 연구는 존 힉스John Hicks와 로이 앨런Roy Allen이 선택을 설명하는 방법으로 개발한 무관심곡선indifference curve 분석을 보완하기도 했다. 이들 역시 효용을 측정 가능한 개념으로 사용하지 않고 사람들이 사용 가능한 대안의 순위를 매겨 최선의 대안을 식별할 수 있다고 가정했다. 대신 새뮤얼슨의 현시선호이론은 사람들의 선택에서 출발해 선호도를 연역했다. 이론을 예측 도구로 생각한 프리드먼과 달리, 새뮤얼슨은 이론이 경제의 근본적인 현실을 표현하고 설명하는 것이라고 생각했다.

이는 하버드에서 격년으로 수학 통계와 수리 경제학 대학원 과정을 이끌었던 수학자 에드윈 윌슨$^{Edwin\ Wilson}$이 새뮤얼슨에게 미친 영향을 보여준다. 새뮤얼슨은 대학원생으로 두 수업을 모두 들었고, 이후 윌슨은 새뮤얼슨이 주니어 펠로우로 있는 동안 그를 지도하고 특히 1940년에 하버드에서 근처의 매사추세츠 공과대학으로 옮길까 고민할 때 조언을 주었다.

새뮤얼슨은 주니어 펠로우 기간이 끝났을 때 하버드에 남기를 바랐지만 MIT에서 자리를 제안했다. 그 후 하버드 경제학과는 정교수직을 제안한 MIT에 맞서야 할지를 두고 의견이 나뉘었다. 새뮤얼슨을 높이 평가하는 슘페터는 새뮤얼슨의 임용에 반대하는 동료들이 이 젊은이의 능력을 두려워하는 것이라고 비난했다. 하버드가 새뮤얼슨을 대하는 방식에 큰 불만을 가진 슘페터는 예일대학과 이직에 대해 논의했고, 심지어 급여 합의까지 했다. 학과장 해럴드 버뱅크는 결국 새뮤얼슨의 임용에 반대하기로 결정했다.

훗날 새뮤얼슨은 버뱅크가 자신의 수학적 경제학을 무시하고 50세가 될 때까지 경제 이론을 연구해서는 안 된다고 말했으며, 이론은 제도주의적이고 귀납적이며 수년간의 면밀한 관찰 이후의 충분한 숙고를 수반하는 것으로 생각했다고 주장했다. 하지만 새뮤얼슨은 윌슨의 지도하에 경제 이론이 테스트 가능한(또는 경험적으로 검증될 수 있는) 예측을 생성하는 수학적 프레임워크를 의미한다고 생각했다.

커리어 초기에 MIT에서 일했던 윌슨은 새뮤얼슨이 그곳으로 가는 것을 강력하게 지지했다. 그는 하버드 경제학과 내의 갈등에 무관심했고, 하버드 지도부가 유럽의 유명 학자들을 영입해 교수진을 강화하려 한다는 것을 알고 있었다. 미국의 경제력은 이미 슘페터, 폰 노이만을 비롯한 많은 사람이 미국을 매력적으로 여기게 만들었다. 제2차 세계대전의 발발로 대서양을 건너는 학자들이 꾸준히 있었다. 이에 윌슨은 1941년 봄, 새뮤얼슨에게 하버드에서 5년간의 교수 펠로우십 제안을 받을 가능성이 높지만, MIT로 간다면 경제학에 수학을 적용하는 일을 이해할 수 있는 공과대학에서 일하게 될 것이기 때문에 더 잘 지낼 수 있을 것이라고 조언했다.

이 시기에 윌슨이 새뮤얼슨에게 쓴 편지를 보면 그는 새뮤얼슨의 수학적 경제학에 대한 지식이 훌륭한 경제학자가 되기 위한 기반으로써는 너무 편협한 것을 걱정했고, (상대적으로 능력이 부족한) 학생들을 가르치는 것이 아이디어를 이해하기 쉽게 표현하는 방법을 배우는 가장 좋은 방법이라고 믿었다.

1940년 11월, 새뮤얼슨은 박사 학위 논문을 작성하는 도중에 하버드를 떠났다. 당시 많은 주니어 펠로우가 정식 학위를 받지 않은 채 학계에서 일을 시작했지만, 새뮤얼슨은 아내 매리언 크로포드Marion Crawford의 지원을 받으며 몇 개월간 열심히 노력한 끝에 연구를 정리해 논문을 마쳤다. 반유대주의가 자신의 장래에 영향을 미칠까 봐 불안을 느꼈던 것이 부분적인 이유였다. 로즈 프리드먼과 메리 마샬처럼 크로포드도 경제학자로 교육을 받은 경험이 있었기 때문에 새뮤얼슨이 자신의 생각을 표현하고 논거를 명확히 하는 데 도움을 주었다. 1941년에 완성된 이 논문은 그해 최고의 경제학 논문으로 데이비드 웰스David Wells상을 수상해 출판이 보장되었다. 결국 논문은 1947년, 새뮤얼슨이 제2차 세계대전 중 MIT의 방사선 연구소Radiation Laboratory에서 탄도학 연구를 마친 후 발표된다.

이 논문은 《경제 분석의 기초Foundations of Economic Analysis》라는 제목으로 등장했다. 새뮤얼슨은 이 책에서 경제학의 많은 문제가 공통된 수학적 구조를 가지고 있으며, 따라서 일관된 접근법으로 표현될 수 있고 이를 통해 일반적인 원리를 추론할 수 있다는 통찰을 기반으로 삼았다. 1939년에 출간된 힉스의 《가치와 자본Value and Capital》이 《경제 분석의 기초》에 등장할 여러 아이디어나 결론을 제시하고는 있었다. 하지만 《가치와 자본》은 경제 이론에 대한 일관된 수학적 접근법을 제시한 반면 《경제 분석의 기초》와 같은 일반성과 광범위한 문제에 대한 적용성은 부족했다. 월슨의 지속적인 지도를 받은 새뮤얼슨의 목표는 경제학을 경험적으로 검증할 수 있는 일련의 진술로 확립시키는 접근법을 개발하는 것이었다.

이는 서로 전혀 다른 접근법의 통합을 의미했다. 초반에 이 작업을 하기 위한 새뮤얼슨의 도구는 시스템은 외부 조건의 변화에 대응해 그 변화의 영향을 최소화하도록 반응한다는 르 샤틀리에 Le Châtelier 의 열역학 원리였다. 새뮤얼슨은 이 원리를 어떻게 적용하면 경제학 내 시스템 안정성을 위한 조건을 파악할 수 있을지 고민했다. 이 과정을 통해 새뮤얼슨의 대응 원리 correspondence principle 가 개발되었다.

대응 원리에 따르면, 수학적 모델에서는 특정한 안정성 조건이 충족되는 한 최적의 행동 선택에 의존하지 않더라도 모델의 균형은 안정적이다. 케인스주의 거시경제 모델에서의 균형은 총수입과 총지출이 같다는 조건만을 필요로 하며, 이것이 소득 순환 흐름을 지속적으로 보장한다는 것을 생각해 보라. 이것은 새뮤얼슨이 현시선호이론에서 개발한 소비자 최적화와는 다른 유형의 균형이다.

대응 원리 덕분에 새뮤얼슨은 초기 조건의 유한한 변화가 미치는 영향을 진단하는 비교 통계적 방법을 개발할 수 있었다. 경제 데이터는 불연속적인 경우가 많고 특정 기간 동안 수집되곤 한다는 점을 고려할 때, 비교 통계적 방법은 이론적 결과를 훨씬 쉽게 검증할 수 있는 바람직한 방법이었다. 따라서《경제 분석의 기초》는 경제 이론을 수학적 형태로 취급할 수 있는 강력한 기반을 제공했다. 윌슨과 새뮤얼슨의 운영론에 부합하는 방식으로 말이다. 이를 통해 새뮤얼슨은 이전까지 경제학에서 이론으로 통용되던 많은 것을 "타락한 유형의 정신 훈련"으로 치부하고, 학문적 경제학자를 "고도의 훈련을 받았지만 시합을 한 번도 해보지 않은 운동선수"에 비유하기에 이른다.

슘페터, 레온티예프, 윌슨 외에 앨빈 한센$^{Alvin\ Hansen}$ 역시 하버드에 있던 동안 새뮤얼슨의 커리어에 상당한 영향을 미쳤다. 한센은 1937년에 미네소타대학에서 경기 순환에 관한 연구로 명성을 쌓고 하버드로 자리를 옮겼다. 한센은《고용, 이자 및 화폐의 일반 이론》의 첫 번째 평론가 중 한 명이자 후한 평가를 내린 저명한 미국 경제학자였다. 1939년 새뮤얼슨은 존 힉스의 케인스 이론 분석 버전에 한센의 가속기 개념을 추가한 논문을 썼다. 새뮤얼슨은 가속기 개념을 도입함으로써 케인스의 이론이 전적으로 정적이고 시간이 지남에 따른 경제 상태의 변화를 설명하지 못한다고 비판했다. 새뮤얼슨은 특정 기간의 투자가 소비 증가에 비례한다고 가정함으로써 케인스 모델에서 경기 순환 효과를 설명할 수 있다는 것을 입증했다.

한센은 1940년대 내내 케인스의 사상을 알린 덕분에 '미국의 케인스(새뮤얼슨에게 더 잘 어울리는 호칭)'로 불리는 최초의 경제학자가 되었지만, 그는 단순한 추종자가 아니었다. 그는 완전 고용을 보장하는 총수요 관리 정책을 개발하는 데 중요한 역할을 했다. 이들 정책은 제2차 세계대전이 끝난 후 중요해졌고, 새뮤얼슨은 가장 유명한 옹호자였다.

제2차 세계대전 중 미국 정부는 국가자원기획청 National Resources Planning Board에 전후의 완전 고용을 목표로 하는 기획 과제를 맡겼다. 한센은 1941년 새뮤얼슨에게 컨설팅 역할을 맡겼고, 이로써 새뮤얼슨은 정부 기관에 발을 들이게 되었다. 통계 분석과 관련된 과제를 받은 새뮤얼슨은 처음으로 연구팀을 이끌었다. 그 연구 결과는 군대의 동원 해제는 어떻게 관리할 것이며 전쟁의 수요를 고려할 때 경제를 어떻게 관리할 것인지에 대한 기획청의 보고서에 반영되었다. 이 연구를 기반으로 새뮤얼슨은 신문과 잡지에 1945년 완전고용법을 지지하는 기사를 기고했고, 이 무렵 MIT 경제학과로 복귀했다.

당시 학과장이었던 랄프 프리먼 Ralph Freeman은 새뮤얼슨에게 경제학을 공부한 적이 없는 공대생들을 대상으로 미국 경제의 구조를 설명하고 이론과 정책의 기초적인 문제를 해결할 수 있도록 간단한 분석 도구를 제시하는 짧은 글을 써달라고 부탁했다.

그는 《경제 분석의 기초》를 집필할 때와는 거의 정반대의 문제에 직면했다. 마샬이 《경제학의 원리》를 집필할 때처럼, 그는 최근의 경제학에서 나타난 발전을 종합적인 입문서로 통합하고 싶었다. 스미스, 리카도, 밀, 마샬로 이어지는 경제사상의 정점은 아마도 새뮤얼슨일 것이고, 《경제학: 입문 분석 Economics: An Introductory Analysis》은 한 세대 동안 표준 입문서의 자리를 지킨 마지막 일반 경제학 교재일 것이다. 현재는 한 권의 책이 그런 역할을 하기에는 경제학자가 너무 많고, 경제학의 범위가 너무 넓다.

《경제학: 입문 분석》의 초판은 《경제 분석의 기초》가 발표된 이듬해인 1948년에 출간되었다. 새뮤얼슨은 이 책을 50년간 열다섯 번 개정했고, 또 다른 노벨상 수상자인 윌리엄 노드하우스 William Nordhaus가 2009년에 출간된 19판까지의 편집을 맡았다. 판매 부수는 약 500만 부에 이르렀다. 덕분에 이 위대한 이론가가 훌륭한 스토리텔러라는 것이 드러났다. 《경제학: 입문 분석》에서 새뮤얼슨은 경제에 대해 이해해야 할 것을 매우 명확하게 담아냈고, 학부생들에게 케인스 경제학을 소개했다. 그는 이 모든 일을 자신의 연구의 기초가 되는 수학적 복잡성을 전혀 이해하지 못하는 청중을 고려하면서 해냈다.

이 작업에서 새뮤얼슨은 신중해야 했다. 1947년, 캐나다의 경제학자 로리 타시스 Lorie Tarshis는 《경제학의 요소 Elements of Economics》를 펴냈다. 이 책은 케인스 경제학을 받아들인 최초의 교과서였다. 이 책은 곧 하이에크와 같이 수요 관리 정책을 사회주의의 한 형태로 간주하는 보수주의자의 비난을 받았다. 많은 대학에서 이 책을 사용했지만 얼마 지나지 않아 추천 도서 목록에서 제외되었다.

새뮤얼슨도 MIT의 평가 위원회(교수진, 산업 전문가 또는 동문으로 구성된 개인 그룹을 말하며, 특정 학과 또는 기관 전체의 프로그램, 과정 및 전반적인 학업 표준을 검토하고 평가한다_옮긴이)와 비슷한 문제를 겪었다. 평가 위원회는 초기 원고 일부를 검토한 후 '관리형 자본주의'에 너무 호의적인 내용이라고 비판했다. 하지만 MIT의 지도부는 새뮤얼슨에게 강력한 지지를 표현했고, 전미경제학회 American Economic Association가 새뮤얼슨을 최초의 존 베이츠 클라크 John Bates Clark 메달 수여자로 선정하면서 전문 경제학자들 사이에서 그의 명망이 어느 정도인지 확인해 준 것도 유용했다. 타시스의 연구에 대한 비판이 얼마나 큰 파괴력을 발휘했는지 알고 있었던 새뮤얼슨은 비판자들에 대한 대응에 신중을 기했다. 그는 《경제학: 입문 분석》을 객관적인 설명이라고 묘사했으며, 대공황과 전쟁을 거치는 동안 형성기를 보낸 신세대 경제학자들이 이해하는 '중도'를 찾기 위해 노력했다. 한센은 이런 접근법이 지나친 양보가 아닌지 걱정했다. 그러나 새뮤얼슨은 자신의 연구를 객관적인 것으로, 우리의 경제학 지식을 데이터에 의존하는 것으로 제시하면서, 경제학에 대한 조작주의적 접근법을 옹호했다.

    1948년, 새뮤얼슨은 평화 시대로 전환하는 동안 상당한 실업이 발생하지 않을까를 여전히 걱정했다. 1954년 경제 확장 속에 《경제학: 입문 분석》 3판을 준비하던 새뮤얼슨의 관심은 인플레이션 관리로 이동했다. 새뮤얼슨이 신고전파 종합 이론을 소개한 것도 《경제학: 입문 분석》 3판이었다. 신고전파 종합 이론은 《고용, 이자 및 화폐의 일반 이론》이 《경제 분석의 기초》에서 토대로 삼은 초기 경제학자들의 통찰을 보완한다는 주장과 함께 그의 중도적 접근법의 가장 유명한 예가 되었다. 그는 이 이론을 사용해 대부분의 조건에서 미시경제 분석의 적용이 가능하다는 것을 입증하는 동시에 케인스주의 수요 관리가 필요한 상황이 있다는 것을 인정했다.

    신고전파 종합 이론은 불완전했다. 두 가지 유형의 경제 분석이 작동하는 경제적 조건이 달랐기 때문이다. 즉, 완전 고용 상태에서는 가격 이론이, 실업 상태에서는 수요 관리가 작동했다. 따라서 경제 이론을 하나의 통합된 전체로 결합하는 것이 불가능했다. 케인스, 힉스, 한센, 그리고 새뮤얼슨에 의해 시작된 거시경제학과 마샬의 《경제학의 원리》, 새뮤얼슨의 《경제 분석의 기초》라는 미시경제학의 구분이 불가피했다. 개별 시장의 가격 및 수량 결정에서 국민 소득, 실업, 인플레이션과 같은 전체로서의 경제 문제로 이동하는 것은 불가능했다.

거시경제 정책 도구가 경제의 변동을 줄이고, 국민 소득을 안정화하며, 실업과 인플레이션을 통제할 수 있다는 새뮤얼슨의 생각은 국가기획청에서 일을 한 이후, 그리고 1920년대의 어려움을 반복하지 않기 위한 완전 고용 정책의 성공 이후 더 강해졌다. 소득 결정에 대한 그의 설명은 대개 케인스주의적인 것으로 받아들여졌지만(특히 비판가들로부터), 새뮤얼슨은 항상 실용적인 성격을 강조하며 이를 부인했다. 그는 주로 거시경제 관리의 플랫폼을 제공하는 데 관심을 두었고, 그 이후에는 신고전주의 원칙에 따라 경제 내에서 자원의 효율적인 활용을 결정할 수 있을 것이라고 생각했다.

이론의 역할에 대한 방법론적 차이를 고려하지 않는다면, 새뮤얼슨은 케인스와 마찬가지로 경제 이론의 기술적 분석을 정책 조언과 분리할 수 있다는 프리드먼의 주장을 거부했다. 설득력 있고 상상력이 풍부하며 생산성이 높았던 새뮤얼슨은 정부, 특히 민주당 행정부에 정책 자문을 제공하는 면에서 케인스와 누구보다 비슷했을 것이다. 존 F. 케네디 상원의원은 그를 경제 고문으로 영입했고, 그는 1960년 대통령 선거와 정권 교체기까지 그 자리를 지키며 1961년 1월 미국 경제 상황에 대한 상세한 보고서를 작성했다. 그러나 그 후에는 경제자문위원회 Council of Economic Advisers에 합류하지 않고 MIT에 남기로 결정했다.

케인스와 마찬가지로 그는 저널리즘으로 눈을 돌렸다. 가장 유명한 사건은 1966년 〈뉴스위크Newsweek〉가 새뮤얼슨과 프리드먼을 영입해 경제 분석 칼럼을 쓰게 한 것이다. 이들은 예일대학교와 연방준비제도이사회에 몸담고 있는 헨리 월리치Henry Wallich와 함께 3주에 한 번씩 칼럼을 썼다. 〈뉴스위크〉는 칼럼을 홍보하면서 새뮤얼슨은 정치적 좌파, 프리드먼은 우파, 월리치는 중도파라고 소개했다. 이 방식은 베트남 전쟁, 고정 환율 제도 포기, 달러와 금의 연동, 이후 석유 위기, 워터게이트 수사, 1970년대 중반의 스태그플레이션(고인플레이션과 저성장)을 거쳐 소위 레이건 혁명을 거치며 18년간 지속되었다. 칼럼을 쓰기 시작했을 때만 해도 케인스식 수요 관리에 대한 새뮤얼슨의 옹호는 완전히 정통적인 것으로 받아들여졌다. 하지만 칼럼이 마무리될 무렵 각국 정부는 정책 자문을 위해 프리드먼과 통화주의에 눈을 돌리고 있었다.

새뮤얼슨은 자신을 최후의 일반주의 경제학자일 것이라고 말했다. 경제학이라는 학문이 빠르게 확장되고 있었기 때문에 어느 한 사람이 그 모든 분야를 아우르는 것은 거의 불가능했다. 새뮤얼슨조차 새로운 거시경제학이 등장하면서 거기에 착수하기까지는 본질적으로 미시경제학자였기 때문에 경제학 전체를 아우른다는 주장은 엄밀히 따지면 사실이 아니다. 그는 오랫동안 경력을 쌓으면서 경제 이론에 있어서 어지러울 정도로 다양한 진보를 이루었다. 여기에는 그가 분석에 필요한 도구를 체계적으로 개발한 것도 한몫한다. 이런 작업은 경제학이라는 분야를 복잡한 인과 고리에 대한 설명에서 과학적 탐구의 한 형태로 변모시키는 데 필수적이었다. 마샬이 현대 경제 이론의 형태를 제시하고, 케인스의 유산이 경제학을 정책적 조언으로 전환시키는 것이었다면, 새뮤얼슨은 이론과 정책 사이를 자유롭게 넘나들며 경제학의 깊이를 더하고 자신의 통찰을 명확하게 적용했다.

16장

허버트 사이먼

사회과학적 현실주의자

Herbert Simon

Herbert Simon

최적 선택이 불가능하다는 것은 행동을 이해해야 한다는 것이다

> 그는 최적화 행동을 가정한 경제 이론이 문제를
> 효과적으로 구체화하므로 합리적 행동은 선택이 아닌
> 논리 문제를 해결하는 것이라고 주장했다.

우리는 어떻게 의사 결정을 내릴까? 허버트 사이먼은 우리가 대단히 빠르게 결정을 내린다고, 관련 정보가 거의 없는 상황에서도 그렇다고 생각했다. 이미 케인스, 하이에크, 코스 등의 연구에서 보았듯 정보는 우리가 관리해야 하는 중요한 상품이다. 따라서 사이먼의 연구는 1978년 노벨 경제학상을 수상할 만큼 중요했지만, 그는 전문 경제학자는 아니었다. 그는 1930년대에 정치학을 공부한 후 1940년대에 교수가 되었다. 공공 조직의 행동에 대한 전문성을 바탕으로 1949년 카네기 공과대학 조직 과학 교수로 자리를 옮긴 뒤에도 강조점에 대한 약간의 수정이 있었을 뿐이다.

하지만 1950년대 후반에 그는 최초의 컴퓨터 과학자 중 한 명이 되었다. 그 역할을 수행하면서 그는 숫자가 아닌 문제에 대한 계산 솔루션을 얻는 데 사용되는 리스트 처리 언어 개발에 기여함으로써 인공 지능 연구의 토대를 마련했다. 그는 컴퓨터가 버트런드 러셀Bertrand Russell의《수학 원리Principia Mathematica》의 논거를 재현할 수 있게 했다. 러셀은 사이먼에게 이 업적을 축하하는 편지를 보내면서, 학생들은 더 이상 결과를 증명할 필요가 없다는 사실을 모르고 있는 편이 더 나을 것이라는 데 동의했다.

사이먼은 경력 초기에 행동 의사 결정의 몇 가지 일반 원칙을 개발했고, 이는 그의 모든 활동을 통합하는 지침이 되었다. 1940년대에 그는 이 원칙을 조직에 적용했고, 1950년대 초에는 경제학과 심리학으로 방향을 돌려 사람들의 의사 결정 방법을 탐구했다. 이것이 그에게 노벨 경제학상을 수상하게 한 연구였다. 그는 인공 지능을 연구하는 과정에서 컴퓨터 프로그래밍을 할 때와 동일한 의사 결정 원칙을 적용했다. 사이먼은 조직, 사람, 기계가 의사 결정의 주체로서 매우 비슷한 방식으로 행동하는 경향이 있다고 생각했다. 이것이 그를 진정한 팔방미인으로 만들었다. 그는 20세기의 가장 완벽한 사회과학자라 할 수 있을 만한 사람이며, 여러 분야에서 상당한 공헌을 했고, 각 분야에서 보통 사람은 커리어를 다 바쳐서도 이룰 수 있는 정도의 업적을 달성했다.

노벨 경제학상 외에도 미국 심리학 협회American Psychological Association와

미국 컴퓨터 학회Association for Computer Machinery로부터 인지 심리학과 인공지능 분야에서의 연구를 인정하는 상과 찬사가 이어졌다. 사이먼은 다양한 분야의 업적을 단순히 타이밍이 잘 맞은 덕분이었다고 생각했다. 특히 1940년대와 1950년대에 대부분의 사회과학자들이 매우 중요하다는 데는 동의했지만 어떤 특정 학문 분야에서도 중심이 되지 않은 문제를 연구하고 있었기 때문에 학문적 경계를 넘나들기가 쉬웠다고 말했다. 그런 관심사 덕분에 그는 현재 의사결정 과학의 창시자 중 한 명이 되었다. 여전히 다학제적 연구 분야이며 이 분야의 전문가는 사회과학 전반에 분산되어 있다.

허버트 사이먼은 폴 새뮤얼슨이 태어난 다음 해인 1916년에 태어났다. 새뮤얼슨처럼 그는 유대계 독일인이었다. 그의 아버지는 독일에서 엔지니어로 교육을 받았고 1903년 밀워키에 정착했다. 새뮤얼슨처럼 그는 미시간 호숫가에 있는 도시에서 성장했다. 또 새뮤얼슨처럼 대공황이 사이먼의 정치적 가치관에 영향을 미치는 것은 거의 불가피한 일이었다. 아버지의 사업에 영향이 있었기에 특히 더 그랬다. 결국 그는 17세에 학부생으로 시카고대학에 입학하게 되었다. 새뮤얼슨은 바로 경제학에 매력을 느끼고 수학과 물리과학에 대한 지식을 활용해 단시간에 매우 체계적인 경제 이론을 개발한 반면, 사이먼은 대학 학부생일 때부터 조직에 대한 연구를 시작했다.

시카고대학의 정치학과는 찰스 메리엄 Charles Merriam 의 지도하에 주의 깊은 관찰에 기반을 둔 경험적 연구를 받아들였다. 사이먼은 학부 프로젝트를 완성하기 위해 고향 밀워키로 돌아와 시 정부의 행태를 연구했다. 그는 곧 그 조직 내에서 흥미로운 문제를 발견했다. 한 프로그램을 완료하기 위해서는 두 부서장의 협력이 필요했다. 각자 상당한 예산을 관리했지만 공동 작업에 대한 지출 계획에 합의하는 데는 번번이 실패했다.

사이먼은 이 문제가 제공해야 할 서비스의 성격과 각 부서가 기여해야 할 자원에 대한 관리자의 생각 차이에서 비롯된 것이라는 결론을 내렸다. 각자가 완수해야 할 일에 대해 확고한 생각이 있었기 때문에 예산의 사용 방법을 두고 다툴 수밖에 없었다. 여기에서 사이먼은 자원이 어떻게 서비스로 전환되는지 설명할 수 있는 방법이 없다는 결론을 내렸다. 각 관리자가 자기 조직의 기능을 이행하는 관점에서 문제를 바라보는 상황에서는 갈등은 당연한 결과였다. 이런 갈등은 한 단계 더 높은 관리자가 시 정부의 의사 결정 절차를 적용해 해결할 수 있다.

사이먼은 학부 과정에서 경제학적 논증에 충분히 노출되었기 때문에 이런 종류의 문제를 새뮤얼슨이나 프리드먼과 거의 같은 방식으로 생각했다. 조직은 정치 구조가 의사 결정에 부과하는 제약을 고려해 일련의 실현 가능한 옵션들을 확인하고 그중에서 선택하게 된다는 것이 그의 주장이었다. 조직 행동에 대한 조사가 사회과학적 접근에 적합하다고 굳게 믿은 그는 당시 막 등장한 통계적 도구를 사용해 행정적 의사 결정을 분석하는 일이 가능할 것이라고 주장했다. 연구 방법론의 측면에서 사이먼은 일종의 실증주의적 틀을 구상했는데, 이는 새뮤얼슨과 프리드먼이 거의 같은 시기에 시작한 응용 연구에서 이미 보았던 것이다.

사이먼은 조직 의사 결정을 연구하면서 의사 결정 과정을 경제학으로 끌어들일 수 있는 방법을 발견했다. 그는 프리드먼이 《실증경제학의 방법론》에서 제시한 제한, 즉 경제학이 관찰 가능한 행동의 결과인 객관적이고 수치로 측정 가능한 데이터만을 고려해야 한다는 제한을 우회했다. 프리드먼은 설문지를 통해 자기 보고 방식으로 수집한 태도나 신념을 배제해야 한다고 생각했다. 그런 응답은 자원 사용과 관련된 실제적 행동을 기반으로 하지 않기 때문이다. 사이먼은 사람이 아닌 조직에 집중함으로써 의사 결정을 관찰할 수 있었다. 관리자는 자원에 대한 통제권을 가질 뿐 아니라 자원 사용 방법에 대한 결정을 내릴 때 문서를 남긴다. 사이먼은 이를 따라가며 의사 결정 과정을 이해할 수 있었다.

이 이야기가 친숙하다면, 그것은 1932년 코스가 미국을 방문했을 때 기업을 둘러보고 그들의 행동을 관찰했다는 이야기 때문일 것이다. 이를 통해 그는 시장과 조직은 자원 관리에 대한 의사 결정 방식이 서로 다르다는 통찰을 얻었다. 코스와 사이먼 모두 조직이 내부 프로세스를 통해 정보를 관리한다고 생각했다. 정보를 잘 알고 있는 관리자는 명령을 내리고 직원들을 지휘한다.

코스와 사이먼은 아직 20대 초반에 보완적인 문제에 접근하고 있었다. 코스는 프로세스를 전문 조직에 맡기지 않고 기업이 직접 관리하는 것이 합리적인 경우를 정의하기 시작했다. 그는 조직이 직접 자원을 관리해야 하는 경계를 어디까지로 설정해야 하는지 알아내길 원했다. 사이먼은 경계가 이미 확립된 조직 내에서의 의사 결정을 파악하는 데 초점을 맞췄다. 이후에는 조직의 결정이 합리적이라는 것이 무엇을 의미하는지 설명해야 했다.

시카고에서 수학적이고 정통적인 신고전파의 경제학 접근법으로 교육받은 사이먼은 국제도시관리자협회^{International City Managers' Association}를 운영하던 클라렌스 리들리^{Clarence Ridley}로부터 일자리를 제안받게 되었다. 이 조직은 연구 기관과 무역 단체의 혼합체였다. 사이먼은 리들리의 멘토링을 받으며 지방 정부 기관의 활동 측정과 관련된 연구를 진행했다.

1937년 크리스마스, 그는 시카고대학 정치학과에서 만난 도로시아 파이^{Dorothea Pye}와 결혼했다. 도로시아는 인지심리학 대학원 과정을 마치고 1950년대에 사이먼의 연구 협력자가 되었다.

1939년, 아직 23세였던 그는 캘리포니아대학 버클리 캠퍼스의 공공 행정국에서 행정 측정 연구 책임자 직책을 맡았다. 사이먼은 캘리포니아에서 일하면서 가정을 꾸림과 동시에 시카고대학의 정치학 연구생으로서 논문을 써 1942년에 완성했다. 사이먼 자신의 평가에 따르면, 당시 그는 정치학 연구 방법에 대한 훌륭한 교육을 받고, 경제학에 대한 실무 지식, 수학에 대한 충분한 이해를 갖춘 덕분에, 이후 필요에 따라 자신의 지식을 더 발전시킬 수 있게 되었다. 또한 캘리포니아에서는 자신의 프로젝트를 직접 운영하는 경험도 했다. 그 외에 캘리포니아에 있는 동안 데이터의 구성과 분석을 위해 초기 컴퓨팅 기술을 사용하는 실험도 시작했다.

그는 시카고로 돌아와 일리노이 공과대학의 정치학과 학과장이 되었다. 그는 논문의 아이디어를 발전시켜 1943년 대중적인 명성을 얻게 해준 저서 《경영 행동 Administrative Behaviour》을 출간했다. 이 책은 불확실한 환경에 직면한 조직 의사 결정에 대한 행동 분석의 일반적인 틀을 제시하려는 그의 첫 번째 시도였다. 사이먼은 행동을 예측하려는 프리드먼식 시도 대신 세 가지 원칙을 사용해 행동을 기술하고 설명하고자 했으며, 커리어를 이어가는 내내 이 원칙을 다양한 상황에 적용하고 발전시켰다.

첫째, 그는 조직이 매우 일반적인 목표를 달성하려는 시도를 피해야 하며, 대신 조직이 직면한 문제를 단순화시킬 것을 제안했다. 각 부서가 해결할 수 있는 구성 요소로 세분화함으로써 문제를 단순화시키면 부서의 관리자는 보다 쉽게 실현할 수 있는 구체적인 목표를 설정할 수 있다.

둘째, 그는 조직이 권한을 반자율적인 전문가에게 위임하면 이 사람은 문제의 일부를 해결하는 것이 보통이며, 효과적인 관리를 위해서는 여러 팀이 조화롭게 일할 수 있도록 조정이 필요하다고 주장했다. 그는 학부 시절의 연구 경험을 기반으로 밀워키의 부서 관리자 간 의견 불일치가 공동 작업을 가능하게 하는 프로세스의 부재로 인해 발생했다고 설명했다.

셋째, 그는 조직이 '충분히 좋은' 결과를 달성하기 위해 노력해야 한다고 제안했다. 조직은 최상의 결과보다는 대단히 일반적인 측면에서의 목표 달성을 추구하는 것이 보통이다. 얼마나 많은 산출물을 생산할지 결정하는 기업을 생각해 보라. 기업은 사업을 확장할 수 있을 정도의 충분한 수익을 창출한다는 합리적인 목표를 설정할 수 있다. 경제 이론의 중심이 되는 최적화에는 기업이 가능한 한 최대의 이익을 내는 생산량을 찾는 일이 필요하다. 삶의 모든 불확실성을 고려할 때, 최적화를 고집하는 것은 완벽하라는 지침과 다를 바가 없다. 조직은 '충분히 좋은 것', 이후 사이먼이 '만족화 satisficing'라고 불렀던 것을 목표로 해야 한다.

사이먼은 이 세 가지 원칙을 고려해 조직이 이전의 의사 결정 경험에서 발전시킨 절차에 따라 의사 결정을 내릴 것을 제안했다. 이로써 절차에 따른 결과가 만족스러울 가능성이 높아진다. 사이먼은 의사 결정은 절차에 따라 내려질 때 합리적이라고 생각했다. 그는 만족스러운 정도까지의 결과를 목표로 하는 이런 절차적 합리성procedural rationality이 경제학에서 널리 사용되는 실질적 합리성substantive rationality, 즉 합리적인 행동을 목표의 최적화와 연관시키는 것보다 조직의 행동을 훨씬 정확하고 포괄적으로 표현한다고 주장했다.

사이먼은 절차적 합리성에 대한 개념을 다듬으면서 제한적 합리성bounded rationality이라는 개념을 발전시켰다. 그는 의사 결정을 위한 효율적인 프로세스는 몇 가지 중요한 정보에 의존하는 것이라고 말했다. 이런 정보 경제(의사 결정 과정에서 정보를 효율적으로 사용하고 관리하는 것_옮긴이)는 실질적 합리성의 조직 절차에는 가능한 한 모든 정보를 이용해야 한다는 가정과 달랐다. 제한적 합리성에서는 기본 목표 달성에 큰 영향을 미치지 않는 선에서 의사 결정에 드는 비용을 줄인다. 그는 제한적 합리성이 의사 결정자가 선택의 하위 집합에 대한 관심을 줄일 수 있다고 제안했다. 결정을 미루거나 회피하는 것보다 신속하게 내리는 것이 더 나은 경우가 많다고 믿었던 사이먼은 두 가지 방법(몇 가지 중요 정보에 의지하는 것, 선택의 하위 집합에 대한 관심을 줄이는 것_옮긴이) 모두 조직에 유용하다고 생각했다. 그는 제한적 합리성이 훨씬 직관적이면서도 효과적인 의사 결정을 뒷받침한다고 믿었다.

사이먼의 접근법은 1938년 《경영진의 기능The Functions of the Executive》을 저술한 기업 임원 체스터 바너드Chester Barnard의 아이디어에서 비롯된 것이다. 사이먼이 바너드의 설명을 처음으로 사용한 것은 국제도시관리자협회에서 일하던 때였다. 바너드의 연구는 행동이론으로 거래가 어떻게 이루어지는지 진단했던 미국의 제도주의 경제학자 존 커먼즈John Commons의 아이디어에서 영향을 받았다.

1940년대에 시카고에 있었던 사이먼은 카울스경제연구위원회Cowles Commission for Economic Research를 통해 시카고대학과 연관된 중요한 경제학자 그룹과 접촉하게 되었다. 성공적인 투자자 알프레드 카울스Alfred Cowles는 경제학에 큰 관심이 있었다. 대공황이 시작될 때, 그는 경제학자들이 이용할 수 있는 신뢰할 만한 데이터가 부족하다는 점을 걱정해 1930년 계량경제학회Econometric Society의 창립을 지원했고, 1932년부터는 이 위원회에 자금을 지원했다. 처음에는 콜로라도 스프링스에 기반을 두었던 이 위원회는 1939년 시카고로 이전해 계속 그곳에서 자리를 지키다 1955년 예일대학교로 이전했다.

1940년대에 이 위원회의 이사는 제이콥 마샤크과 찰링 코프만스Tjalling Koopmans였다. 이 위원회는 다양한 실증 연구에 종사했지만, 특히 전체 경제의 일반균형 모델을 개발하는 데 주력했다. 마샤크는 곧 거시경제 연구를 위해 사이먼을 영입했다. 또한 위원회는 사이먼에게 만족화와 제한적 합리성이라는 행동주의 의사 결정 원칙을 경제학에 적용할 수 있는 환경을 제공했다.

여기에서도 경제학 사상의 형성과 전파에 네트워크 참여가 얼마나 중요한지 다시 한번 확인할 수 있다. 훗날 누군가 경제학자가 아닌 사람이 노벨 경제학상을 수상해야 하는 이유를 묻자 사이먼은 1969년부터 1983년 사이에 노벨 경제학상을 수상한 아홉 명의 수상자를 열거했다. 그가 카울스위원회 세미나에서 만났던 사람들이었다. 또한 그는 계량경제학회의 펠로우들이 경제학 연구에서 세계적으로 가장 저명하고 영향력 있는 경제학자 그룹이었다고 주장했다. 그는 자신이 펠로우가 된 해인 1955년 당시의 펠로우로 1969년까지 생존한 사람들의 거의 4분의 1이 노벨 경제학상을 받은 것으로 추산했다. 정치학, 조직 과학, 컴퓨터 과학 교수라는 것은 경제학계의 엘리트에 포함되는 데 어떤 장벽도 되지 않았다.

합리성에 대한 사이먼의 이해는 하이에크의 그것과 중요한 유사점이 있었다. 그는 최적화 행동을 가정한 경제 이론이 문제를 효과적으로 구체화하므로 합리적 행동은 선택이 아닌 논리 문제를 해결하는 것이라고 주장했다. 하이에크가 사회과학에서 선호한 '생태학적' 합리성은 사회 제도의 자발적 질서 속에서 나타나는 의사 결정 규칙에 대한 사이먼의 생각을 뒷받침했다. 하이에크도 사이먼과 마찬가지로 개별 조직이 채택하는 규칙은 '충분히 좋기만' 하면 된다는 것을 인식했다. 두 사람은 1950년대 시카고에서 함께 일하면서 합리성이란 사람과 조직이 생존뿐만 아니라 번영할 수 있도록 적절한 규칙을 개발하는 것과 연관된다는 결론을 내렸다.

하지만 두 사람 사이에는 정치적으로 큰 차이가 있었다. 하이에크는 모든 유형의 경제 계획을 자유에 대한 위험으로 여겼다. 그는 경제 제도가 협력을 통해 사람들의 개인적 목표 달성을 지원해야 한다고 믿었다. 사이먼은 케인스와 새뮤얼슨과 거의 같은 방식의 자유주의자였다. 사이먼은 공공 조직의 확산이 정부라는 죽은 손과 함께 이니셔티브를 억제하고 자유를 빼앗는 것을 두려워하기는커녕 인간 창의성의 중요한 원동력으로 사회 발전과 개인의 번영을 위한 새로운 가능성을 열어줄 수 있다고 생각했다.

대공황 동안 성인이 된 사이먼은 노년이 되어서도 자신을 뉴딜 민주당 지지자라고 표현했다. 밀워키 출신인 그는 노동조합과 사회주의자와 친숙했다. 학생 시절과 캘리포니아에서 일할 때 그는 좌파의 대의에 매우 동조적이었다. 법 집행 기관이 많은 동료를 단순히 사회주의자가 아니라 공산주의 동조자라는 결론을 내린 후, 그와 그의 아내 도로시아도 조사를 받게 되었다. 다행히도 수사를 계속할 만한 증거가 발견되지 않았고 사이먼의 커리어는 살아남을 수 있었다.

우리는 이미 경제학이 어떻게 수학과 측정에 관심을 키워왔는지 살펴봤다. 계량경제학회의 펠로우인 사이먼도 이런 움직임에 기여했다. 하지만 사이먼이 쌓은 커리어의 궤적은 그런 사고를 한참 넘어섰다. 비슷한 방법을 사용했을지 모르지만 그의 경제학의 본질은 프리드먼이나 새뮤얼슨과 매우 달랐고, 실제로 사이먼과 새뮤얼슨을 비교하면 새뮤얼슨의 초기 시카고 교육이 경제학에 대한 그의 사고에 미친 영향이 분명하게 드러난다.

보편적 사회과학자였던 사이먼은 제도주의 경제학자들의 사상을 바탕으로 관찰에서 출발했다. 사이먼은 의사 결정에 비용이 들기 때문에 그 비용을 줄이려는 유인이 존재한다고 생각했다. 불확실성의 존재로 의사 결정이 최적에 이를 수 없다고 확신한 그는 올바른 의사 결정을 내리는 데 필요한 정보를 찾고 사용하는 과정에서 의사 결정이 점차 더 효율적으로 진화할 수 있음을 입증했다. 사람이나 조직(심지어 기계도)이 관련성이 있을 수 있는 모든 것을 안다면 최적화가 유용한 이론적 원리일 것이다. 하지만 그런 조건이 충족될 때까지는 만족화가 그들이 할 수 있는 최선일 것이다.

17장

토머스 셸링

스토리텔러

게임이론으로 세상을 구할 수 있었을지도 모를 경제학자

> 셸링은 다른 접근법을 택했다.
> 그는 중독을 사람들이 일련의 결정을 내릴 수 있는
> 한 부류의 문제에 대한 구체적인 사례로 생각했다.

경제학이 자원 관리에 대한 연구임을 고려하면, 기후 재앙은 경제학의 엄청난 실패가 될 것이다. 제2차 세계대전 이후 강대국들은 금방이라도 핵전쟁으로 치달을 상태에서 협상으로 나아가는 길을 찾았다. 토머스 셸링의 커리어는 이런 문제들과 연결된다. 그는 자신의 정치경제학을 통해 어떻게 국가 간 협력을 촉진하는지 설명했지만, 그 분석의 빈틈없는 현실주의는 종종 청중을 불안하게 했다.

소련에 맞서 압도적 무력 사용을 옹호했던 폰 노이만이 1957년 세상을 떠날 무렵 셸링은 게임이론의 원리를 익히고 있었고, 그것을 커리어 내내 사용했다. 셸링은 폰 노이만과 내쉬가 연구를 발표한 초기의 관심이 사라진 뒤에야 게임이론을 접했다. 1950년대의 그는 경제학, 심리학, 정치학, 생물학에서 게임이론의 중요한 응용 분야를 발견한 젊은 사회과학자 그룹(대부분이 유능한 수학자)에 속한 한 명의 학자에 불과했다.

셸링은 그 틀에 그리 잘 맞지 않았다. 그는 늘 게임이론가가 아닌 게임이론의 사용자라고 주장하는 데 주의를 기울였다. 그의 스타일은 거의 항상 무장을 해제하는 것이었다. 그는 극복할 수 없을 것 같은 난해한 문제를 생각할 때면 그 본질을 뽑아내 단순한 모델로 만들고 어떻게 하면 게임이론의 원리를 적용할 수 있을지 고민한 뒤 정책적 조언을 제공했다.

코스와 마찬가지로 그의 논거 대부분은 학부생도 이해할 수 있지만, 사실은 사고의 깊이가 매우 깊어서 젊은 학자들은 그의 중요한 아이디어 중 하나만 택해 그 의미를 구체화해도 커리어를 구축할 수 있을 정도였다. 경제학이 점점 더 형식화되던 시기를 살았지만, 셸링은 마샬의 조언에 주의를 기울일 필요도, 수학을 불태우고 설득력 있는 논거를 내보일 필요도 없었다. 그는 경제 관계의 본질을 너무도 깊이 꿰뚫어 보는 능력이 있었기 때문에 수학이 불필요하다고 생각한 것 같다.

흔히 스탠리 큐브릭이 군사 전략의 논리적 분석에서 즐거움을 느끼는 닥터 스트레인지러브의 캐릭터를 창조할 때 참고한 인물이 폰 노이만이라고 생각하기 쉽지만, 실제로 영화 촬영장의 자문은 셸링이 맡았다. 그렇다면 우리는 이 영화를 셸링이 1960년 저서 《갈등의 전략The Strategy of Conflict》에서 처음 제안한 상호확증파괴Mutually Assured Destruction 전략을 정당화하는 도구로 볼 수 있다. 셸링은 핵강국들이 상대방이 핵미사일의 초기 포격에도 살아남을 수 있는 능력이 있다는 것을 안다면 관계의 안정성을 어느 정도 달성할 수 있다고 주장했다. 이런 상황이라면 핵전쟁이 발발했을 때 분명 두 나라 모두가 파괴되기 때문이다. 따라서 어떤 국가도 스스로를 파괴하는 선택을 하지 않게 된다.

해군 장교의 아들인 셸링은 캘리포니아에서 성장했고, 캘리포니아대학 버클리에서 경제학 학사 과정을 마쳤다. 정부에서 잠시 일한 후에는 하버드에서 레온티예프의 지도하에 박사 과정을 마쳤다. 이후 코펜하겐과 파리에서 마샬 플랜 프로젝트에 참여하며 공공 부문에서 일하기 시작했다. 이를 계기로 제2차 세계대전 이후 유럽 국가 간의 국제 결제를 촉진하는 유럽지급동맹European Payments Union 설립 협상에 참여하게 되었다. 1949년 소련이 중부 유럽에 대한 지배력을 확대하는 데 성공하면서 서유럽 안보에 대한 위협이 커지자 그는 북대서양조약기구North Atlantic Treaty Organization(NATO) 창설 작업을 맡게 되었다. 이 일로 그는 국가의 전략적 행동을 이해하는 데 깊은 관심을 갖게 되었다.

셸링의 커리어에서 우리는 행동 관찰에서 비롯된 새로운 유형의 경제학적 사고를 발견하게 된다. 그는 상충되는 이해관계가 갈등으로 이어질 가능성이 있는 대부분의 상황에서 정치 지도자들이 협력 방법을 찾아낼 수 있다는 것을, 그리고 그 방법은 협상과 교섭에서 서서히 등장하는 경향이 있다는 것을 깨달았다. 그는 이것을 시장과 조직 외에서 정보를 관리하고 의사 결정을 하는 방법으로 추가했다.

정부 간의 상호작용에 집중하던 그가 게임이론으로 눈을 돌린 것은 자연스러운 일이었다. 그는 1957년 수학자 던컨 루스 Duncan Luce와 하워드 라이파 Howard Raiffa가 출간한 《게임과 의사 결정 Games and Decisions》이라는 책을 통독했다. 내쉬의 게임이론 연구는 협상을 플레이어들이 함께 해결책을 찾는 게임으로 취급하는 것이 가능하다는 것을 보여주었지만, 셸링은 정부에서 자신들이 한 합의를 쉽게 위반할 수 있는 문제에 관심을 가졌다. 죄수의 딜레마 같은 게임이 더 유용한 지침이 될 것 같았다. 셸링은 게임이론의 표준 해석에 그리 만족하지 못했다. 결국 그는 기존의 게임이론에 대한 긴 비판의 글을 썼고, 이 글은 〈갈등 해결 저널 Journal of Conflict Resolution〉의 창간 초기에 주요 기사로 다루어졌다. 그는 게임이론이 협상 문제에 더 효과적으로 적용될 수 있도록 '방향 전환'이 필요하다고 주장했다.

이후 그는 폰 노이만과 사이먼의 뒤를 이어 1946년 미국의 안보에 도움이 되는 연구를 위해 설립된 비영리 단체, 랜드연구소 RAND Corporation 와의 관계를 발전시켰다. 냉전 시기에 랜드연구소는 셸링이 강대국 간의 관계를 협상의 문제로 분석할 수 있는 곳이었다. 셸링은 곧바로 《갈등의 전략》을 내놓으면서 공직 커리어와 게임이론에 대한 접근을 시작했다. 그는 형식적 모델링을 고려하지 않은 채, 협상은 모든 협상 당사자에게 직관적이고 합리적으로 보이는 포컬 포인트 focal point 에서 빠르게 타결된다는 말을 통해 행동론을 주장했다.

그는 친숙하고 공감하기 쉬운 사례를 들곤 했다. 그는 부부가 백화점에서 서로를 잃어버렸을 경우 분실물 보관소로 가는 것이 합리적이라고 말했다. 또한 친구가 당신을 만나러 뉴욕에 올 것이라는 사실만 알고 있는 경우라면 정오에 친구가 도착할 가능성이 가장 높은 그랜드 센트럴역으로 가는 것이 합리적이라고 말했다. 셸링은 이런 사례들을 사용해 정보가 제한적이고 결과가 불확실한 경우, 사람들은 환경의 친숙한 특성을 사용해 생각이 수렴될 수 있는 결과를 선택하는 경향이 있다고 주장했다. 아니나 다를까 셸링은 사람들을 문제 해결자이자 패턴 제작자로 보는 사이먼의 개념을 언급했다. 그의 '방향 전환'에는 게임이론에 대한 행동과학적 접근법의 개발이 포함되었다.

핵 보유를 둘러싼 협상에서 그가 제안한 포컬 포인트는 완전한 군비 축소와 핵무기 폐기라는 단순한 것이었다. 셸링은 이것이 달성될 때까지 두 초강대국이 상대국의 공격을 막는 일에 비상한 관심을 둔다는 점을 인식했다. 따라서 그는 깊은 불신의 상황을 협력의 상황으로, 궁극적으로는 협상이 가능한 상황으로 바꾸기 위해 상호확증파괴를 주장했다.

초강대국 중 하나가 탄도 미사일 시스템을 사용해 상대국에서 발사한 미사일을 파괴하는 능력을 개발한다고 상상해 보라. 폰 노이만이라면 제로섬 게임의 관점에서 탄노 미사일 방어 시스템의 개발과 구현으로 미국이 소련을 물리치고 제압해야 한다고 주장했겠지만, 셸링은 어느 한 나라가 그런 능력을 확보할 가능성조차 불안정을 야기하고 상대국의 갑작스러운 공격 가능성으로 이어질 수 있다고 주장했다. 대신 미국과 소련이 지속적인 군비 감축에 필요한 신뢰와 호의를 쌓을 수 있도록 탄도 미사일 시스템을 개발하지 않는다는 공식적인 합의를 제안했다.

셸링에게는 이 문제가 죄수의 딜레마의 특징을 가지고 있다는 점이 중요했다. 협력과 군비 감축은 두 초강대국(그리고 나머지 국가들) 모두에게 이익이 된다. 그러나 어느 한쪽이라도 자국의 이익을 좁게 정의하거나 위협을 느낀다면, 그들은 합의를 파기해 이익을 얻을 수 있다는 결론을 내릴 수 있다. 탄도 미사일 시스템을 구축하지 않기로 한 합의의 목적은 즉각적인 전쟁 위협을 없애는 신뢰를 구축하는 데 있다. 신뢰를 낳는 행동에 대해 믿을 만한 약속을 하면 신뢰가 형성되어 어느 쪽도 무기를 사용하겠다고 위협을 가하지 않을 것이다.

셸링은 포컬 포인트와 믿을 만한 약속 외에도 광인madman, 즉 핵무기 사용 명령에 대해 전혀 걱정이 없는 것처럼 보이는 정치 지도자가 협상을 이끌어내는 데 가장 믿을 만한 지도자가 될 수 있다(상대로 하여금 갈등을 피하기 위해 협상에 참여하게 하는 데 효과적이라는 의미_옮긴이)는 다소 으스스한 아이디어를 내놓았다. 이것은 닥터 스트레인지러브 이야기로 돌아간 것일 수도 있고, 어쩌면 1972년 미국과 소련이 대탄도 미사일 조약Anti-Ballistic Missile Treaty과 전략 무기 제한 협정Strategic Arms Limitation Treaty에 합의한 닉슨 행정부의 매파적 외교 정책으로 돌아간 것일 수도 있다. 대탄도 미사일 조약은 양국이 핵전쟁에서 승리할 수 있는 능력을 얻지 못하게 했다. 전략 무기 제한 협정은 다자간 군축 과정을 시작하기 위해 양국의 약속이 만든 신뢰를 바탕으로 했다.

셸링은 형식 모델로 포착하기에는 너무 복잡하지만, 이기적이고 전략적인 행동의 복잡한 결과물로 설명할 수 있는 상황을 거듭 발견했다. 게임이론은 개인의 결정이 다른 사람들에게 이익이 되는지 해가 되는지 생각할 수 있게 해주었기 때문에 그의 연구 기반이 되었다. 이후 그는 행동 패턴을 개인 선택의 결과로 설명할 수 있었다. 이 접근 방식에서 그는 현재 행위자 기반 모델링이라고 불리는 것의 한 형태를 사용해 사람들이 다양한 선호를 갖는 복잡한 시스템의 새로운 속성들을 찾았다.

그는 1971년에 발표된 유명한 논문에서 사람들이 특정 특성을 공유하는 이웃을 둘 정도로 선호가 강할 경우, 이들의 선택 패턴은 균일한 커뮤니티의 형성으로 이어진다는 것을 입증했다. 그러나 이웃의 특성에 대한 선호가 약할 경우에는 커뮤니티에 인구의 다양성이 나타난다. 그는 분류가 우세할 정도로 선호가 강해지는 '티핑 포인트 tipping point'(작은 변화들이 어느 정도 기간을 두고 쌓여, 이제 작은 변화가 하나만 더 일어나도 갑자기 큰 영향을 초래할 수 있는 상태가 된 단계_옮긴이)가 있다는 것을 발견했다. 물론 이 결과를 설명하는 훨씬 더 부정적인 방법도 있다. 그는 차별적 경향이 갑자기 명백해지는 임계 수준이 있다는 것을 발견했다. 사람들의 작은 선호 변화가 사회적 결과에 매우 큰 영향을 미치는 것이다. 사회에는 차별이 존재할 수 있지만 대개 숨겨져 있다.

1980년대 초, 셸링은 우리 각자가 어떻게 복잡한 결정을 내리는지에 대한 질문으로 관심을 돌렸다. 그는 습관과 중독의 부상을 설명하는 데 관심을 가졌다. 중독은 경제학자들이 이해하기 어려운 개념이다. 스스로를 중독자라고 표현하는 사람들은 자기 행동에 대한 통제력이 없다고 주장한다. 그들은 자신의 행동 패턴을 바꾸고 싶지만 그렇게 할 수가 없다고 말한다. 이것은 행동이 자신의 이익을 도모한다는 가정과 일치하지 않는다. 이 경우 관련성이 있는 유일한 경제 데이터는 사람들의 소비량과 그들이 지불하는 가격과 관련된 것이다.

셸링은 다른 접근법을 택했다. 그는 중독을 사람들이 일련의 결정을 내릴 수 있는 문제에 대한 구체적인 사례로 생각했다. 그 행동은 어느 정도 거리를 두고 볼 때는 불만족스럽게 보인다. 그는 《선택과 결과 Choice and Consequence》라는 책에서 사람들이 서로 상충하는 이해관계를 가질 수 있으며, 각각의 이해관계를 게임 속 플레이어로 취급할 수 있다고 말했다. 각각의 이해관계는 행동을 취할 수 있으며, 긴 시간에 걸쳐 상호작용을 반영하면서 부각되는 행동 패턴을 지닌다. 이 접근법에서 중독 행동은 단기적 이익이 충동적 행동을 지배하도록 한 결과이며, 장기적 이익을 추구하기 위해서는 충동에 굴복하는 데 따른 미래의 대가를 인식하는 일이 필요하다.

이후 셸링은 단기적인 이익이 사고를 지배하면서 충동적인 행동을 통제할 수 없을 때 중독이 발생한다고 주장했다. 그는 중독성 행동의 패턴을 깨기 위해 결박 전략을 찾아야 하는 경우가 많다고 말했다. 이런 전략은 중독에 다시 빠질 때 치러야 할 비용을 증가시키기도 하지만, 그 비용을 생각하기 전에 그 비용을 명확히 인지하게 해준다. 이 분석에서 현명한 행동은 자기 부정과 빈틈없는 합리성에 달려 있다. 스미스도 여기에 분명 동의했을 것이다.

셸링은 커리어 후반에 정부 간 협상의 정치경제학적 분석으로 돌아갔다. 1980년 카터 행정부는 그에게 온실가스 배출의 영향에 관한 보고서를 요청했고, 이를 계기로 기후 변화는 하버드에서 은퇴하고 메릴랜드대학으로 옮긴 후 셸링이 심취한 주제가 되었다. 국가 간 협력과 경쟁에 관한 반세기의 연구를 숙고한 그는 기후 변화의 해결이 유럽경제협력기구 Organization for European Economic Cooperation 가 관리했던 전후 재건의 과제나 나토 초기의 부담 공유 협상과 유사성이 있다고 주장했다. 두 경우 모두 미국은 상당한 재정 지원을 제공했고, 이런 자금을 관리하는 기관들은 기금 사용을 위한 제안서 제출을 독려했다.

탄소 배출을 줄여야 하는 정부는 다양한 경제적 도구를 선택할 수 있다. 할당량, 금지, 세금, 규제가 대표적인 수단이다. 최근에는 코스의 재산권 분석에 따라 배출권 시장이 등장했다. 셸링은 그런 방법으로 충분할지 의구심을 가졌다. 이 모든 사례에서 우리는 근본적인 배출량이 아닌 배출을 유발하는 활동을 관리한다. 또한 이 프로젝트는 그 성격이 매우 장기적이며 상황이 어떻게 전개될지가 불확실하다. 기후 변화의 영향을 언제 어디서 느낄 수 있을지에 대한 불확실성이 문제를 더 복잡하게 한다. 이런 모든 요인이 기후 변화 완화 프레임워크에 대한 협상을 어렵게 만들며, 이에 각국 정부는 각자의 관할권 내에서 계획을 시행하기 위한 조치를 취하게 된다.

셸링은 비용과 편익을 세심하게 분석하는 데 너무 집중하기보다는 본질적인 정치적 목표를 달성하는 데 초점을 맞춘 정부 간 협력을 주장했다. 그는 북미, 유럽, 일본, 오스트랄라시아Australasia(오스트레일리아·뉴질랜드·서남 태평양 제도를 포함하는 지역_옮긴이)의 부유한 국가들이 재정적 부담을 맡아야 하며, 중국과 같은 국가는 규모가 크고 상대적으로 소득이 높더라도 사실상 수혜국이 되어야 한다고 믿었다. 그는 여러 국가나 조직이 기후 변화 이니셔티브를 위한 재정 자원을 확보하기 위해 경쟁하겠지만, 기금이 효과적으로 사용될 수 있는 곳이라면 어디에서든 이용할 수 있어야 한다고 생각했다.

셸링은 노년의 연구에서도(95세에 세상을 떠날 때도 여전히 두 편의 논문을 집필 중이었다) 관습적인 사고방식에 도전했다. 그는 우리가 계획한 행동이 기후 변화로 인한 티핑 포인트를 훨씬 넘으리란 사실을 보여준다고 생각했다. 이 문제를 해결할 정도의 충분한 부담 분담의 합의가 이루어질 가능성에 대해 비관적인(그리고 타당한) 입장이었던 그는 매우 색다른 조치, 특히 태양 복사 관리의 효과를 실험하자고 주장했다. 핵심 개념은 간단하다. 태양의 복사 중에 지구에 도달되어 대기권에 갇히지 않고 우주로 반사되는 비율이 높아지면 기후 변화의 영향이 줄어든다는 것이다.

이런 다소 사변적인 접근법, 특히 상층 대기에 유황 미립자 구름을 보내는 방법을 지지하면서 이로써 정치적 협상이 타결될 때까지 시간을 벌면 기후 변화의 부정적 영향을 앞지르기 위해 긴급한 행동을 할 필요 없이 저탄소 경제로의 전환이 이루어질 수 있다고 주장했다. 그가 타당성을 탐구해야 한다고 생각했던 여러 기술에 대한 실험은 2016년 그가 사망한 후에야 시작되었다.

셸링은 핵 억지력에 관한 연구보다 기후 변화에 관한 연구에서 인류의 문제 해결 능력에 대해 더 강한 믿음을 가졌던 것 같다. 1960년대의 이 행복한 전사는 인내심과 상상력을 발휘해 변화를 위한 급진적인 제안을 발전시키라고 촉구하는 성찰적인 학자로 바뀌었다.

셸링의 연구 대부분은 정치학에 더 적합해 보이지만, 그는 커리어 내내 하버드대학 경제학 교수였으며 늘 자신을 "딴짓을 하는 경제학자"라고 낮추어 표현했다. 그가 메릴랜드대학으로 자리를 옮길 때, 이 대학의 교수 임용 절차에는 추천서 세 통이 필요했다. 셸링은 노벨상 수상자들로부터 추천서를 받았는데, 그중 새뮤얼슨의 것이 가장 간단했다. "톰 셸링은 내가 아는 최고의 경제학자다." 여기에는 새뮤얼슨의 스타일이 담겨 있다.

우리는 코스가 어떻게 법과 경제학이라는 학문을 정립하는 데 주도적인 역할을 했는지 살펴봤다. 사이먼은 행동경제학의 아버지라고 불리며 그 외에도 많은 업적이 있다. 그리고 셸링은 정치경제학에 새로운 접근법을 적용했다. 경제학이 세상을 모델링하기 위해 점차 수학으로 눈을 돌리고 있을 때 셸링은 신중하게 게임이론의 기반이 되는 수학적 원리를 숙지했고, 이후 그것들을 사용해 형식 수학 모델링을 사용할 수 없는 상황을 분석했다. 그는 국가 간 협력과 갈등에 대한 새로운 유형의 경제 분석 방법을 발전시켜 20세기 후반에 가장 영향력 있는 정책 분석가가 되었다. 그의 학문적 커리어는 냉전의 가열을 막으려는 연구에서 시작되었고 냉전을 진정시키는 방법에 대한 선구안으로 마무리되었다.

코스, 사이먼, 셸링의 연구를 종합하면 우리는 조직의 작동에 대한 깊은 관심을 알 수 있다. 이들은 주의 깊은 관찰에서 시작해 과감한 귀납적 도약으로 조직의 행동을 설명하고자 했다. 코스는 관리자의 자원 지휘 역량에 대해, 사이먼은 관리자의 의사 결정 방식에 대해, 셸링은 의사 결정자의 전략적 상호 의존성의 효과에 대해 생각했다. 코스와 사이먼에 비교하면 셸링은 30대 중반이라는 다소 늦은 나이가 되어서야 게임이론을 처음 사용하면서 명성을 높일 아이디어를 찾았다. 그러나 세 사람 모두 면밀한 관찰에서 얻은 단순한 원리에 의존해 기존의 사고에 도전하고 경제학의 영역을 넓혔다. 또한 세 사람 모두 노벨 경제학상을 수상했지만 그중 누구도 경제학의 주류에 속하지는 않았다. 그들은 경제 분석의 폭을 넓히고 새로운 방식으로 세상을 바라보는 일의 중요성을 입증했다.

*How to Think Like
an Economist*

18장

로버트 솔로

장인이자 건설자

Robert Solow

경제 성장과 경제 관리를 설명하다

> 솔로의 모델은 인구가 꾸준히 증가하면
> 저축이 투자 자본 확대에 필요한 자금을 조달하며
> 장기적 균형이 이루어질 것을 예측했다.

    MIT는 1950년대에 새로운 경제학과 건물을 지으면서 이 학과의 스타였던 폴 새뮤얼슨을 위해 가장 큰 사무실을 잡아두었다. 새뮤얼슨은 로버트 솔로를 옆 사무실에 배정해 달라고 고집했고 40년 동안 MIT가 하버드, 시카고와 겨루는 세계적인 경제 연구 중심지로 성장하는 동안 새뮤얼슨과 솔로는 내내 이웃으로 지냈다. 새뮤얼슨이 경제학과가 받아들일 새로운 경제학의 기초를 닦았다면, 1987년 장기 경제 성장에 관한 연구로 노벨 경제학상을 수상했고 눈에 띄게 키가 크고 싹싹한 성품으로 협업과 팀워크를 촉진했던 솔로는 경제학과 발전의 중심인물이었다.

    솔로는 《고용, 이자 및 화폐의 일반 이론》이 나왔을 때 대학원생으로 '과도기 세대'의 영향을 받았고 따라서 케인스의 대공황 경제 분석에 가장 먼저 동화되어 경제학을 공부하게 되었다. 새뮤얼슨 외에도 프랑코 모딜리아니Franco Modigliani, 제임스 토빈James Tobin 등 노벨 경제학상 수상자 등이 솔로가 '미국 케인스주의'라고 부르는 학파의 선도자였다. 이들은 모두 경제 내 총수요 관리로 경제의 변동을 제한하고 꾸준한 경제 성장을 촉진할 수 있다고 믿었다. 케네디 대통령의 당선으로 이들의 사상을 실행할 수 있는 최고의 기회가 찾아왔다. 솔로는 대통령 경제자문위원회Council of Economic Advisers에 합류했고 새뮤얼슨은 MIT에 남았다. 1960년대의 활황 경제에는 1930년대 뉴딜과 같은 방대한 공공 투자와 복잡한 경제계획이 필요치 않았기 때문에 솔로와 그의 동료들은 조세 구조의 구체적인 변화가 고용, 성장, 소득 분배에 미치는 영향을 분석할 수 있었다.

  1924년 브루클린에서 태어난 솔로는 1930년대 대공황 당시 그곳에 살던 모든 사람이 경제에 관심이 있었다고 말했다. 파시즘의 부상으로 해외 뉴스는 뉴욕에 사는 이 유대인 소년에게도 흥미로우면서도 끔찍한 것이 되었다. 이런 배경 덕분에 하버드 학부생 시절에는 점차 사회과학 쪽으로 움직이게 되었고, 1942년에는 육군에 입대해 1945년 전쟁이 끝날 때까지 복무했다. 부사관으로 남기로 한 그는 적의 명백한 표적이 될 수 있는 비행기 정찰병으로 북아프리카, 시칠리아, 이탈리아의 작전에 참전하는 등 전투를 경험했다. 솔로가 애틋하게 기억하는 이 복무 기간은 개별적인 차이가 전혀 중요하지 않은 상황에서 공동의 목적을 달성하기 위해 다른 부대원들과 함께 노력했던 중요한 경험이었다.

솔로는 유럽에서 복무하는 동안 바바라 루이스$^{Barbara\ Lewis}$와 계속 편지를 주고받았다. 그녀는 솔로가 미국으로 돌아와 결혼하기 전에 학업을 마쳤다. 당시의 관습대로 그녀는 아이들을 돌보기 위해 경제사학자로서의 일을 포기했지만, 남편에게 경제학을 공부해 보라고 추천했다. 하버드로 돌아와 학부 과정을 마친 솔로는 바실리 레온티예프를 지도 교수로 배정받으면서 경제학을 공부해야겠다는 생각을 굳혔다. 우리는 레온티예프를 슘페터의 동료로서, 그리고 새뮤얼슨과 셸링의 논문 지도 교수로서 이미 만난 적이 있다. 레온티예프는 매주 솔로와 만날 때마다 수학에 대한 기초가 더 탄탄하다면 경제학 논문의 범위가 넓어질 것이라고 조언했다. 그 결과 솔로는 새뮤얼슨이 《경제 분석의 기초》를 출판한 것처럼 경제학에서의 수학 사용에 관심을 갖게 되었다.

솔로는 경제학에 대한 더 깊은 이해를 위해 여러 면에서 《경제 분석의 기초》와 《고용, 이자 및 화폐의 일반 이론》의 선도격인 힉스의 《가치와 자본》에 의존했다. 그는 《고용, 이자 및 화폐의 일반 이론》이 전체 경제에 대한 최초의 체계적인 설명이라는 점을 인식하고 빠르게 이 책의 논거를 받아들였다. 이로써 그는 대학원에 다니는 동안 거시경제 모델을 구축하는 기술을 탐구하게 되었다. 그러나 그는 미국 내 소득 분포에 대한 새로운 통계적 추정치를 개발하는 박사 논문을 완성하기 위해 관심사를 한쪽으로 미뤄두었다.

박사 과정을 늦게 마친 덕분에 솔로는 1930년대에 새뮤얼슨이 닦아놓은 길을 따라 수학적 경제학과 통계학의 전문가가 될 수 있었다. 그 결과 MIT는 대학원 과정을 마칠 무렵 레온티예프가 맡고 있는 박사 과정 학생 중 가장 뛰어난 학생으로 인정받았던 솔로를 채용할 가치가 있는 인물로 판단하게 되었다. MIT에서는 그를 경제학 교수가 아닌 통계학 교수로 영입하고자 했다. MIT는 솔로가 통계학의 수학적 기초에 완전히 몰입할 수 있도록 컬럼비아대학의 아브라함 왈드 Abraham Wald 와 1년간 함께 일하도록 했다. 왈드는 폰 노이만과 마찬가지로 1930년대에 미국에 도착한 뛰어난 유대계 헝가리인 학자 중 한 명이었다. 그는 제2차 세계대전 중 폭격기의 기체를 강화하기 위해서는 작전에서 돌아온 항공기의 손상 부분 대신 손상이 없는 부분을 파악해야 한다는 주장으로 유명하다. 복귀한 폭격기에서 손상이 없는 부분이야말로 손상되었을 때 추락할 가능성이 높은 부위라고 가정할 수 있기 때문이다.

MIT는 그를 통계학 교수로 채용했지만, 솔로는 경제학 연구를 계속했고, 경기 순환에 관한 강의를 시작하면서 거시경제 모델에 대한 연구를 재개했다. 그는 1920년대 케인스의 사상에 중요한 영향을 미쳤고 경기 순환을 인플레이션 변화가 투자 수준에 미치는 영향의 결과라고 설명했던 스웨덴 경제학자 크누트 빅셀의 자본 이론을 다시 연구했다.

솔로는 자본 이론을 확장해 경제 성장이 어떻게 지속될 수 있는지를 설명했다. 1950년대 초 솔로가 연구를 시작할 당시 가장 유명한 경제 성장 모델은 케인스의 제자 로이 해러드(Roy Harrod)와 러시아계 미국인 개발 경제학자 에브시 도마(Evsey Domar)가 각각 독립적으로 개발한 것이었다. 해러드-도마 모델은 저축률이 경제의 생산 능력 증가와 일치해야 한다는 매우 비현실적인 특징을 가지고 있었다. 저축률이 높으면 투자가 증가하면서 제어가 불가능한 경제 성장으로 이어질 수 있고, 저축률이 낮으면 경제가 붕괴될 수 있다. 솔로는 받아들이기 힘든 조건이었다. 현대 경제에서 심각한 불황은 있었지만 폭발적인 붕괴나 압도적인 성장은 없었기 때문이다. 또한 그는 이제 막 독립하기 시작한 가난한 국가에 이 모델을 어떻게 적용해야 할지에 대해서도 고민했다. 이 모델의 지지자들은 이들 국가가 자본에 대한 강력하고 지속적인 수요가 있어야 저축률 상승이 자연스럽게 더 높은 성장으로 이어질 것이라고 주장했다.

솔로는 이 접근법이 모델 외부에서 결정되는 요인에 지나치게 의존한다는 문제가 있다고 생각했다. 그가 주로 사회적 요인에 의해 결정된다고 생각한 총저축률도 경기 순환에 따라 크게 달라진다는 많은 증거가 있었다. 그에 비해, 자본-산출 비율은 기술의 상태를 반영하는 반면 노동 공급의 증가율은 일반적으로 인구에 좌우되며, 이 두 가지 모두 빠르게 변하지 않는다. 하지만 어떻게든 주기적으로 변하는 저축률은 자본 산출 비율과 노동 공급 증가율의 곱과 같아야 했다. 솔로에게 이 모형의 균형은 불안정할 뿐 아니라 타당해 보이지 않았다.

솔로는 더 나은 성장 이론이라면 성장률이 외부 요인으로 인해 극적으로 변동하지 않고 자체의 역학에 의해 유지될 수 있는 안정적인 균형이 어떻게 존재할 수 있는지 설명해야 한다고 믿었다. 그는 생산의 본질에 대해 달리 가정하면 이것이 가능하다는 것을 깨달았다. 해러드-도마 모델은 레온티예프가 전체 경제 모델에서 사용한 유형의 생산함수에 의존했다. 이는 자본과 노동이 고정된 비율로 사용되어야 한다는 의미였다. 솔로는 자본과 노동을 가변적인 비율로 사용할 수 있는 다른 공식을 사용했다. 고전 정치경제학에서 신고전파 경제학으로 전환하면서 생산의 본질에 대한 가정이 바뀐 것처럼, 솔로의 모델은 발전 과정의 일부로서 생산에서 자본이 노동을 대체해 시간이 지나면서 생산이 더욱 자본 집약

적이 되는 것을 수용할 수 있었다.

이것은 사소한 기술적 변화로 보일 수도 있지만, 1956년 솔로가 자연스럽게 신고전 경제 성장 모델이라고 부르는 것을 만들어 내기에 충분했다. 그는 해러드-도마 모델이 균형 성장을 인구(그리고 노동력)가 증가함에 따라 추가 자본이 필요한 자본 확대의 과정으로 간주했다고 설명했다. 경제가 성장할 때 경제의 본질은 변치 않고 규모만 커진다는 것이다. 솔로의 모델은 인구가 꾸준히 증가하면 저축이 투자 자본 확대에 필요한 자금을 조달하며 장기적 균형이 이루어질 것을 예측했다.

하지만 솔로 모델은 해러드-도마 모델과 달리 안정적 균형을 이룬다. 자본은 노동의 대체물이기 때문에 저축률이 높으면 자본 확대에 필요한 것보다 더 많은 투자가 이루어진다. 과도한 투자는 자본 심화를 초래해 시간이 지남에 따라 노동자당 자본이 증가한다. 이후 경제가 성장함에 따라 솔로의 공식에서 저축률은 떨어지고 자본 심화율도 점차 0으로 떨어진다.

그는 이 모델에 몇 가지 놀라운 특징이 있다는 것을 발견했다. 첫째, 모든 국가의 장기적 성장은 자본 확대에 달려 있고, 이는 모든 국가가 장기간에 걸쳐 특정한 성장률로 수렴한다는 것을 의미했다. 저축률이 다르면 여전히 국가 간 소득에는 차이가 있을 수 있다. 저축률이 높은 국가는 자본 심화를 더 많이 경험하고 따라서 소득이 더 높다. 해러드-도마 접근법의 지지자들이 제안하듯 저축률을 높이면 성장에 즉각적인 효과가 나타나고 이는 장기적으로 안정된 1인당 소득 상승으로 이어진다. 그러나 장기적으로 성장률을 높이는 유일한 방법은 슘페터적 혁신의 한 형태일 것이며, 이는 노동과 자본 모두의 생산성을 증가시킬 것이다. 솔로는 새로운 투자가 오래된 투자보다 더 생산적이기 때문에 혁신이 창조적 파괴로 이어질 것이라고 주장했다.

신고전 성장 이론을 만들어 낸 솔로는 1957년에 이를 테스트했다. 그는 1909년부터 1949년 사이의 미국 경제 발전에 관한 데이터를 사용해 자본 확대와 자본 심화의 증거를 찾았다. 그러나 그는 국민소득 증가의 절반 정도는 생산에서의 노동과 자본 사용 증가로 설명할 수 없다는 것도 발견했다. 그래서 '솔로 잔차Solow residual'라고 불리게 된 이 부분은 자본과 노동의 변화하는 질을 반영할 것이다. 여기에서 우리는 잔차를 기술 진보의 효과를 포착하는 것으로 해석할 수 있다. 혁신과 발명이 자본의 질을 향상시킬 뿐만 아니라 개선된 교육은 노동자의 생산성 향상으로 이어질 수 있고, 관리자는 자원을 더 효과적으로 조정할 수 있다.

잔차의 역할은 솔로 모델에 해러드-도마 모델의 구조가 제기했던 것과 같은 종류의 의문을 제기했다. 솔로는 기술적 진보를 발견하리라 예상했지만, 그의 모델은 이를 명백하게 수용할 수 없었다. 다른 세대의 경제학자들이 해결책을 제시하기까지는 거의 30년이 걸렸다. 이후의 모델에서는 장기적인 경제 성장이 지식과 교육 수준, 대기업이 높은 수준의 효율을 달성하는 정도에 좌우되었다. 하지만 1980년대까지만 해도 솔로의 모델은 성장의 경제적 분석의 출발점이었다.

젊은 학자로 MIT에 자리하게 된 솔로는 이곳을 고향처럼 느꼈고, 70년 이상 이 학교에 소속되었다. 그는 MIT와 케임브리지대학 사이의 정기 교류에 참여한 초기 학자로서 두 학교 경제학자들 사이에서 자본의 본질에 관한 논쟁이 벌어진 1957년을 영국에서 보냈다. 케인스 케임브리지 서클의 지적 지도자였던 조앤 로빈슨은 솔로와 새뮤얼슨이 개발한 총생산함수 방식이 자본의 사용을 정확히 측정하지 못한다는 결론을 내렸다. 케임브리지 자본 논쟁은 거의 10년 동안 지속되었고, 결국 19세기 슐레스비히-홀슈타인 문제 Schleswig-Holstein question 의 성격을 띠게 되었다. 영국 외무장관 팔머스턴 경 Lord Palmerston 은 이 문제를 이해한 것은 단 세 사람이었는데, 한 사람은 죽었고 한 사람은 미쳐버렸으며 마지막 한 사람인 자신은 해결책을 잊었다고 말했다.

1966년, 새뮤얼슨은 로빈슨이 옳았다는 것을 인정할 준비가 되어 있었지만 솔로는 계속해서 총생산함수를 사용했다. 경제학에 대한 솔로의 접근법에서 이론적 모델은 경제의 단순화된 버전이라기보다는 분석 개발을 지원하는 도구일 뿐이었다. 그는 커리어를 쌓는 동안 다양한 모델을 사용했고 그 각각은 매우 구체적인 문제를 탐색하기 위해 고안된 것이었다. 그는 성장 이론을 개발하는 과정에서 총생산함수가 만족할 만한 통계적 특성을 갖지 못했다는 것을 알고 있었다. 하지만 데이터가 성장에 대해 시사하는 바를 이해하기 위해서는 이들의 사용을 피할 수 없다는 것 또한 알고 있었다.

문제 해결에 대한 솔로의 접근법은 1960년에 발표된 논문에서 확인할 수 있다. 새뮤얼슨과 솔로는 이 논문에서 미국의 인플레이션과 실업률 데이터를 필립스 곡선에 맞추려고 시도했다. 그들은 빌 필립스 Bill Phillips가 영국의 데이터에서 발견한 인플레이션과 실업률 수준 사이에 일종의 단기적인 음의 관계가 있다는 결론을 내렸다. 그들은 물가 상승의 가속을 감내함으로써 실업률을 낮출 수 있다고 제안하는 데 있어서 매우 신중했지만, 다른 사람들은 그들의 연구 결과를 이렇게 해석하는 경향이 있었다. 시간이 흐른 후 솔로는 그런 관계가 사람들이 인플레이션을 예상할 때까지만 지속된다는 것을 알았지만 두 사람이 그 점을 충분히 강조하지 못했다고 후회했다. 정책 입안자들이 이용할 수 있는 그들의 다소 낙관적인 평가 덕분에 프리드먼은 1960년대 후반 인플레이션이 심화되기 시작하면서 필립스 곡선이 제시했던 음의 관계가 무너진 것을 근거로 수요 관리에 대한 미국 케인스주의적 접근법을 비판할 수 있게 되었다.

1950년대와 1960년대에 걸쳐 미국 정부는 정치적 배경을 개의치 않고 많은 미국 케인스주의자의 정책 제안을 채택했다. 유럽과 일본은 제2차 세계대전 이후 경제를 재건하고 있었기 때문에 경제가 지속적으로 확장되고 점점 광범위한 계층이 번영의 혜택을 누리게 되었다.

하지만 영원히 계속될 것 같던 경제적 안정은 1970년대까지 이어지지 못했다. 급속한 인플레이션, 특히 1973년 욤 키푸르 전쟁 이후 네 배로 치솟은 유가와 인플레이션을 통제하려는 정부의 비효율적인 시도는 경제 성장의 지체로 이어졌다. 마거릿 대처와 로널드 레이건으로 대표되는 보수 정치인들은 하이에크의 자유주의적 성향, 프리드먼의 통화주의, 제임스 뷰캐넌의 국가 역할에 대한 공공 선택 분석에 기초한 경제 정책을 채택했다. 보다 젊은 경제학자들은 거기에서 더 나아가 임금을 포함한 모든 가격이 유연하다고 주장했다. 따라서 그들은 모든 실업을 전적으로 자발적이라고 해석했다.

솔로는 1987년 성장 이론에 대한 연구로 노벨 경제학상을 수상하면서 자신의 분석은 완전 고용을 가정한다고 언급했다. 그는 이것이 경제의 움직임을 장기적인 측면에서 이해하려는 의도를 반영한다고 주장했다. 대공황기에 성장한 그는 경제의 단기적인 변동으로 완전 고용 상태가 깨질 수 있다는 것을 늘 염두에 두고 있었다. 그는 시카고학파 거시경제학의 가격 유연성에 대한 추정에 대해 큰 우려를 하고 있었다. 솔로는 그것을 거시경제 이론이 현실 감각을 잃고 따라서 그 예측에 근거한 경제 정책 조언의 효과가 크게 떨어질 수 있는 징후로 보았다. 경제 이론의 함의가 단순한 지적 호기심이 아니며 사람들의 삶에 영향을 미칠 수 있다는 점을 고려한 솔로는 정책 조언이 정확히 틀린 것보다는 거의 맞는 것이 낫다고 생각했다.

새뮤얼슨은 토론에 참여하기보다 유머를 사용하는 성향만 제외하면 솔로는 거의 이상적인 경제학자라고 묘사한 적이 있다. 예를 들어 솔로는 1966년에 프리드먼에 대해 이렇게 썼다.

"밀턴은 모든 것에서 화폐 공급을 떠올리는 모양이다. 내 경우는 모든 것에서 섹스를 떠올리지만, 나는 논문에는 그 이야기를 적지 않는다."

존 케네스 갤브레이스 John Kenneth Galbraith 의 《신산업국가 The New Industrial State》에 대한 솔로의 리뷰는 저자를 격분하게 만들었다. 솔로가 "그는 아름다운 사람들과 어울린다. 그 자신도 실제로 아름다운 사람인지는 모르겠다" 등의 비꼬는 말을 사용했기 때문이었다. 그는 의견의 불일치에 대해 이렇게 농담을 던지는 자신의 기질을 두고 자기를 나폴레옹이라고 생각하는 사람과 아우스터리츠 전투의 전술에 대해 진지한 토론을 시작하는 것은 무의미하다고 설명했다.

그는 상대가 얼마나 효과적으로 주장을 펼쳤는지 설명하는 것을 선호했다. 프리드먼이 필립스 곡선이 보여주는 부의 관계를 처음 비판했을 때 그는 예상되는 인플레이션 수준과 실업률이 일정하다면, 인플레이션은 일정할 것이라고 주장했다. 이것이 '자연실업률 Natural Rate of Unemployment'이 되었고, 경제의 장기적 역량을 측정하는 척도로 해석되었다. 솔로는 단어 선택을 중요하게 생각했다. '자연 natural'이라는 단어는 실업이 바람직하거나 피할 수 없다는 것을 암시했다. 실업을 '자발적 voluntary'이라고 정의한 것도 거의 같은 효과를 낸다. 이런 단어 선택은 완전 고용을 달성하는 것이 정부의 주된 경제 목표여야 한다는 1950년대와 1960년대의 일반적 가정에서 벗어나고자 했던 정치 지도자들에게 유용했다. 그 결과 1980년대의 정치 지도자들은 인플레이션 억제의 대가로 높은 실업률이 지속되었지만 훨씬 더 많은 지지를 얻을 수 있었다.

솔로에게 이는 경제적 주장의 수용 가능성은 제시되는 방식에 따라 어떻게 달라지는지에 대한 관점을 바꿔주었다. 그는 사용하는 언어의 차이가 경제뿐만 아니라 경제의 본질에 대한 신념을 반영한다고 주장했다. 경제학자 그룹 사이에서는 그런 근본적인 차이 때문에 토론이 어려웠고, 그런 의견 차이를 완화하는 것이 바로 유머였다.

경제학에서 솔로의 위치를 평가하는 데는 두 가지 방법이 있을 것이다. 어떤 면에서 그의 성장 이론은 신고전파 경제학으로 인해 가능해진 것을 완성했다. 한계혁명에서, 선구자들은 분석 대상을 가능한 한 단순화했다. 그들은 분배와 성장에 관련된 고전 정치경제학의 복잡한 동적 논증을 욕구 충족을 위한 자원의 희소성에서 가치가 파생되는 정적 이론으로 대체했다. 성장 이론은 경제학자들이 다시 한번 경제의 장기적 행태에 대해 생각할 수 있게 해주었다.

또한 솔로는 경제가 장기간 완전 고용 상태에 있지 못할 수 있으며, 이는 정보가 경제 전체에 충분히 빠르게 흐르지 못하기 때문이라는 케인스의 통찰을 기반으로 삼았다. 이는 정부가 경제에 개입해 경기 변동을 제한하기 위해 행동할 기회가 있다는 것을 의미했다. MIT에서 100명에 가까운 박사 과정 학생들을 지도한 (그 중 네 명이 노벨 경제학상을 수상했다) 그는 차세대 케인스주의 거시경제학자들로 하여금 정보와 행동이 어떻게 서서히 가격을 조정하고 실업을 지속시키는지에 대해 시사점을 주었다.

How to Think Like

an Economist

19장

게리 베커

흔들리지 않는 제국주의자

Gary Becker

우리가 관리하는 자원에 우리 자신을 포함시킨다

그는 신고전 경제학의 전통 내에서, 취향을 선택 가능한 대안들 사이에서 선호를 형성하는 것으로 정의했다.

학문적 연구에는 끝이 없다. 새뮤얼슨의 신고전 경제학의 체계화와 솔로의 신고전 경제 성장 이론 개발로 이 분야에 대한 철저한 탐구가 이루어졌다. 이들의 연구가 끝나자 경제학자들은 그 결과를 토대로 경제와 자원 관리를 탐구하기 시작했다. 게리 베커에게 그것은 우리 자신을 경제적 자원으로 간주하는 것을 의미했다. 베커의 접근 방식에 따르면 우리의 몸, 정신, 지식, 인간관계는 우리가 관리하는 자산이다.

베커는 1930년에 태어났다. 그가 경제학자가 된 1950년대의 미국은 부인할 수 없는 세계 최고의 경제 강국이었다. 미국 독립선언서는 계몽주의가 과학과 철학을 변화시키기 시작한 방식을 반영했다. 생명, 자유, 행복 추구는 양도할 수 없는 권리라는 독립선언서의 주장을 통해 우리는 경제학이 미국적 가치와 이상에 깊이 뿌리를 두고 있다고 주장한다. 이런 18세기의 이상은 베커의 경제 분석을 뒷받침하는 듯하다. 그는 사람들을 목표의 본질을 대단히 명확히 파악하고 있으며 이를 달성하기 위해 단호하게 행동하는 존재로 묘사했다. 끊임없이 웰빙을 추구하는 호모 이코노미쿠스 homo economicus, 즉 합리적 경제인은 엉클 샘만큼이나 미국적이다.

자유에 대한 언급은 우리를 하이에크와 프리드먼, 그리고 프리드먼이 수년 동안 가격 이론의 핵심을 가르쳤던 시카고로 거슬러 올라가게 한다. 프리드먼이 물러나자 베커가 그 자리를 넘겨받았다. 두 사람은 경제가 자기 평형화 시스템이라는 시카고학파의 신념을 공유했다. 어떤 면에서 베커는 개인의 행동에 대한 프리드먼의 생각을 크게 확장했다. 그는 우리가 모든 것에 가치를 부여하기 때문에 경제 분석 도구를 사용해 모든 인간 행동을 이해할 수 있다고 믿었다. 그의 연구는 차별, 교육, 범죄, 중독, 결혼, 가족, 건강 관리, 심지어 자살과 같은 다양한 문제를 아울렀다. 이전에는 그런 대부분의 문제는 경제학자가 다룰 수 없는 사회적 현상으로 간주되는 것이 보통이었다.

그의 연구는 이런 방식으로 경제학의 범위를 확장하기 위해 때때로 선택에 대한 경제 분석의 구조를 뒤집었다. 베커는 목표와 자원 제약을 명시하고 행동의 패턴을 예측하는 대신, 관찰된 행동에서 출발한 뒤 사람들의 목표 형태에 대해 암시하는 바를 알아내는 경우가 많았다. 이전까지 공리주의적 관점에서 고려된 적이 없던 행동의 한 가지 예가 자살이다. 베커는 자살에 관련된 비용(최소한 죽어가면서 겪게 될 고통)이 계속 살아가는 데 드는 비용보다 적을 때는 자살이 합리적이라고 생각했다. 공리주의적 비용 편익 분석을 적용한 것이다. 그러나 자살은 대죄이며 자살자의 영혼은 사후에 벌을 받는다는 전통적인 가르침이 그런 계산에 영향을 미치고 자살률을 낮추기 위한 것으로 볼 수 있다.

당연히 이런 접근법에는 논란이 많았다. 베커는 어떤 면에서 프리드먼의 발자취를 따랐지만 정치에는 전혀 관여하지 않았기 때문에 그의 악명은 사회과학자 사회만으로 제한되었다. 그들은 베커를 이미 전통적인 학문적 탐구에 이질적인 선입견과 분석적 문화를 적용하는 경제 제국주의자로 취급했다. 아마도 그들의 경계심은 대부분 이데올로기적인 것이고, 베커는 그들의 취향에 비해 너무 '시카고적'이었던 것 같다. 그러나 베커는 커리어를 쌓는 내내 자신의 연구가 너무 인습에 얽매이지 않아서 다른 경제학자들로부터 진지한 대우를 받지 못할까 봐 걱정하기도 했다. 그의 두려움은 1992년 노벨 경제학상을 수상하고 나서야 마침내 해소되었다. 이런 불안은 그가 경제학자처럼 생각한다는 것의 의미를 바꾼 데서 비롯되었다.

베커가 경제학과 처음 조우한 것은 프린스턴대학 학부생일 때였다. 당시에도 그는 학부 프로젝트를 〈아메리칸 이코노믹 리뷰 American Economic Review〉에 논문으로 발표해 특유의 끈기와 외골수 기질을 보여주었다. 이후 그는 시카고대학에서 석사 과정을 밟았다. 1950년대 중반, 민권 운동 초기에 그는 박사 학위 논문을 통해 차별의 경제적 효과를 분석했다. 이 연구에서 사회적으로 결정되는 관계를 수반하는 문제를 최적화를 추구하는 개인의 행동으로 다룰 수 있을지 생각하는 그의 접근 방식이 처음으로 드러난다.

베커는 차별의 '취향taste'을 가진 사람들이 있다고 생각하는 것이 유용할 수 있다고 제안했다. 그는 신고전 경제학의 전통 내에서, 취향을 선택 가능한 대안들 사이에서 선호를 형성하는 것으로 정의했다. 그는 경제력을 가진 인종 집단에 의한 아프리카계 미국인 소수자 차별의 경우, 더 크고 특권을 더 많이 가진 집단이 취향을 충족시키기 위해 어느 정도의 경제적 비효율을 감내한다고 주장했다. 베커는 다수 인구(백인)가 차별적인 행동을 하기 위해 일부 소비 가능성을 포기한다고 했다. 예를 들어, 차별로 인해 소수 집단의 유능한 근로자가 일부 유형의 일자리에서 배제된다면 전반적인 생산성은 낮아질 것이다. 따라서 순전히 경제적 측면에서라면 소수자에 대한 차별이 있을 때 사회는 더 나빠진다.

베커는 1950년대에 남부 여러 주에서 여전히 법에 의한 광범위한 차별을 받고 있던 아프리카계 미국인들의 경우 그 영향이 훨씬 더 클 것이라고 주장했다. 그는 아프리카계 미국인들이 졸업 후 차별에 직면할 가능성이 높다는 것을 알고 있기에 학교나 대학에 진학할 가능성이 낮아질 것이라고 주장하면서 이후의 연구에서 고등교육을 받을지에 대한 결정을 더 상세히 다루게 될 것을 예고했다. 이 주장은 보통 임금이 높은 일자리에 고용되는 기술과 지식을 가진 인구의 비율이 매우 적어진다는 것을 의미했다.

이는 본질적으로 표준 마샬 분석의 연장선상에 있고, 전적으로 시카고의 전통을 따르는 것이다. 여기에서는 차별에 대한 취향이 강하고 차별을 경험하는 집단이 작을 때 차별의 영향이 더 클 것이라고 예측한다. 또한 차별의 유형에 따라 차별의 성격과 영향에 차이가 있다고 예측한다. 그는 예를 들어, 소수 집단에 대한 인종 차별은 인구의 절반에 해당하는 여성에게 영향을 미치는 성차별과는 매우 다르다고 주장했다. 베커의 분석에는 여성에 대한 광범위한 차별이 있는 국가들이 경제와 사회 발전에 어려움을 겪게 될 것을 예상해야 한다는 함의가 있다고 볼 수 있다.

베커를 비판한 다른 사회과학 분야의 비평가들은 이 초기 연구에서조차 경제학이라는 렌즈를 통해 사회 현상을 바라보는 일의 약점이 드러난다고 생각했다. 특히 1950년대부터는 사회운동이 차별의 많은 부분을 다루게 되었다. (즉, 차별에 있어서의 진전은 상당 부분이 경제적 인센티브만이 아닌 사회적 변화에서 비롯되었다_옮긴이) 적어도 자유롭고 민주적인 사회에서는 차별적인 행동에 대한 사회적 용인이 훨씬 줄어들고 있다는 증거가 많다. (베커의 모델은 차별을 줄이는 이런 사회적 역학을 충분히 설명하지 못한다_옮긴이) 베커는 자신의 접근법에 따라 집단 간 경제적 결과의 차이를 측정하고, 그 차이를 차별 취향의 결과로 설명했다.

따라서 그는 차별이 어떻게 생겨났는지, 어떻게 극복할 수 있는지에 대해서는 언급하지 않았다. 전형적인 시카고식 사고방식이다. 시간이 지나면서 경험에 따라 변화하는 취향의 표현을 받아들이기 위해 취향이라는 말의 의미를 다듬어 나가기는 했지만 말이다. 더 나이가 든 베커라면 다수 집단 출신의 사람들이 소수 집단 출신의 사람들을 접하기 시작한 후 그 집단에 대한 지식이 변화하고 차별의 정도도 달라진다고 주장했을 것이다. 차별에 대한 베커와 셸링의 공동 연구는 흥미로운 결과를 내놓았다.

베커의 논문 지도 교수 중 한 명은 1950년대에 시카고대학 경제학과 학과장이었던 테드 슐츠$^{Ted\ Schultz}$였다. 슐츠는 1920년대 후반에 농업경제학자로 커리어를 시작했다. 1950년대에는 개발 경제학으로 이동해 노동자들이 농촌 지역의 비공식적(임금, 근무 조건 등에 대한 법적 보호나 규제가 없는_옮긴이)이고 상대적으로 생산성이 낮은 역할에서 도시 산업의 상대적으로 생산성이 높고 공식적인 역할로 이동할 수 있는 방법을 분석했다. 이는 아프리카계 미국인들이 미국 남부에서 디트로이트와 시카고 등 중서부 도시로 이주한 대이동의 과정이기도 했다. 슐츠는 개발 경제학으로 이동하면서 인적 자본 형성과 관련된 교육의 측면을 생각하기 시작했다. 인적 자본이라는 용어는 경제학에서 가장 강력한 은유 중 하나로 이해할 수도 있고, 사회를 물질적 관계의 네트워크로 축소하려는 경제학자들의 경향을 보여주는 증거로 받아들일 수도 있다.

우리가 모든 활동을 여가 또는 일로 분류하려는 시도를 한다고 가정해 보자. 소설을 읽는 것은 여가다. 글을 쓰는 것은 일이다. 그렇다면 학생이 경제학책을 읽는 것은? 이 활동은 일에 더 가까워 보인다. 학생들이 공부하기 위해 돈을 지불해야 한다는 점을 제외하면 말이다. 슐츠는 공부는 투자와 같고, 학생들이 습득하는 지식은 자본의 한 형태, 취업에 사용할 수 있는 자산으로, 이런 자본에 대한 수익은 더 높은 임금으로 돌아온다는 것을 깨달았다.

이 아이디어를 탐구할 적절한 시기가 왔다. 1950년대 후반, 베커는 시카고를 떠나 컬럼비아로 가 제이콥 민서 Jacob Mincer 와 일하게 되었다. 민서는 슐츠의 개념을 현대 노동경제학의 초석으로 전환시킨 학자였다. 베커는 국립경제연구국 National Bureau for Economic Research 에서 일하면서 일반 교육에서 습득한 인적 자본의 수익에 대한 연구를 진행했다. 흥미롭게도 베커는 차별에 대한 경제적 분석에 상당한 확신이 있으면서도, 비판자들이 교육을 더 큰 소득 잠재력으로 환원한다고 매도하고 교육을 자본 형성에 비유하는 것이 사람을 기계로 여긴다고 받아들여질까 봐 걱정했다.

경제학자들은 19세기 대부분을 산업 사회 내 자본의 본질을 이해하는 데 사용했다. 공장이나 기계의 형태를 띠는 물리적 자본은 다른 재화를 생산할 목적으로 만들어진 재화로 이루어진다. 따라서 자본은 생산적 자산이다. 이에 비해 노동경제학자들은 교육의 복잡성에 얽매이지 않고 교육과 교육이 생산하는 지식 사이의 직접적인 관계에 집중했다. 경제적으로 유용한 지식이라면 노동자의 생산성을 높일 것이고, 고용주는 교육받은 노동자에게 더 높은 임금을 지급함으로써 보상한다. 어떤 면에서 인적 자본에 대한 이런 생각은 그리 새로운 것이 아니다. 이는 아리스토텔레스의 실용적인 지혜, 실천지實踐知, phronesis의 일부이기도 하다.

베커는 이런 인적 자본 개념을 경제학에 대한 접근법의 초석으로 삼았다. 일반적인 인적 자본을 정의함에 있어서, 그는 인적 자본을 교육의 결과라고 생각하는 수준을 훨씬 넘어섰다. 대부분의 직무에서 근로자의 경험에 따라 임금이 증가하는 것을 관찰한 그는 경험이 보상으로 보이기 때문에 경험도 인적 자본에 기여한다고 주장했다.

그는 다양한 유형의 인적 자본 사이에 중요한 차이가 있다고 생각했다. 대학 교육은 모든 유형의 고용에서 유용한 일반적 인적 자본을 형성하는 것이 보통이다. 반면 특정 직장의 루틴과 관행에 몰입하는 직장 경험은 그리 쉽게 이전할 수 없다. 베커는 이런 구분으로 노동자들이 은퇴가 가까워질수록 더 젊은 근로자들보다 임금을 적게 받는 경향이 있다는 점을 설명할 수 있었다. 그들은 경력은 더 많지만 교육에 투자했던 시간이 부족하기 때문이다. 이것이 더 낮은 임금을 받는 것을 정당화했다.

추가적으로 교육과 공식적인 훈련이 투자라면, 고령의 노동자는 더 높은 임금을 받을 기간이 줄어드는 것이 보통이기 때문에 인적 자본을 계속 쌓을 가능성이 적다는 이유도 있다. 또한 시간에 따른 신체 변화와 기억력 약화로 기술과 지식이 점진적으로 쇠퇴하는 것을 감안하면 고령 노동자의 생산성은 자연히 낮아진다.

처음에 인적 자본은 유급 노동에서 가치를 인정받는 기술, 지식, 경험의 축적을 나타내는 유용한 명칭이었지만, 시간이 지나면서 베커는 이런 초기 아이디어를 일반화했다. 경험은 단순히 활동에 참여하는 데 시간을 사용하는 것이다. 예를 들어 우리는 새로운 식당에 가거나 새로운 이웃을 만나거나 한 번도 방문한 적이 없는 나라를 여행하면서 경험을 얻는다. 이런 경험들은 우리의 행동을 변화시킨다. 베커는 선호가 일정하다는 시카고학파의 가정을 고수하면서 '경험 자본'이라는 개념을 도입해 설명했다. 우리가 선호라고 부르는 것은 대개 과거의 경험에서 우리가 좋아하는 것에 대한 생각을 형성한 결과일 것이다.

경제 분석에 대한 큰 공헌만으로도 훌륭한 커리어지만 베커의 활약은 이제 시작일 뿐이었다. 그를 범죄의 경제적 분석에 빠지게 한 유명한 일화가 있다. 1960년대 말 컬럼비아대학에서 박사 과정 학생의 평가를 위해 서둘러 가던 베커는 불법 주차를 했고, 학생에게 주차 딱지를 뗄 위험을 무릅쓰고 주차를 한 이유를 설명하라는 질문으로 심사를 시작했다고 한다.

그는 또한 인적 자본에 대한 연구를 확장할 여러 가지 방법을 찾았고, 그중 하나가 자본의 한 형태인 건강에 대한 연구였다. 우리는 현재와 미래의 신체적·정신적 웰빙을 선택함으로써 건강에 투자할 수 있다. 이는 사실상 건강을 경험 자본의 한 형태로 취급한 것이다.

경험 자본은 베커가 1980년대에 자신의 연구생이었던 케빈 머피Kevin Murphy와 함께 진행한 중독 연구에도 중요한 개념이었다. 그들은 이전의 소비가 현재의 보상에 영향을 미치기 때문에 사람들은 현재의 소비가 미래의 보상에 어떤 영향을 미칠지 고려할 것이라고 주장했다. 해로운 습관은 두 가지 조건이 충족될 때 형성될 수 있다. 첫째, 중독성 물질의 현재 소비가 매우 즐거워야 한다. 둘째,

경험 자본의 형성을 통해 모든 재화, 특히 중독성 재화에 속하는 소비의 미래 효용을 감소시켜야 한다. 그러면 중독자들은 중독성 재화에 대한 만족도는 감소하고 의존도가 나타날 것이다.

행동을 미래지향적이고 합리적인 선택의 결과로 설명하려는 노력은 베커와 머피가 중독을 매우 나쁜 출발점에 서 있는 사람들이 할 수 있는 최선의 선택으로 보았다는 것을 의미한다. 그들은 중독이 소비 선택의 역사라는 맥락에서 합리적이라고 생각했다. 이 생각은 사람들은 정신 상태의 변화에 따라 환경을 매우 다르게 볼 수 있다는 셸링의 접근법과 비교해 볼 수도 있다.

하지만 베커의 커리어의 정점이면서 그에게 가장 힘들었던 연구는 가족의 경제학에 관한 것이었다. 그는 분석을 발전시키기 위해 다양한 문화권에서 가족 관계의 본질을 파악하려고 시도했다. 이것은 그의 연구 중 가장 논란이 많은 연구가 되었다. 복잡한 사회적 관계를 이기적이고 합리적인 행동으로 격하하는 것처럼 보였기 때문이다. 베커의 접근법에서는, 가족 구성원이라는 위치가 그 구성원 모두에게 가치(가족 집단에 대한 기여)를 제공할 때라야 가족이 한데 뭉치고 안정적으로 유지된다. 따라서 관계는 본질적으로 거래적이며 사랑이나 가족에 대해 느끼는 다른 복잡한 감정이 차지할 자리는 없다.

이런 거래적 접근법에서는 가족 외부에서 보상이 큰 선택지가 나타나는 경우 가족을 해체하거나 최소한 일부 구성원은 가족을 떠나야 한다. 다만 이것은 경제 분석의 도구를 적용하기 전에 문제를 프레이밍하는 방법일 뿐이다. 가족이 무엇인지, 가족이 어떻게 형성되고, 어떻게 함께하고, 어떻게 분리되는지 이해하려면 이런 집단들이 형성된 사회에 대해 더 많은 것을 이해해야 한다.

따라서 베커는 여러 사회에 걸쳐 가족 내 역할의 분화가 역사적으로 어떻게 나타났는지에 대한 긴 논의에 뛰어들었다. 이 때문에 그는 가장paterfamilia이 가족 전체의 자원 배분과 노동을 포함한 모든 결정을 내리는 모델을 통해 반여성주의적 접근법을 취했다는 비난을 받았다. 이런 해석에 대해 사회 보수주의자들은 여성의 노동시장 참여 가능성이 높아지면 결혼을 포기할 가능성이 높아진다며 그의 연구가 이혼에 면허를 주는 것이라고 주장했다. 전반적으로 이 논의는 인간관계의 발전에 경제적 추론을 적용하려는 훌륭한 시도였으며, 사람들이 스스로의 권리로 상상력을 발휘해 선택하고 대응하는 자유주의 전통에서 잘 받아들여진다.

《가족 경제학Treatise on the Family》의 많은 부분은 자녀 양육 방법에 할애되었다. 지금은 경제학의 일반적인 부분이 된 것 같지만, 이 문제에 대해서 처음 생각한 것은 베커였다. 시카고의 한 파티에서 베커가 저명한 노동경제학자 아놀드 하버거Arnold Harberger에게 "아이들은 냉장고와 같다"고 선언했다는 것이 정말인지는 중요하지 않다. 이 일화는 베커를 열정적이고 투지가 넘치고 상상력이 풍부한 젊은이로 묘사한다. 그는 자신이 선호하는 경제 분석 도구를 이용해 시장이나 가격이 존재할 수 없는 상황에서의 자원 배분을 이해할 수 있을지에 대해서 생각하고 있었다. 베커의 접근법에서 부모는 즉각적인 소비와 자녀의 경제적 능력에 대한 투자(세대 간 부의 이전을 위한 한 형태) 중에서 선택할 수 있다.

《가족 경제학》에서 가장 유명한 예는 '불량아 정리 rotten kid theorem'로, 이 정리는 미래의 유산에 대한 기대가 이기적인 자녀에게조차 가족 소득을 극대화하는 행동을 선택하게 하도록 하는 것이 가능하다고 말한다. 다른 경제 이론가들이 이 정리가 실패하는 상황을 쉽게 찾아내긴 했지만, 베커의 다른 많은 연구와 마찬가지로 더 깊은 탐색의 가능성을 제시한다는 점을 기억해야 한다.

노벨 경제학상을 수상하는 데는 다른 경제학자들이 어떤 분야를 이해하는 방식을 변화시키는 아이디어가 필요하다. 베커의 근본적인 통찰은 자원의 사용을 관리하는 방법에 대한 선택을 할 때마다 경제적 통찰을 적용할 수 있다는 것이다. 가격과 시장이 있는 상황에만 제한되지 않고 말이다. 차별에 대한 그의 초기 연구는 자연스럽게 인적 자본 분석으로 이어졌고, 이로써 그는 사람을 스스로 관리하는 자원으로 생각하게 되었다. 처음 경제학계 내부에서는 그가 왜 이런 문제를 연구하는지 의문을 가졌다. 다른 사회과학 분야에서는 그의 접근법이 순진하고 위협적으로 보였기 때문이다.

인간 행동에 대한 경제적 접근 방식은 이를 패러디한 로버트 배로Robert Barrow의 《양치질의 경제학The Economics of Brushing Teeth》이 보여주듯 거의 무한한 가능성을 가지고 있다. 베커의 연구는 시카고학파 가격 이론 전통의 증류물이다. 여우와 고슴도치 우화에 비유한다면 베커는 여우였다. 그는 많은 것을 알고 있었기 때문에 자신의 지식을 다르게 적용할 수 있는 방법을 계속 발견했다.

How to Think Like an Economist

20장

엘리너 오스트롬

정치학자

Elinor Ostrom

집단적 자원 관리 시스템은 유기적으로 생겨날 것이다

오스트롬은 재산권이 공식적으로,
법으로만 존재할 수 있다는 주장에 반대하고
관습과 관행의 결과물이 될 수 있다고 주장했다.

마침내 여성 경제학자가 등장했다. 시간이 흐르고 사회가 변하면서 성역할의 구분이 약해졌다. 마샬은 여성의 케임브리지 입학을 반대하면서 구시대적인 사람이란 낙인을 얻었다. 하지만 여성은 재산권이 제한되어 있었고 투표도 할 수 없었던 시기였다. 그렇다고 해서 그들이 경제에 대해 생각할 수 없었던 것은 아니다. 해리엇 테일러, 메리 페일리, 엘리자베스 부디, 리디아 로포코바, 로즈 디렉터, 매리언 크로포드, 도로시아 파이, 바바라 루이스 등이 아내이자 지지자로 등장했다. 그러나 경제에 대해 글을 쓰고 교수가 되는 것은 오랫동안 남성만의 특권이었다.

우리는 페일리와 부디, 심지어 로포코바까지도 남편을 충실히 보살피는 역할을 맡아 배우자의 경력을 확장하는 것을 보았다. 로즈 디렉터와 밀턴 프리드먼은 정치 경제 분야에서 적극적인 협력자였다. (밀턴 프리드먼과 로즈 디렉터 프리드먼은 공저로 이름을 올림.) 도로시아 파이와 허버트 사이먼은 심리학 연구를 함께했다. 바바라 루이스는 결국 경제사학자로서 명성을 쌓았다. 사회 변화는 점진적이었다. 20세기 중반에도 많은 여성이 대학 교육을 마친 뒤 결혼해 자녀를 낳고 가족의 주 양육자가 되었다.

조앤 로빈슨은 이 규칙의 명백한 예외였다. 1925년 22세에 결혼해 지극히 평범하게 두 딸을 낳았고 케인스 케임브리지 서클의 회원 중 하나였다. 그녀는 1975년 노벨상 수상이 유력시되었지만 성별 때문인지 좌파에 동조적인 정치적 성향 때문인지 수상은 좌절되었다. 대신 스웨덴 한림원은 2009년에야 여성에게 수상의 영예를 주었고 그 주인공은 엘리너 린 오스트롬이었다.

1933년 로스앤젤레스에서 태어난 엘리너 아완^{Elinor Awan}은 가난한 가정에서 성장했지만 비벌리힐스 고등학교에 입학하게 되었고 덕분에 대학 진학을 꿈꿀 수 있었다. 그녀는 UCLA의 학부 과정 내내 고학을 했고 이후에는 평범한 길을 걷기 시작했다. UCLA 동창과 결혼해 매사추세츠주로 이주한 그녀는 잠재적 고용주들이 그녀에게 속기 능력을 기대한다는 것을 알게 되었다. 그렇게 속기를 배웠지만 업무에 사용한 적은 없었다. 대신 그녀는 인사

부서의 보조 관리자로 일하며 회사에서 비서를 제외한 최초의 여성 직원이 되었다. 이후 그녀는 박사 학위를 취득하기 위해 대학으로 돌아가기로 했다. 결과적으로 결혼은 실패했고 그녀는 캘리포니아로 돌아왔다.

UCLA 경제학과는 그녀의 대학원 입학을 허가하지 않았다. 고등학교에 다니는 동안 수학을 멀리했던 그녀는 경제학자가 되기 위해 필요한 수학의 배경지식이 없었다. 대신 그녀는 정치학 프로그램의 입학 제안을 받았다. 그녀는 나중에 일부 교직원들이 네 명의 여성(40명 중에)을 떠맡게 될 수 있다는 전망에 불안해했다는 것을 알게 되었다. 그들은 여학생들이 졸업 후 좋은 자리에 취업하는 데 어려움을 겪을 것이고, 그것이 학과의 평판에 좋지 않은 영향을 미칠 것이라고 염려했다.

이런 차별의 경험은 1963년에 그녀가 14년 선배이며 부교수였던 빈센트 오스트롬 Vincent Ostrom과 결혼한 후에도 계속되었다. 1965년 박사 과정을 마친 후, 오스트롬 부부는 두 사람 모두를 고용할 수 있는 학교를 찾았다. 결국 인디애나대학이 동의했지만, 처음 엘리너 오스트롬은 1년간 고용되는 객원 조교수라는 다소 불안정한 자리에 만족해야 했다. 다음 해에는 정규직에 임용되었다. 그녀는 점차 명성을 쌓아갔다. 1973년, 그녀와 남편은 인디애나대학에 정치 이론 및 정책 분석 워크숍 Workshop in Political Theory and Policy Analysis을 만들었다. 현재 오스트롬 워크숍Ostrom Workshop으로 알려진 이 프로젝트는 50년 이상 운영되어 왔으며 정치학 분야의 국제적인 협력 네트워크로 자리 잡았다.

오스트롬 부부가 결혼했을 때 빈센트는 꾸준히 증가하는 인구가 물 공급을 앞지르고 있는 남부 캘리포니아에서 용수권 관리에 대한 연구로 이미 상당한 명성을 얻고 있었다. 지하 대수층에서 단시간에 물을 많이 퍼올리면서 돌이킬 수 없는 피해가 유발되고 있었다. 예를 들어, 엘리너 오스트롬의 박사 학위 논문 주제가 된 로스앤젤레스 서부 분지에는 염수 유입으로 물을 사용할 수 없게 될 위험이 있었다.

여러 도시가 분지 위에 자리 잡고 있었고, 그 도시 모두 물에 대한 접근권이 있었다. 그녀는 작은 도시들이 물 관리를 더 효과적으로 하는 경향이 있다는 결론을 내렸다. 작은 도시들은 물 사용을 더 효과적으로 추적하고 감시할 수 있었고 지역사회 구성원들이 수자원을 관리하는 도급업자와 상호작용을 할 기회도 더 많았다. 지역 전역에서 사람들이 다른 지역으로 떠남으로써 자원을 제대로 관리하지 않는 도시에 대한 불만을 표현한다는 증거가 많았다. 그녀는 공급의 다양성이 결과의 개선에 도움을 주었다고 주장했다.

오스트롬의 연구는 공유 자원을 효과적으로 관리하기 위한 자발적 협의 네트워크가 어떻게 생겨났는지를 보여주었다. 정부가 협력하는 법을 배우는 방법에 대한 셸링의 주장과 같이, 그들의 연구 결과는 효과적인 정부를 위해서는 단일 통치 기관이 필요하다는 1950년대의 통념에 도전했다. 그 대신 빈센트 오스트롬은 책임이 중복되는 다중심 기관이 존재할 수 있는 다원적 자원 관리라는 개념을 개발하기 시작했다.

엘리너 오스트롬은 인디애나에서 다중심 관리의 개념을 훨씬 더 발전시켰다. 그녀의 초기 연구는 지방 정부에서 인지할 정도의 효과성에 관한 것이었다. 서비스 품질에 대한 사람들의 평가에 편견이 있을 수 있다는 점을 알아차린 오스트롬과 그녀의 연구 보조원들은 가능하면 테이프자를 들고 도로에 쭈그리고 앉아 가로등의 강도나 포트홀의 수와 크기 등에 대한 객관적인 측정치를 얻었다.

그녀의 가장 중요한 연구는 경찰서의 품질을 평가한 것이었다. 미국은 경찰의 관할 구역이 다양하고 여러 조직의 지휘권이 중첩되어 있었다. 오스트롬은 거리 순찰, 교통 관리, 사건 신고 대응, 범죄 수사와 같은 광범위한 서비스 측정에 걸친 증거는 큰 조직이 작은 조직보다 더 효율적이라는 가정에 반한다는 결론을 내렸다. 또한 관할 구역 중첩이 문제가 된다는 증거도 거의 없었다. 다원적 기관들은 대중에게 이로운 방식으로 기능했다.

이런 연구는 협력 의지에서 비롯된 제도라는 형태로 자발적인 질서가 나타나는 방식을 다룬 하이에크의 이론과 관련된다. 하이에크가 법적·철학적 고찰에 몰두했다면, 오스트롬은 실험을 이용해 제도가 어떻게 출현하고 발전하는지 관찰하고, 그 실험 결과를 현장에서 신중하게 수집한 데이터와 비교하는 훨씬 더 강력한 경험적 접근 방식을 취했다. 그로 인해 그녀의 연구 결과는 매우 강력하고 신뢰할 수 있었다.

거기에는 지방 정부 조직의 효율성에 대한 사이먼의 초기 연구와도 중요한 유사점이 있었다. 사이먼이 기관 구조를 주어진 것으로 간주하고 공공 서비스 행정의 질을 탐구했다면, 오스트롬은 특정 유형의 기관이 지휘권을 효과적으로 행사할 수 있는 지역사회의 규모를 파악하는 데 관심을 두었다. 비교적 큰 규모의 커뮤니티라면, 단일 기관이 서비스 제공에 필요한 역량을 갖출 수도 있지만, 권한의 원격성은 서비스 공급의 실패로 이어질 수 있다. 이런 관료 체계는 서비스를 제공해야 하는 지역사회와 충분한 상호작용을 갖지 못하고, 비현실적이거나 결함이 있는 프로세스를 개발해, 지역의 요구를 충족하는 데 실패하며 따라서 궁극적으로 공공기관이 정당성을 잃을 수 있다.

오스트롬의 연구는 사람들이 사회적으로 바람직한 목표를 자각하지 못한 채 좁게 정의된 이기심을 추구한다는 게임이론의 편협한 해석과도 어긋난다. 실험경제학에서 죄수의 딜레마에 대응하는 것은 여러 플레이어가 협동적으로 행동할지 이기적으로 행동할지 선택하는 '자발적 공헌 게임'이다. 개발도상국의 농부들에게 협력은 저수지를 수리하고 관개 수로를 청소하기 위해 자기 시간을 포기하는 것이 될 수 있다. 다른 농부들의 노력으로 모든 농부가 이익을 얻게 되지만, 협력을 피하는 농부에게 벌칙이 부과되는 것은 아니다. 즉, 작업에 참여하지 않는 나머지 주민들이라고 해서 물에 대한 접근권에 제한을 받는 것은 아니다. 그런 '무임승차'는 공동 작업에 참여한 것보다 큰 이익을 가져다준다. 문제는 한 농부에게 해당되는 것이 모든 농부에게 해당된다는 점이다. 이기심은 관개 수로 작업을 회피하게 하고 이는 점진적으로 손실로 이어질 것이다.

1968년 개릿 하딘 Garrett Hardin의 논문 〈공유지의 비극 The Tragedy of the Commons〉이 발표된 이후 관련된 주장이 널리 받아들여졌다. 하딘은 항상 사람들의 이기심이 협력을 막는다고 주장했다. 그가 '공유지 commons'를 정의한 방식은 이후 오스트롬이 공유 자원 common pool resources을 많은 사람이 공동으로 소유하는 자원으로 정의한 것과 거의 같았다. 하딘의 방목권 사례는 용수권 문제와 같은 논리였다. 어떤 농부든 공유지에 자신의 가축을 방목할 수 있기 때문에 모두가 그렇게 한다. 하딘은 이기심이 공유지의 질을 점점 저하시켜 끝내는 사용할 수 없게 될 것이라고 주장했다.

하딘의 주장을 뒷받침하는 증거는 많아 보였다. 유럽 전역에서 수 세기에 걸쳐 모두가 접근권을 가졌던 공동 소유 토지가 점차 사유 재산이 되었다. 재산권이 공식화되면서 땅을 사용하고자 하는 농부들은 임대를 해야 했다. 지주들은 이전에 땅을 사용할 수 있었던 많은 사람보다 자원을 절약하고 관리하는 데 훨씬 더 강한 유인을 가지고 있는 듯했다.

해양 어업에서도 비슷한 문제를 관찰할 수 있다. 물고기는 바다에서 먼 거리를 이동할 수 있기 때문에 낚시는 거의 어디에서나 할 수 있다. 하딘은 해양 자원을 유지하고 관리할 유인이 누구에게도 없기 때문에 남획은 거의 필연적인 결과라고 주장했다. 유일한 대안은 정부가 합리적이지만 이기적인 행동이 공동의 자원을 파괴하는 일이 없도록 필요한 구조를 마련하는 것이다.

그녀는 캘리포니아의 수자원 관리에 대한 박사 학위 연구를 바탕으로 자원에 대한 접근권을 공유하는 지역사회에서 용수권과 방목권을 관리하는 많은 안정적인 시스템을 발견했다. 이런 관리 시스템은 수 세기 동안 지속되곤 했다. 이런 사례는 공유지 관리가 꼭 실패하지는 않는다는 것을 보여주었다. 이 때문에 오스트롬은 '공유지의 드라마'에 대해 이야기하기를 좋아했다. 거기에는 절망적인 실패도 있을 수 있지만 큰 기쁨을 주는 성공도 있을 수 있다.

오스트롬은 실험실 실험으로 효과적인 협력에 필요한 것이 무엇인지 파악하기 시작했다. 그녀는 공유지의 비극이 발생하는 실험 설계는 단 하나뿐이라는 결론을 내렸다. 즉, 자원을 사용하는 개인이 고립되어 있고 익명성을 가져야 한다. 이는 배를 타고 지구 반 바퀴를 돌아 법적 보호를 받지 못하는 국제 수역의 자원을 착취할 수 있는 해양 어업에서는 문제가 된다.

하지만 실험 결과는 참가자들이 서로 대화하는 것만으로도 협력의 통로를 열어 행동을 변화시킬 수 있다는 것을 보여주었다. 오스트롬 실험의 참가자들은 셸링이 예상한 정부의 행동과 거의 같은 방식으로 행동했다. 문제를 공유하고 있다는 것을 알게 된 사람들은 문제를 해결하기 위해 협력할 방법을 찾으려는 경향이 있다. 이는 애덤 스미스의 생각과도 일치한다. 사람들은 문제를 해결하기 위해 서로 협력하고 재화를 거래하고 교환하는 경향을 가진 사회적 동물이란 것이 다시 한번 입증되었다.

오스트롬은 자원 관리에는 자원 고갈을 막기 위한 일련의 사용 제한 규칙이 필요하다고 생각했다. 공동 토지 관리가 여전히 실행되고 있는 많은 농업 공동체에는 농부들과 토지 사이에 강한 유대가 형성되어 있었고, 많은 농부가 자신의 사후에도 농사 패턴이 계속되기를 기대했다. 그 결과, 각 세대는 자원을 관리해 다음 세대에 물려주어야 할 책임을 받아들였다. 일반적으로 이런 자원을 효과적으로 관리하기 위해서는 사용자 수가 안정적으로 유지되어야 했기 때문에 사망 시 사용권을 물려주는 방법을 명시하는 규칙이 필요했다. 이런 관행에서 재산의 소유권은 적절한 사용을 조건으로 한다는 중세의 이해가 적용되고 있는 것을 발견할 수 있다.

관리 규칙의 형태와 효과에 영향을 미치는 많은 요소는 지역사회의 통제 범위 밖에 있다. 여기에는 지역사회의 정치적 역사, 커뮤니티가 위치한 국가의 법률 체계(특히 토지에 대한 권리에 영향을 미치는)가 포함된다. 종교적 관습과 신념이 중요할 수도 있다. 이런 사회적 요인 외에도 자원의 성격, 자체 보충의 용이성, 그 능력에 대한 불확실성도 관리 시스템 설계에 중요한 요소가 될 수 있다.

오스트롬은 모든 연구를 한데 모아 제도 분석과 개발을 위한 일반적인 프레임워크를 만들었다. 여섯 가지 원칙으로 구성된 이 자원 관리 파악 도구는 경제학자들에게 중요한 것이지만 그 기반은 정치학에 있다. 이 도구의 목적은 지역사회가 어떻게 자원 관리법을 찾았는지 더 잘 이해하는 것이었다. 이는 자원의 유형과 관리 시스템의 다양성에도 불구하고 안정적인 시스템에는 공통된 특징(다른 시스템에는 없는)이 많다는 것을 보여주었다.

첫 번째 원칙은 공유 자원이 잘 정의되어 있다. 이는 관리되는 영역과 접근권이 있는 사람을 명시하고 있다는 것을 의미한다. 두 번째 원칙은 모든 사용자가 목소리를 낼 수 있는 참여형 관리다. 특히 변화하는 외부 환경에 적응해야 하는 경우 사용자가 관리 방식에 합의할 수 있는 프로세스가 있다. 수자원 관리를 예로 들면, 가뭄 동안 추가적인 제한을 가하는 방법에 대한 사전 동의가 있어야 사용자가 이를 받아들일 가능성이 높다.

여기에서 행동을 모니터하는 가장 좋은 방법은 무엇인가 하는 의문이 생긴다. 세 번째 원칙은 안정적 시스템에서는 광범위한 모니터링이 이루어질 가능성이 높으며, 모니터링을 맡는 사람들은 전체 커뮤니티에 대한 책임을 진다는 것이다. 네 번째 원칙은 모니터링은 규칙 위반에 대한 처벌을 전제로 하지만, 그런 처벌은 사회적 처벌인 것이 보통이며 벌금과 같은 경제적 처벌은 규칙 위반을 억제하기에 부족하다는 것이다. 또한 참가자가 모니터를 맡은 사람의 결정에 이의를 제기할 수 있는 기회가 있어야 한다. 여기에서 다섯 번째 원칙이 파생된다. 즉, 분쟁을 문제로 부각시키고 해소하는 토론의 장이 있어야 하며, 규칙 설정과 마찬가지로 이런 토론의 장에는 광범위한 지역사회의 참여가 필요하다. 마지막 여섯 번째 원칙은 자원 사용에 엄격한 공식적인 구조를 부과하기보다 참가자들이 비공식적인 그룹에서 함께 일할 수 있어야 한다는 것이다.

이 연구에서 오스트롬은 코스가 주장하고 올리버 윌리엄슨이 조정한 기업의 본질에 대한 주장을 보완했고, 이를 통해 윌리엄슨은 오스트롬과 함께 노벨 경제학상을 수상했다. 윌리엄슨은 경제활동이 자발적 교환을 통해 시장에서 또는 자원을 통제할 수 있는 계층 구조에서 이루어진다고 분석했다. 오스트롬은 사람들의 협력을 가능케 하는 제도의 출현으로 혼자서는 달성할 수 없는 성과를 달성할 수 있게 되었다고 주장했다.

더 넓게 보면, 오스트롬은 우리에게 정부 등장의 이론을 효과적으로 제시했다. 정부가 정확히 어떤 서비스를 제공해야 하는지에 대한 질문은 잠시 무시하자. 민주주의 사회에서 시민들은 정부가 많은 서비스를 제공할 수 있도록 자율성을 포기하는 것을 용인한다. 정부가 서비스를 제공할 수 있는 능력은 시민들의 세금 납부 의지에 달려 있다. 사람들이 세금을 회피하는 좁은 의미의 합리적 전략을 따르고 무임승차를 시작한다면 정부의 능력은 사라질 것이다.

정부는 오스트롬이 자원 관리를 위해 개발한 설계 원칙을 충족하는 존재로 생각할 수 있다. 각 국가에는 역사적 발전과 다른 많은 외적 요인으로 특유의 성격을 지닌 정부와 세금 제도가 있다. 국가는 그 경계가 잘 정의되어 있고, 시민권 또는 영주권은 사람들이 서비스에 대한 접근권(그리고 세금을 납부할 의무)을 갖는 기준이 된다. 애국심에 대한 호소(정부가 전쟁 자금을 마련하기 위해 저축과 절약을 장려하려는 때 가장 명확하게 드러나는)는 국가가 현 세대보다 오래 지속될 것이라는 기대를 강조한다. 또한 정부는 세법 준수를 감독하고 보장하기 위한 시스템을 만들고, 심각한 세법 위반에 따른 상대적인 제재를 정한다. (처벌로 사회적 제재에만 의존하는 정부는 거의 없고 대신 벌금, 심지어는 수감에 의존한다.) 민주주의 국가에서는 정부가 선출된 대표에 의해 구성되며, 이들은 공유 자원의 관리에 실패했다고 판단될 경우 해임될 수 있다. 선거는 국민이 공유 자원 관리를 위한 규칙 변경에 동의하는 과정이라고 생각할 수 있다.

우리는 보통 보이지 않는 손이라는 은유를 시장에 적용해, 생산량과 판매 가격을 결정하는 중앙의 기획자가 존재할 필요가 없다고 설명한다. 많은 구매자와 판매자의 상호작용만으로도 질서를 확립하고 마치 설계한 것과 같은 인상을 줄 수 있다. 오스트롬의 연구는 모든 시장이 복잡한 사회 제도라는 점을 상기시킨다. 구매자와 판매자는 서로를 찾고, 소통하고, 거래의 조건을 결정할 수 있어야 한다.

오스트롬은 협력이 지속될 수 있는 한 모두에게 이익이 되는 상황을 만들 수 있을지 알아내는 데 관심을 가졌다. 경제학자에게 가장 중요한 결과는 그녀가 대부분의 사람이 기꺼이 힘을 합하고자 한다는 점을 발견했다는 것이다. 그녀가 제시한 원칙은 여러 면에서 자명해 보인다. 그 원칙은 과도한 수요를 억제하는 동시에 동등한 접근 권한을 제공하는 효과가 있다. 절제, 신중함, 공정성에 기반한 이 원칙은 우리로 하여금 하이에크의 사회 제도가 등장하게 된 과정을 더 잘 이해할 수 있게 하며, 스미스의 《도덕 감정론》에 담긴 사회철학과도 일치한다.

21장

대니얼 카너먼과
아모스 트버스키

두 심리학자

Daniel Kahneman & Amos Tversky

우리가 의사 결정에 사용하는 프로세스는 어떻게 예측 가능한 실패로 이어지는가

행동경제학에서 정보는 우리가 관리해야 하는 자원이다.
행동경제학은 직관적인 의사 결정 과정이
우리의 인지 능력에 적합하다고 가정한다.

경제를 생각할 때라면 두 사람이 항상 한 사람보다 낫다. 훌륭한 아이디어는 팀워크에서 나오곤 한다. 그중에서도 심리학자 대니얼 카너먼과 아모스 트버스키의 파트너십은 두 가지 면에서 특출했다. 첫째, 이 파트너십은 25년 이상 지속되었고, 둘째, 현대 행동경제학을 정립하는 데 엄청난 기여를 했다. 그들의 연구를 통해 카너먼은 2002년에 노벨 경제학상을 수상했다. 트버스키가 생존했었다면 의심할 여지 없이 공동으로 수상했을 것이다. 이들의 협력 관계는 매우 긴밀했기 때문에 존 레논과 폴 매카트니처럼 항상 누가 무엇을 했는지가 명확하지 않았다.

행동경제학에서 정보는 자원이며 의사 결정에는 대가가 따른다. 의사 결정에 대한 행동경제학적 설명은 행동은 표준화된 프로세스를 따르고 정보 사용을 절약할 때 합리적이라는 허버트 사이먼의 이해와 공통되는 부분이 많다. 그러나 행동경제학은 사람들이 정보 처리에서 지름길을 택함으로써 정신적 과정을 올바르게 적용하는 데 체계적인 실패가 있다고 주장하면서 사이먼의 생각에서 벗어났다.

심리학자인 트버스키와 카너먼은 인간의 두뇌가 여러 면에서 훌륭한 것은 사실이지만 또 불완전하다는 것을 알고 있었다. 진화는 조상들이 직면했던 환경과의 상호작용에는 매우 효과적이었지만 현대 사회의 전형적인 문제를 처리하는 데는 그 효과가 떨어진다고 생각할 수 있다. 심리학자와 행동경제학자가 찾아낸 의사 결정의 약점은 사람들이 즉시 기억하거나 인식할 수 있는 것의 중요성을 과대평가한 결과다.

정보 제시의 방법이 의사 결정에 영향을 미친다는 증거를 발견한 카너먼과 트버스키는 우리 인간이 비합리적이라는 증거를 찾았다고 주장하지 않았다. 그들은 단지 광범위한 정보 처리 편향의 증거를 더 발견했다는 결론을 내렸을 뿐이다. 카너먼은 자신의 자서전《생각을 위한 생각 Thinking, Fast and Slow》에서 이런 편향이 어떻게 유발되는지 설명했다. 그는 우리가 대부분의 의사 결정에 '항상 켜져 있는' 시스템 1 프로세스를 사용한다고 말하면서, 일부 의사 결정에는 의식적인 사고가 수반되는 시스템 2를 사용해야 한다고 제안했다.

시스템 1 사고는 빠르고 직관적이며 정보를 거의 사용하지 않는다. 이는 본능을 따르는 것을 의미한다. 이 시스템은 입을 델 정도로 뜨거운 음식을 바로 뱉어내는 것과 같은, 환경에 대한 무의식적인 반응과 자동차 주차 같은 일상적인 행동을 관리한다. 운동선수의 경우 시스템 2가 의사 결정에 관여하면 경기력이 떨어질 수 있다. 너무 느리고 정신적 자원을 많이 요구하기 때문에 의사 결정의 속도가 중요한 경쟁 상황에서는 효과적이지 못하다. 체스를 두는 그랜드 마스터나 빔이 견뎌야 할 하중을 계산하는 엔지니어에게는 시스템 2가 훨씬 더 효과적이다. 따라서 시스템 2는 인간이라는 것이 의미하는 바에서 중요한 부분을 차지한다. 하지만 우리는 보통 시스템 2를 대기 상태에 두었다가 결정에서 경각심을 가지면 시스템 1을 능가할 것이라고 생각하고 시스템 2를 켠다.

이런 이중 의사 결정 시스템은 시스템적인 약점을 갖게 된다. 당신이 시스템 1을 사용하면서 거의 의식하지 못하는 빠른 결정을 내리고 있다고 가정해 보자. 이번에는 환경에 미묘한 변화가 있고 이미 시스템 2를 사용하고 있다고 가정해 보자. 그렇다면 당신은 계속 시스템 2를 사용할 것이다. 하지만 시스템 1을 사용하고 있고 시스템 2를 사용하도록 주의를 환기시키는 신호가 없다면, 시스템 1을 계속 사용할 수도 있다. 이로써 우리는 카너먼과 트버스키의 초기 연구를 이해하는 방법을 알 수 있다.

1970년대 초부터 그들은 사람들이 사용해야 한다고 가정한 의사 결정 규칙에 '휴리스틱 heuristic'이라는 용어를 사용하기 시작했다. 그들이 제안한 휴리스틱은 사람들이 정보를 접할 때 그 정보를 자신이 직면하고 있다고 생각하는 상황에 맞추려고 노력할 뿐 아니라 사용하기 가장 쉬운 정보를 택한다는 믿음에 기초한다. 이후 그들은 시스템 1 사고의 일부로서의 휴리스틱 사용이 사람들을 오도하는 실험을 설계했다. 실험이 예상했던 결과를 보여주면서 그들은 의사 결정에서 편향의 증거를 발견했다.

첫째, 그들은 대표성 휴리스틱 representativeness heuristic을 정보에서 예상되는 구조를 찾는 경향으로 정의했다. 그들은 초기 실험에서 과학자들에게 간단한 통계적 개념을 사용해 해결할 수 있는 문제를 주고 직관적인 판단을 내려달라고 요청했다. 실험 참가자들은 소규모 관찰 집단의 통계적 특성이 그 표본이 추출된 전체 집단과 매우 유사하리라고 예상하는 모습을 보였다. 예를 들어 동전을 반복해서 던지는 것을 생각해 보라. 동전을 수없이 많이 던진다면 우리는 앞면과 뒷면이 거의 비슷하게 나온다고 예상한다. 그렇지만 앞면과 뒷면이 계속 교대로 나온다면 우리는 무척 놀랄 것이다. 그런 배열 순서는 무작위로 보이지 않으니까 말이다.

동전을 10번 던진다면 어떨까? 앞면 5번에 이어 뒷면 다섯 번이 나오는 배열(앞앞앞앞앞뒤뒤뒤뒤뒤)은 앞뒤뒤앞앞뒤앞앞뒤뒤 같은 배열보다 가능성이 낮아 보인다. 하지만 이런 직관은 틀렸다. 동전 던지기 배열의 통계적 속성을 잠시만 생각하면 모든 배열의 발생 확률이 같다는 것을 알 수 있다. 이것은 확률 이론의 기본 결과 중 하나다.

전문가들이 작은 표본에서 전체 인구의 축소판과 같은 모습을 기대하는 경향은 휴리스틱 의존이 의사 결정에서 편향을 초래할 수 있다는 첫 번째 증거였다. 이 결과는 실질적인 의미가 없는 것처럼 보일 수 있지만, 트버스키와 카너먼은 이를 통해 우리가 어떻게 정보에 오도되는지를 설명했다. 1983년에 있었던 그들의 고전적인 실험은 다음과 같은 정보를 제공하면서 시작되었다.

린다는 31세의 독신 여성으로 솔직하고 대단히 똑똑하다. 그녀는 철학을 전공했다. 학생 때는 차별과 사회 정의의 문제에 큰 관심을 가졌고, 반핵 시위에도 참여했다. 이후 그들은 이런 질문을 던졌다. 어느 쪽이 더 가능성이 높을까?

A. 린다의 직업은 은행원이다.
B. 린다는 은행원이며 페미니스트 운동에 적극적이다.*

*대니얼 카너먼은 이 실험에 대해 이렇게 말했다. "이 실험에서 제가 린다가 사서였다고 기억했던 것은 우리 뇌의 작동 방식에 대해 중요한 것을 말해줍니다. 제 기억이 참가자들에게 제공하는 정보를 완벽히 일관적이게 편집한 것입니다. 참가자들에게 제공한 정보에는 아마도 린다가 은행에서 일할 가능성이 낮다고 생각하게 하려는 의도가 들어 있었을 것입니다. 하지만 때로는 필요에 의해 은행원을 선택할 수도, 은행이 그녀에게 주어진 가장 좋은 선택지였을 수도 있습니다. 배경을 좀 설명하면, 1983년은 1945년 이래 미국의 실업률이 가장 높았던 시기였기 때문에 어떤 자리든 만족해야 하는 젊은 졸업생들이 많았습니다. 또한 닉슨 대통령이 사임하던 1974년 대학을 졸업한 린다는 1976년에는 지미 카터에게, 1980년에는 로널드 레이건에게 투표하면서 젊은 시절의 걱정은 접어두었을 수 있습니다. 20대에 보수적인 성향이 강해졌다면 그녀는 프리드먼이나 하이에크와 같은 길을 걸었을 것입니다."

문제는 우리가 린다의 과거에 대한 설명을 읽고 그녀를 페미니스트 운동가로 분류할 준비가 되었다는 것이다. 이 같은 예시를 사용할 때마다 대부분의 사람(연구에 통계를 자주 사용하는 과학자를 포함한)은 린다가 페미니스트 은행원일 가능성이 높다고 생각한다. 그러나 페미니스트 운동가인 은행원은 절대 은행원의 수만큼 많을 수 없다. 물론 린다가 은행원이자 페미니스트 활동가일 가능성도 있지만, 그저 은행원일 가능성보다 더 높을 수는 없다. 다시 말하지만, 우리의 판단은 우리를 잘못된 방향으로 가게 하며, 우리는 보고 싶은 것만 본다.

카너먼과 트버스키는 대표성 휴리스틱뿐만 아니라 가용성 휴리스틱 availability heuristic 에 대해서도 정의했다. 이들은 가용성 휴리스틱 실험 시작 시 참가자에게 주어진 정보를 쉽게 떠올리는 것과 연관시켰다. 이후 카너먼은 정보가 사용하기 쉬울 때는 정보의 접근성에 대해서 생각하는 것이 더 유용하다는 결론을 내렸다. 우리가 그들의 연구 결과를 어떻게 설명하든, 중요한 것은 그들이 사람들이 정보를 접하는 형태가 접근성에 영향을 미친다는 많은 증거를 발견했다는 점이다.

접근성은 선택에 있어 대단히 중요하다. 식당에 갈 때라면 당신은 처음 가본 식당이나 지난주에 갔던 식당, 최근에 좋은 경험을 했던 식당을 선택할 것이다. 정신적으로 모두가 접근이 가능하기는 하지만 접근 방식은 각기 다르다. 따라서 접근성은 최소한의 정보로 의사 결정을 내리는 데 매우 유용한 (완벽하지는 않지만) 도구가 될 수 있다. 이는 제한적 합리성에 대한 사이먼의 생각과 포칼 포인트라는 셸링의 개념을 기반으로 한다. 셸링은 사람들이 누구나 접근할 수 있는 정보를 파악함으로써 문제를 해결할 수 있다는 것을 발견했다. 대표성과 접근성은 시스템 1 사고의 속도와 용이성을 설명하는 데 중요한 것으로 보인다.

정보의 제시 방법은 정보의 접근성에 영향을 미치며, 이는 우리의 선택에 많은 영향을 준다. 합리적 선택에 대한 최적화된 접근법은 정보의 표현이 아닌 내용에 대해 생각하게 만들었고 이는 프리드먼의《실증경제학의 방법론》이 남긴 또 다른 유산이라 하겠다.

트버스키와 카너먼은 일련의 실험을 통해 언어 사용이 자원을 투입하려는 의지에 어떻게 영향을 미치는지 보여주었다. 이 중 가장 잘 알려진 실험은 1981년에 진행된 것으로, 이 실험에서 그들은 사람들에게 새로운 질병의 치료법 개발에 대해 생각해 보라고 요청했다. 두 가지 버전의 문제 모두에서 치료제가 없으면 600명이 사망할 것이라 강조했고, 질병을 해결하기 위해 고안된 두 가지 정부 프로그램을 설명했다.

첫 번째 선택지는 200명의 생명을 구할 수 있는 프로그램과 600명 모두를 구할 확률이 3분의 1에 불과한 프로그램이었다. 두 번째 선택지는 사망을 피하는 데 초점이 맞춰졌는데, 200명의 사망을 확실하게 막는 것과 600명의 사망을 3분의 1의 확률로 막는 것이었다.

첫 번째 선택지에서는 72퍼센트가 200명의 생명을 확실히 구할 수 있는 프로그램을 선호했다. 두 번째 선택지에서는 78퍼센트가 600명의 사망을 막을 확률이 3분의 1인 프로그램을 선호했다.

두 시나리오의 차이는 다른 언어를 사용한 문제의 구성 방식이었다. '목숨을 구하는 것'의 관점에서 이야기하느냐 '사망을 막는 것'의 관점에서 이야기하느냐가 사람들의 의사 결정을 변화시켰다. 많은 참가자가 일부 생명을 구하는 것이 더 낫다고 생각했지만, 다른 참가자는 위험을 무릅쓰고 모든 사망을 막는 것이 더 낫다고 생각했다. 이 실험은 여러 차례 복제되었다. 코로나19 팬데믹 기간에도 이 실험의 복제가 이루어졌고 이는 일부 공공 메시지에서 '인명 구하기'에서 '사망 막기'로 초점이 바뀌는 결과를 가져왔을 수도 있다. 이 실험은 사람들이 확실한 혜택을 선호하면서도 손실을 줄이기 위해서는 위험을 감수하는 경향을 시사한다.

문제의 프레이밍이 의사 결정에 영향을 미친다는 것을 발견한 카너먼과 트버스키는 불확실한 환경에 직면했을 때 사람들은 불확실성 자체보다는 손실을 피하려고 노력한다고 판단했다. 이런 통찰은 선택 휴리스틱에 대한 이해와 함께 카너먼에게 노벨 경제학상을 안겨준 연구의 토대가 되었다.

이를 소개하기 위해 1951년에 파리에서 열린 만찬으로 거슬러 올라가 보자. 프랑스 경제학자 모리스 알레^{Maurice Allais}는 의사 결정 이론에 관한 심포지엄 도중 만찬에 참석한 사람들에게 작은 오락거리를 제공했다. 사실 그는 심포지엄에 참석한 노련한 의사 결정권자들이 선택에 대한 두 가지 설명 사이의 패턴을 인식할 수 있는지 테스트하고 싶었다. 이는 30년 후 카너먼과 트버스키가 개발한 프레이밍과도 연결된다.

알레는 청중들에게 두 가지 상황 중 어느 쪽을 택하고 싶은지 물어보았다. A1은 1억 프랑을 받을 확률이 100퍼센트, A2는 1억 프랑을 받을 확률은 89퍼센트, 한 푼도 받지 못할 확률은 1퍼센트, 5억 프랑을 받을 확률은 10퍼센트였다. 이후 그는 두 번째 상황을 제시하고 다시 한번 참석자들에게 어느 쪽을 택하고 싶은지 물어보았다. B1은 한 푼도 받지 못할 확률은 89퍼센트, 1억 프랑을 받을 확률은 11퍼센트, B2는 한 푼도 받지 못할 확률은 90퍼센트, 5억 프랑을 받을 확률은 10퍼센트였다.

당시 1억 프랑은 약 25만 달러의 가치가 있었으므로 알레가 선택한 숫자는 모두가 진지하게 고민할 만한 액수였다. 잠시 이 선택지에 대해 생각해 보자. A1과 B2를 선택했는가? 그렇다면 심포지엄에 참석한 많은 게스트와 동일하다. 알레에게는 대단히 만족스러운 결과였다. 그는 폰 노이만과 모르겐슈테른의 기대 효용에 대한 수학적 분석에 친숙한 사람들을 상대하고 있었다. 그곳의 사람들이라면 자신들이 직면할 수 있는 상황 간의 차이에만 집중해야 했다. 하지만 그는 그것을 의도적으로 어렵게 만들었다.

상황 A1과 상황 A2 중 하나를 선택할 때 1억 프랑을 받을 확률은 89퍼센트였고, 상황 B1과 B2에서는 한 푼도 받지 못할 확률이 89퍼센트였다. 이런 공통 요소를 분리하면 다음과 같은 선택지를 만들 수 있다.

   C1. 1억 프랑을 받을 확률은 100퍼센트

   C2. 한 푼도 받지 못할 확률은 9퍼센트, 5억 프랑을 받을 확률은 91퍼센트

기대효용이론에 따르면 선택에서 복권 A1과 A2의 공통 요소에는 영향을 받지 않아야 한다. 복권 B1과 B2의 공통 요소도 마찬가지다. 즉, 어떤 사람이 C1과 C2 중에서 어떤 선택을 할지 안다면 다른 상황에서도 그 사람의 선택을 예측할 수 있다. 사람들은 A, B, C의 세 가지 상황에서 모두 첫 번째를 선택하거나, 아니면 일관되게 두 번째를 선택해야 한다. 그러나 사람들은 보통 A1과 B2라는 변칙적인 선택을 하며, 이는 곧 알레의 역설로 알려지게 되었다. 카너먼과 트버스키는 이것을 의사 결정에 영향을 미치는 프레이밍 효과의 증거로 보았다. 그들의 전망 이론(위험 하에서의 선택에 대한 행동학적 설명)은 알레의 역설의 한 버전에서 출발했다. 알레의 역설을 사용하는 방법 역시 두 심리학자의 아이디어를 경제학자들이 더 쉽게 받아들이도록 프레이밍한 형태라고 생각할 수 있다.

  이들은 손실 회피의 역할을 강조하며 사람들이 이익보다 손실에 더 민감하다는 실험적 증거가 존재한다고 주장했다. 그들은 일

반적으로 일정 금액을 잃는 고통이 같은 금액을 얻는 즐거움보다 약 두 배 정도 크다고 말했다. 그들은 사람들이 기대 가치가 동일할 때 도박보다는 확실한 이득을 선호하는 경향이 있지만, 확실한 손실을 피하기 위해서는 도박을 선호한다고 주장했다. 그들은 손실과 이득에 따라 결정을 평가하는 방식에 초점을 맞춤으로써 사람들이 일정한 기준 수준의 상대적 변화에 관심을 갖는다는 점을 강조하면서 선택의 프레이밍을 거론할 수 있었다.

이는 그들로 하여금 알레의 역설을 두 가지 문제의 프레이밍 측면에서 해석하게 해주었다. A1에서는 1억 프랑의 확실한 이득이 있었고, A2에서도 가장 가능성이 높은 결과는 1억 프랑의 이득이었다. 우리는 이 문제를 읽은 참가자들이 1억 프랑의 이득을 기준 금액으로 본다고 생각할 수 있다. 이후 참가자들은 기준 금액을 받을지, 손실을 입을 수도 있고 훨씬 큰 이득을 볼 수도 있는 도박을 할지 선택할 수 있다. 많은 사람이 A1의 확실성을 선호했.

상황 B에서는 자연스럽게 선택의 기준으로 삼는 금액이 0이 된다. 따라서 여기에서는 이득과 확률의 조합이 다른 선택을 하게 된다. 많은 사람이 B2처럼 큰 금액이 걸려 있을 경우에는 약간 낮은 승리 확률을 감수할 만한 가치가 있다고 생각한다.

카너먼과 트버스키는 사람들이 항상 경제 이론의 수학 공식이 제시하는 원칙에 따르지는 않는 이유를 설명하기 위해 전망 이론

prospect theory을 제시했다. 기대효용이론은 이 접근법의 주요 부분 중 하나였다. 폰 노이만과 모르겐슈테른이 이 이론을 개발한 때부터 많은 비평가가 있었지만, 그중에서도 가장 유명한 사람은 사이먼과 하이에크였다. 카너먼과 트버스키는 행동경제학을 발전시키면서 우리가 선택을 설명하는 방법과 가장 접근성이 높은 정보를 사용해 빠르고 직관적으로 선택하는 방법을 이해하는 것이 중요하다는 점을 강조하면서 이런 비판의 대부분을 통합했다. 이들의 의사결정이론은 진화의 과정을 통해, 아마도 사회화 과정을 통해서 우리에게 부여된 인지 능력을 반영하기 위한 의도를 갖고 있었다.

우리는 정보를 관리하는 도중 자주 실수를 저지른다. 그리고 실수가 명백한 경우에는 그것을 바로잡는다. 그러나 실수의 성격이 명백하지 않은 때가 많다. 예를 들어, 식단 선택은 체중 증가나 비만으로 이어져 건강 문제가 발생할 확률을 높일 수 있다. 셸링은 이 문제를 경쟁적 이해관계의 측면에서 탐구한 반면, 베커는 이것을 인적 자본을 개발, 즉 습관 형성의 문제라고 생각했다. 셸링은 전략을 개발해 장기적인 이익이 우위를 차지하도록 해야 한다고 생각한 반면, 베커는 습관은 그 형성 방식 때문에 깨뜨리기가 어렵다고 생각했다. 행동경제학에서 습관을 깨는 데는 시스템 2 사고의 재구성이 수반될 가능성이 높았다. 물론 행동적 접근 방식은 베커보다는 셸링의 생각에 더 가깝다.

이는 리처드 탈러 Richard Thaler의 연구로 이어진다. 그는 트버스키와 카너먼의 연구가 얼마나 중요한지 처음으로 알아본 경제학자 중 한 명으로 2017년 노벨 경제학상을 수상했다. 탈러는 《넛지 Nudge》로 대중적인 명성을 쌓았다. 법학 교수인 캐스 선스타인 Cass Sunstein과 함께 연구를 진행한 탈러는 공공기관에서 사람들이 정보를 접하는 방식에 작은 변화를 줌으로써 그들이 보다 효과적인 의사 결정을 내리도록 도울 수 있다고 주장했다. 탈러와 선스타인이 자주 사용하는 아주 간단한 예로, 회사 구내식당에서 눈에 띄고 가장 쉽게 손이 닿는 곳에 샐러드와 채식 요리를 배치하는 경우가 있다. 그러면 더 많은 사람이 채소를 선택할 것이다. 이 접근법은 어떤 면에서는 매우 성공적이지만 공공기관이 의사 결정권자를 특정 정보로 유도하는 것이 용인되는지에 대한 논쟁이 계속되고 있다. 이런 방식은 개인이 지닌 의사 결정의 자율성을 떨어뜨릴 것이다.

행동경제학에서 정보는 우리가 관리해야 하는 자원이다. 행동경제학은 직관적인 의사 결정 과정이 우리의 인지 능력에 적합하다고 가정한다. 이를 통해 우리는 아주 적은 정보로 매우 빠르게 결정한다. 하지만 거기에는 중요한 약점이 있다. 우리는 사실에 의해서만 설득되는 것이 아니라 요령 있는 제시에 의해서도 설득당할 수 있다.

How to Think Like
an Economist

22장

로버트 루카스

이상주의자

Robert Lucas

거시경제학에서 케인스주의적 경향을 모두 제거하다

Robert Lucas

> 루카스는 기업이 이용할 수 있는 기회가 한정되어 있는 상황에서 경제가 계속 성장할 수 있는 방법에 집중하는 다른 길을 택했다.

밀턴 프리드먼의 통화 경제학을 바탕으로 삼은 로버트 루카스는 거시경제학에 마침내 시카고학파의 특색을 더했다. 경제 행동은 보통 합리적이라고 확신한 그는 새고전 경제학의 발전에서 주도적인 역할을 했다. 이 운동은 1970년대 초부터 미국 케인스주의가 정설로 자리 잡은 경제사상에 이의를 제기했다. 1980년대에는 이전 10년간의 급진적인 아이디어들이 광범위하게 받아들여졌다. 그 결과 현재의 거의 모든 거시경제학에는 루카스의 영향력이 스며들어 있다. 시카고에 뿌리를 두고 행동을 합리적으로 취급하는 입장을 고수한 루카스의 연구는 자연히 인간 행동에 대한 베커의 경제적 분석을 보완한다.

합리성에 대한 이런 신념은 그가 일부 가격, 특히 임금이 경제 상황의 변화에 따라 조정되는 데 긴 시간이 필요하다는《고용, 이자 및 화폐의 일반 이론》의 주장에 공감하지 못했다는 것을 의미한다. 또한 그는 가격 유연성에 대한 믿음 때문에 수요 관리에 대한 미국의 케인스주의적 접근법, 즉 정부가 지출과 세금을 조정해 실업과 인플레이션을 관리할 수 있고 동시에 경제 성장을 가능케 하는 데 필요한 민간 투자도 장려할 수 있다는 주장을 받아들이지 않았다. 보수주의자였던 그는 경제학자가 공직에 진출하는 것에 매우 회의적이었다. 미국 대통령 경제자문위원회 의장이 된다면 어떻게 할 것이냐는 질문에 그는 아주 간단하게 "사임"이라고 답했다.

1937년 워싱턴주에서 태어난 루카스는 시애틀에서 성장했다. 그는 중년까지 부모님과 정기적으로 편지를 주고받았고, 부모님에게 애정이 듬뿍 담긴 글을 썼다. 그가 아직 아기일 때 가족 사업이 실패했다. 그의 아버지는 시애틀의 조선소에서 다시 일했지만 결국 엔지니어링 회사를 운영하게 되었다. 그의 어머니 역시 세 자녀를 돌보며 집에서 패션 업계의 광고 아티스트 일을 했다. 부모님의 경험으로 인해 그는 뉴딜 민주당 지지자가 되었다. 젊은 시절의 그에게는 극히 합리적인 선택으로 보였다. 이후 그의 정치적 보수주의는 경제학으로부터 발전한 것이다.

1955년 루카스는 집을 떠나 장학금을 제안한 시카고대학에 진학했다. 장학금이 아니었다면 MIT나 공과대학에서 공학을 공부했을 것이다. 새뮤얼슨과 사이먼이 학부생이었던 1930년대와 마찬가지로 시카고대학은 대부분의 학생을 폭넓은 커리큘럼에 참여하도록 했고, 루카스는 현대 정치, 사회 사상의 토대가 되는 고전 철학에 사로잡혔다. 그의 학부 전공은 역사학이었고, 그가 표현했듯 시카고대학에 있는 동안 "지적 관심사와 그에 대한 글쓰기"를 추구하는 흥미로운 커리어의 가능성을 상상하기 시작했다. 이 단계에서 그는 경제학의 중요성을 감지했지만 경제학에 대한 정식 교육은 받지 않았다.

우드로 윌슨 박사 과정 장학금 Woodrow Wilson Doctoral Fellowship 을 받은 루카스는 버클리로 가서 경제 발전, 특히 산업혁명 이전의 유럽에서의 경제 발전에 영향을 미친 문화적·사회적 요인에 대한 전문가 카를로 치폴라 Carlo Cipolla, 데이비드 랜즈 David Landes 의 경제사 수업을 들었다. 이런 위대한 학자들의 지지에도 불구하고 버클리의 경제학자들은 그를 학생으로 받아들이지 않았다. 오스트롬처럼 수학적 능력이 부족하다는 것이 이유였다. 미국 대통령 선거에서 그가 닉슨이 아닌 케네디에게 투표한 1960년, 그는 아내와 함께 시카고로 돌아가 경제학과 대학원생이 되었다.

그는 공부를 준비하면서 케네스 볼딩 Kennet Bouding 의 《경제 분석

Economic Analysis》에서 새뮤얼슨의 《경제 분석의 기초》가 "경제학에서 가장 중요한 책"이라는 글을 읽고 그의 조언에 따랐다. 처음 네 개의 챕터를 정독한 그는 새뮤얼슨이 만든 이론적 구조를 이해하기 시작했고 자신이 새뮤얼슨이 《경제 분석의 기초》을 집필했을 때와 같은 나이라는 것을 깨달았다. 동시에 새뮤얼슨에 비교할 만한 일을 할 수 있다는 가능성도 보았다. 루카스는 그해 여름의 독서로 시카고대학에서의 첫 학기에 프리드먼의 가격 이론 수업을 들으며 지적 흥분을 느낄 준비를 갖추고 있었다.

1960년대 초, 루카스는 시간에 따른 전체 경제의 성격 변화를 분석하는 방법에 대해 생각하기 시작했다. 이것은 아놀드 하버거가 지도교수였던 박사 과정 중에 시작되었다. 이 시기에 경제 내 사용 가능한 자본의 증가로 경제 생산량의 수준이 올라가는 과정에 대한 고민이 시작되었다. MIT에 있었다면 그는 솔로의 발자취를 따랐을 것이다. 하지만 그는 프리드먼과 스티글러가 경제학의 본질에 대한 논의를 지배하는 시카고에 있었다. 그로 인해 본능적인 케인스주의에 대한 동조가 재빨리 사라졌다. 대신 그는 경제를 빠르고 효과적으로 충격을 흡수할 수 있는 자기 조직화 기계로 보는 시카고학파의 생각을 전형적으로 보여주게 된다.

루카스는 학자로서의 첫 일자리를 찾아 피츠버그의 카네기멜론대학 산업행정대학원에 갔다. 그곳에는 허버트 사이먼이 막강한 영향력을 행사하고 있었다. 사이먼은 1950년대 후반에는 경제학 분야의 연구를 중단한 상태였지만, 루카스는 사이먼이 항상 너그럽게 시간을 내 커피 한잔을 마시며 이야기를 나눠주는 사람이라는 것을 알게 되었다. 루카스는 카네기멜론에서 레너드 랩핑Leonard Rapping과 긴밀한 협력 관계를 구축했다. 두 사람은 아이디어를 개발하기 시작했고 루카스는 그 아이디어를 커리어 내내 옹호했다.

그는 사이먼 연구팀의 일원으로 이미 '합리적 기대rational expectation'라는 개념을 개발한 존 무스John Moth의 여러 아이디어에도 의지했다. 사이먼과 함께 조직의 의사 결정에 대해 연구하던 무스는 의사 결정권자가 효율적인 선택을 해야 하는 시점에 입수 가능한 모든 정보를 사용해야 한다는 대단히 합리적인 제안을 했다. 이는 미래가 확실하다면 의사 결정은 예상하는 상황과 정확하게 일치해야 한다는 의미였다.

무스의 합리적 기대 가설은 미래에 일어날 수 있는 일, 예상할 수 있는 것에 집중했다는 면에서 혁신적이었다. 《고용, 이자 및 화폐의 일반 이론》에서 사람들이 미래를 어떻게 생각할지에 대한 케인스의 입장은 모호했다. 그의 주장 중 일부는 사람들이 현재의 상태가 미래의 상태에 대한 최선의 추측이라고 믿어야 한다고 가정했다. 다른 경우에는 그가 사람들이 금리와 같은 경제 변수가 장기적인 가치에 맞춰 점진적으로 조정될 것이라고 암시하는 듯 보였다. 1960년대 내내 미국 케인스주의자들은 의사 결정자들이 과거 데이터만을 참고해서 최근 사건으로부터의 외삽이 포함된다고 가정하는 경향이 있었다.

루카스와 랩핑은 노동시장 분석에 이런 접근 방식을 사용했지만, 곧 자신들의 연구에 합리적인 기대치를 통합하는 것이 낫다는 결론을 내렸다. 그들은 그것을 더 현실적인 대안으로 보았을 뿐 아니라, 이 가정으로 자신들의 모델에서 지속되는 실업을 제거할 수 있어 케인스주의의 특성 중 루카스와 랩핑 모두가 바람직하지 않다고 여겼던 것을 없앨 수 있다는 점을 곧 알아냈다.

1969년, 랩핑은 베트남 전쟁 반대 시위에 관여하면서 급진적인 베트남전 비판가가 되었다. 5년간 이어온 두 사람의 긴밀한 협력 관계는 루카스에게 대단히 중요했다. 이들의 관계는 그 후 루카스가 상당한 명성을 쌓고 프리드먼의 비판가이자 새뮤얼슨에 영감을 받은 젊은 경제학자 그룹의 선도자로 인정받을 때까지 지속되었다. 이 그룹의 선도자들 대부분은 미국 중서부, 특히 시카고와 미네소타의 유명 대학에서 교육을 받았다. 그중 루카스, 토머스 서전트Thomas Sargent, 핀 쉬들란Finn Kydlan, 에드 프레스콧Ed Prescott이 노벨 경제학상을 수상했다. 그들은 하버드의 로버트 바로Robert Barro와 함께 새고전파 경제학자들의 핵심이었다. 1970년대에 이들의 부상은 미국 케인스주의 분석의 약점을 반영했다.

1950년대와 1960년대를 거치면서 정부는 케인스주의적 수요 관리가 잘 작동한다는 것을 발견했다. 프리드먼은 통화 경제학과 정치학 저술 양쪽에서 이 접근법에 이의를 제기했다. 1964년 골드워터Bary Goldwater 상원의원의 대통령 선거 캠페인에 경제 청사진을 제공한 프리드먼의 《자본주의와 자유》가 출간되었을 때 루카스는 아직 대학원생이었다. 그리고 1978년 《선택할 자유》를 집필했을 때의 프리드먼은 이미 시카고대학에서 은퇴한 뒤였다. 프리드먼은 여전히 설득력 있는 보수주의자이며 지칠 줄 모르는 자유의 수호자였지만 거시경제학 분야에서 지적 리더십의 바톤은 루카스에게 넘어가 있었다.

1960년대 후반, 프리드먼이 인플레이션과 실업률 사이에 안정적인 관계가 있으며 이것이 정부 정책 입안자들에게 유용할 수 있다는 생각을 해체했을 때도, 그는 의사 결정자들이 미래에 일어날 일을 예측하는 방법에 대한 루카스의 초기 아이디어에 의지해 인플레이션의 예상하지 못한 요소만이 실업률을 낮춘다고 주장했다.

1960년대 후반, 인플레이션과 실업률의 상승은 미국 케인스주의 거시경제학이 새로운 형태의 거시경제학을 개발하는 루카스를 비롯한 젊은 경제학자들에게 표적이 되었다는 의미였다. 루카스를 비롯한 새로운 세대의 경제학자들은 경제 부문 간의 자금 흐름에 대해 생각하는 케인스주의적 접근법을 개별 의사 결정권자의 행동을 이해하려는 시도로 대체했다. 이로써 그들은 먼저 합리적 선택의 목표인 최적화에 집중하고, 이후 가격은 항상 유연할 수 있다는 점을 강조했다. 합리적 기대, 최적화, 가격 유연성의 조합은 그들로 하여금 임금이 높아 기업이 일자리를 찾는 근로자들을 고용하지 않게 된다는 케인스주의적 입장을 거부하게 했다.

루카스는 실업이 발생할 때마다 기업가들이 사업을 시작할 수 있다고 주장했다. 이 경우 기업은 시세보다 낮은 임금을 지급하지만, 실직 노동자들에게는 여전히 매력적이다. 한편 기업은 생산물에 대해 기존 시장 가격을 청구할 수 있기 때문에 상당한 이윤을 남길 수 있다. 루카스는 전형적인 시카고 스타일로 '테이블에 남는 돈이 없을 것'이라고, 즉 수익의 기회가 보이면 누구든 그 기회를 잡아 활용할 것이라고 주장했다. 이는 유연한 가격이 노동시장을 포함한 모든 시장의 균형을 보장할 수 있다는 것을 의미했다. 비자발적 실업의 가능성을 배제한 루카스는 실업에 대한 새로운 설명과 실업이 지속되는 이유를 찾기 시작했다.

그 답은 1972년 그의 가장 중요한 논문에서 드러났다. 그는 사람들이 완전한 정보를 가지고 있지 않다는 점을 강조하며 정보의 '섬'들로 이루어진 사회를 상상했다. 당신이 식당을 운영하는데 고객들이 더 높은 가격도 기꺼이 지불한다는 것을 발견했다고 가정해 보자. 이는 물가가 상승했기 때문에 당신 역시 가격을 올리리라고 예상한 증거라고 볼 수도 있고 경제 내에서 수요가 증가했다는 증거로 볼 수도 있다. 가격을 인상하는 대신 직원에게 더 긴 시간 근무하도록 요청해 높은 수요를 충족할 수도 있다. 안타깝게도 제한된 정보만으로는 모든 가격이 인상되었는지, 아니면 수요가 증가했는지를 쉽게 알 수 없다.

1960년 솔로와 새뮤얼슨이 발견한 것과 같이 이런 제한된 정보 이용 가능성은 물가와 실업률 사이에 일시적인 관계를 낳기에 충분하다는 것이 드러났다. 이후 루카스는 의사 결정권자가 합리적 기대치를 사용해 미래를 예측한다면 정책 입안자들은 예상 밖의 일을 해야만 물가와 실업률 간의 관계를 이용할 수 있다고 설명했다. 사업주는 전반적인 인플레이션으로 인해 가격이 더 높아졌다고 믿는 경우 생산 결정을 바꾸지 않을 것이고, 정책은 소득을 높이는 데 효과적이지 않을 것이다. 정부가 미리 발표하는 정책이나 같은 규모의 반복적인 충격 역시 효과가 없을 것이다. 정책이 예측 가능한 한도 내에 있다면 사람들은 그 정책을 예상할 것이고 생산량이 변하기보다는 가격이 조정될 것이다.

1970년대에 대표적인 새고전파 경제학자들은 수요 관리 정책의 실패를 예측하는 몇 가지 중요한 논문을 발표했다. 이 논문은 사람들이 가격을 자유롭게 합의할 수 있다는 전제 내에서 경제 구조를 이해하고 미래에 일어날 일에 대한 충분한 정보를 가지고 있는 사람들은 정부 조치가 경제에 어떤 영향을 미칠지 예측할 수 있다는, 따라서 실업률을 낮추거나 투자를 늘리거나 국민소득을 늘리기 위한 정부의 개입은 실패할 것이라는 공통된 생각을 담고 있었다.

프리드먼이 어빙 피셔의 화폐 이론과 웨슬리 미첼의 경기 순환 분석을 돌이켜보고 케인스 이론이 효과가 없을 것이라고 주장한 반면, 새고전주의 경제학자들은 개별 결정의 종합된 효과에 대한 타당한 이론적 주장에 의존해 《고용, 이자 및 화폐의 일반 이론》의 분석이 설득력이 매우 약했다고 주장했다. 이로써 그들의 연구는 수학에 대한 의존도가 높아졌다. 지나치게 추상적이라는 이유로 여러 저널에서 게재를 거부당한 루카스의 논문(〈기대와 화폐의 중립성 Expectations and the Neutrality of Money〉을 말한다_옮긴이)은 〈경제 이론 저널 Journal of Economic Theory〉을 통해 발표되었다. 루카스는 수학적 모델만이 아이디어를 흥미롭게 표현할 수 있다고 거듭 제안했다. 이는 한때 역사가가 되려 했다가 경제학으로 방향을 돌린 일종의 개종자가 가진 열의였을 것이다.

그는 1970년대 초반 주류에 대한 비평가로 여겨지기를 기대하고 모임에 참석했지만 대신 많은 경제학자가 자신이 만들어내고 있는 결과를 생성할 모델링을 찾고 있다는 것을 발견했다고 회상했다. 그러나 어떤 면에서 새고전주의 사상은 케인스주의의 토대 위에 세워진 것으로 볼 수 있다. 새고전주의는 많은 동일한 기술을 채택하고 유사한 문제를 연구했다. 하지만 상대적으로 크지 않은 차이가 결과에 중요한 차이를 가져왔다. 솔로는 새고전주의 경제학자들이 발견한 많은 결과가 1960년대 미국 케인스 모델에 함축되어 있다고 생각했다.

1974년 루카스는 시카고로 돌아와 계량경제학 모델링에 대한 '루카스 비판'을 개발했다. 이는 합리적이고 미래지향적인 의사 결정자가 정책 결정에 어떤 영향을 주는지에 초점을 맞춤으로써 정부 정책의 효과가 제한적임을 보여준 이전의 연구 결과를 바탕으로 했다. 정책 결정자가 기존 데이터를 사용해 측정한 경제의 형식 모델이 있다고 가정해 보자. 루카스는 정책 결정자들이 모델을 사용해 개입의 효과를 예측하려고 할 때 사실상 다른 의사 결정자의 행동이 변하지 않는다고 가정하게 될 것이라고 말했다. 루카스는 정책 결정자가 정책 개입이 경제의 기본 구조에 어떤 영향을 미칠지 고려해야 한다고 주장했다.

이것은 새로운 통찰이 아니었다. 루카스는 특히 계량경제학자 제이콥 마샤크과 얀 틴베르헨 Jan Tinbergen이 이런 문제를 이미 지적했다는 것을 인정했다. 또한 루카스가 비판을 전개하던 당시 영국의 정치경제학자 찰스 굿하트 Charles Goodhart는 정책 입안자가 어떤 변수의 값을 경제 정책의 기초로 삼는다면 곧 그 변수에 따르는 행동이 바뀔 것이라고 말했다. 루카스는 정책 입안자들이 경제 모델을 구축할 때는 정책이 결정되고 실행되는 방식을 고려해 정부의 정책 입장이 효과적으로 경제 모델 구조의 일부가 될 수 있도록 해야 한다고 주장함으로써 그런 우려를 넘어섰다. 현재 널리 채택되고 있는 이 비판은 많은 대규모 경제 모델의 설계에 영향을 주었고 거시경제 모델링에 대한 실제 경기 순환 접근법의 발전을 추진했다.

이후 루카스는 처음 관심을 두었던 연구 분야인 자본 축적으로 돌아갔다. 1980년대에 그는 솔로가 1950년대에 처음 개발했던 성장 이론을 확장하기 시작한 경제학자 중 하나였다. 솔로의 연구는 경제 성장의 수렴이 있을 것을 예견했다. 또한 경제가 완벽하게 경쟁하는 기업들로 구성된다고 가정했다. 1980년대에는 수렴에 반하는 명백한 증거가 있었다. 선진국 사이에는 수렴이 일어나는 것처럼 보였지만, 이들 국가와 많은 후진국 사이의 격차는 점점 더 커지고 있었다.

솔로 접근법에 생산성 증가에 대한 설명을 도입하는 방향으로의 첫걸음은 내디딘 것은 2018년 노벨 경제학상 수상자인 솔로의 제자 윌리엄 노드하우스다. 그는 1969년에 발표한 초기 논문에서 특허를 통해 혁신을 보호해 기업이 일시적인 시장 지배력을 얻도록 하는 성장 모델을 개발했다.

루카스는 기업이 이용할 수 있는 기회가 한정되어 있는 상황에서 경제가 계속 성장할 수 있는 방법에 집중하는 다른 길을 택했다. 그가 선호하는 해법은 생산이 축적된 지식의 양에 달려 있다는 것이었다. 인적 자본에서의 베커와 유사하게, 루카스는 일하는 데 시간을 투자하는 것처럼 지식을 개발하는 데도 시간을 보낼 것을 제안했다고 생각할 수 있다. 다시 말하지만, 이것은 완전히 새로운 접근법은 아니었다. 산업 집적화 clustering(동일한 산업의 회사가 서로 가까이 위치해 공유 인프라, 숙련된 노동력 및 전문 공급업체의 혜택을 받는 현상. 해당 지역 모든 회사의 비용 절감으로 이어진다_옮긴이)로 이어지는 외부 규모의 경제에 대한 마샬의 주장은 산업 내에서도 유사한 의미를 가졌다.

이런 이론은 경제 발전이 의사 결정(개별 수준에서는 효과가 제한적이지만, 기본 지식과 역량을 갖춘 조직에서는 지식을 자유롭게 이용할 수 있고 사용할 수 있기 때문에 총체적으로 상당한 효과를 가져오는)에서 비롯될 수 있다는 점을 기반으로 한다. 이런 발전 모델은 루카스의 정보 보급에 대한 초기 접근 방식(우리는 우리 지역은 잘 알고 있지만 경제 전체에서 어떤 일이 일어나고 있는지 이해하지 못한다)과 전적으로 일치한다.

루카스는 우리가 만나는 시카고학파 경제학자 중 마지막 사람이다. 그는 프랭크 나이트에서 밀턴 프리드먼으로 이어지는 계보의 종착점에 있다. 나이트는 《고용, 이자 및 화폐의 일반 이론》을 무시했고, 상대조차 하지 않았다. 프리드먼은 대공황의 궁극적인 원인이 연방준비제도이사회가 감독하는 신용 공급의 장기적인 긴축임을 보여줌으로써 그 이론이 불필요하다는 것을 실증했다. 루카스는 그 책에서 일관성을 찾아보기 힘들다고 생각했고 유용한 이론 자체를 찾지 못했다.

루카스에게 거시경제 분석은 강력한 행동 가정, 즉 기업은 이윤을 창출할 수 있는 모든 기회를 잡고, 모든 행동은 합리적이며, 의사 결정자는 미래를 매우 정확하게 예측할 수 있다는 가정에서 시작해야 하는 것이었다. 아이디어를 표현하는 방법은 수학을 통해서였다. 에드 프레스콧이 루카스에게 자본 형성의 본질에 대한 방정식을 적은 메모를 남겼다는 유명한 이야기가 있다. 루카스는 프레스콧에게 설명을 부탁하지 않았다. 그는 이것을 더 큰 방정식 체계에 넣고 그 효과가 무엇인지 계산했다.

루카스에게 경제학자처럼 생각한다는 것은 경제 전체를 정보가 자유롭게 순환하는 자기조절 시스템이라고 가정하는 것이었다. 이에 그는 제2차 세계대전 이후 정부가 시도했던 방식으로 경제를 관리하는 것은 불가능하다고 믿었다. 그의 가장 중요한 통찰 역시 에이브러햄 링컨의 것이었다. 모든 사람을 영원히 속일 수는 없다.

How to Think Like

an Economist

23장

조지 애커로프

차용자

행동경제학과 케인스를
다시 거시경제학에 도입하다

> 우리는 필연적으로 언어로 이루어진 설명을 통해 의미를
> 파악한다. 때문에 경제 상태에 대한 오해가 생길 수 있다.
> 상품이 미래에 지불하겠다는 약속에 불과한
> 금융 시장에서는 특히 더 그렇다.

지적 유목민인 조지 애커로프는 1970년대 이래 순수주의 경제학자 루카스와는 매우 다른 기반에서 거시경제학을 정립하려고 노력했다. 애커로프는 사회과학 전반의 아이디어들을 차용했고 이것들이 그의 경제 분석을 형성했다. 그 결과는 행동거시경제학으로 발전했고 그는 2001년 노벨 경제학상 수상으로 인정을 받았다.

애커로프처럼 생각한다는 것은 세상을 바라보고 학계를 뒤져 눈앞에서 일어나는 것을 설명할 수 있는 좋은 이야기를 찾아내는 것을 의미한다. 카너먼과 트버스키는 사람들은 때때로 자신이 보고자 하는 세상만을 보며, 그것이 경제학자들 사이의 많은 차이를 설명해 준다는 점을 확인해 주었다. 루카스는 이성적인 사람들이라면 외부 상황으로 실업을 강요할 수 없다는 굳은 믿음을 갖고 있었다. 그 덕분에 새고전파 경제학자들은 1970년대의 높은 인플레이션과 실업률을 케인스주의자들보다 더 잘 설명하는 아이디어를 제시할 수 있었다. 그들의 아이디어는 시대와 조화되었다.

그러나 연구의 발전은 항상 대안적인 아이디어를 초래하는 법이다. 루카스 때문에 모든 거시경제학자는 제한된 정보를 가진 개인의 선택 방식이 전체 경제에 어떤 영향을 미치는지 설명해야 하는 입장이 되었다. 경제가 기름칠이 잘된 기계라는 루카스의 생각보다는 경제가 둔화되거나 어려움을 겪을 수 있다는 케인스의 생각에 여전히 익숙했던 경제학자들은 항상 최적의 선택을 하지는 않는 사람들이 어떻게 결정을 내릴지에 대해 생각함으로써 그의 아이디어에 대응해야 했다.

새고전파 접근법과 대안 사이에는 큰 차이가 존재한다. 선택이 절차적인 합리성에 그친다면, 합리성을 찾을 수 있는 방식은 여러 가지가 있다. 그에 반해 최적화는 그 의미가 명확하다. 1980년대에는 특히 더 그랬다. 이 논쟁에 대한 애커로프의 기여는 아내인 재닛 옐런 Janet Yellen과 함께한 연구에서 비롯되었다. 이들은 절차적으로 합리적인 규칙 추종자와 최적화 의사 결정자의 행동 사이에 아주 작은 차이만 있어도 정부 정책이 비효율적이라는 새고전주의의 주장을 뒤집을 수 있다고 주장했다.

이것은 새고전파 경제학자에 대한 신케인스주의자들의 대응 중 하나였다. 이 그룹의 경제학자들은 가격이 완전히 유연할 수는 없다고 생각했다. 케인스 경제학의 구조를 고려할 때 그들이 임금 수준이 어떻게 정해는지에 집중하는 것은 당연한 일이었다. 1970년대 중반, 스탠리 피셔와 존 테일러는 조직이 근로자에게 지급하는 임금을 변경하는 것보다 상품과 서비스의 가격을 변경하는 것이 더 쉽다는 상당히 합리적인 주장을 바탕으로 한 논거를 발전시켰다. 이들은 합리적 기대와 가격 유연성이라는 새고전주의의 가정을 받아들였지만 임금에서만은 경직성을 주장했다. 그런 작은 변화만으로도 정부 정책이 국민소득 수준에 영향을 미칠 수 있었다.

1980년대에 조셉 스티글리츠 Joseph Stiglitz는 여러 협력자와 함께 효율성 임금 efficiency wage이라는 개념을 개발했다. 경제학자들은 1970년대 초부터 노동자가 열심히 일하고 있다고 고용주를 속일 수 있는 문제를 고민하기 시작했다. 대부분의 생산 공정은 복잡하고 일반적으로 작업자들로 구성된 팀은 함께 작업하기 때문에, 개인의 노력과 팀 성과의 연관성은 극도로 미약하다.

스티글리츠와 그의 협력자들은 효율성 임금이 고용주로 하여금 근로자에게 식별할 수 있는 산출물의 가치를 초과하는 임금을 지급하게 한다고 주장했다. 그는 이것이 (매출과 이익에 대한 개별 근로자의 기여가 불확실하다는 것을 고려하면) 이윤을 추구하는 조직의 목표에 부합한다고 주장했다. 임금이 높아지면 다른 비용을 줄일 수 있기 때문이다. 직원들이 더 열심히 일하도록 장려할 뿐만 아니라 회사가 채용할 수 있는 지원자의 질을 높이며 우수한 직원이 그만둘 확률도 낮춘다. 효율성 임금을 설정하는 것은 절차적으로도 합리적이다. 효율성 임금은 '경직성' 임금과 마찬가지로 정책의 실효성을 보장했다.

나는 신케인스주의 접근법의 대표자로 애커로프가 아닌 스티글리츠를 선택할 수도 있었다. 두 사람 모두 1960년대에 MIT에서 박사 학위를 받은 후 개발도상국에서 시간을 보냈다. (애커로프는 인도에서, 스티글리츠는 케냐에서.) 그들은 2001년 마이클 스펜스Michael Spence와 함께 노벨 경제학상을 공동 수상했다. 스티글리츠는 세계은행의 수석 경제학자였고 신자유주의와 세계화에 대한 예리한 비평가이기도 했다. 그는 애커로프보다 많은 작품을 남겼고 명성도 더 높다. 경제학자다운 사고에 관한 한 애커로프와 스티글리츠 모두 우리에게 엄청난 양의 자료를 제공했다. 다만 애커로프는 스티글리츠보다 더 상상력이 풍부하고 폭이 넓었다.

애커로프는 1970년에 발표된 그의 가장 유명한 논문에서 다른 사람들이 쉽게 검증할 수 없는 정보 공유의 어려움에 대한 이론을 제시했다. 그는 '레몬'(질이 나쁜 중고차)의 예를 사용해 판매자가 자신이 소유한 자동차의 가치를 쉽게 소통할 수 없다고 주장했다. 그는 그런 지식은 오랜 기간 자동차를 운전한 경험에서만 나올 수 있다고 말했다. 그의 모델에서 구매자는 시장에서 팔리는 모든 자동차의 평균 가치에 따라 지불 의향을 결정한다. (개별 자동차의 정확한 품질을 알 수 없기 때문이다_옮긴이) 설상가상으로 자신이 질이 대단히 좋은 자동차를 보유하고 있다는 것을 알고 있는 잠재적 판매자는 차를 팔지 않기로 결정하면서 시장에 나온 차들의 평균 가치는 낮아진다. 이 점을 고려한 구매자들은 제안할 가격을 정할 때 매물로 나온 자동차의 평균 가치를 모든 자동차의 평균 가치보다 낮게 설정한다.

애커로프는 자신의 모델을 두 가지 방식으로 만들었다. 첫 번째는 자동차가 '복숭아'(우량품)나 '레몬'인 경우 품질이 낮은 '레몬'만 거래되는 모델이다. 두 번째는 각 자동차의 품질이 약간씩 달라 시장이 붕괴되고 어떤 자동차도 팔리지 않는 모델이다. 인도에서 이 논문을 완성한 애커로프는 저개발국에서는 재화의 소유자가 재화의 가치를 쉽게 입증할 수 없어 시장이 사라지거나 작동하지 않는 경우가 많다고 주장했지만, 이것은 이 모델의 요점이 아니다.

그럼에도 불구하고 우리는 여전히 중고차가 거래되고 있는 것을 본다. 애커로프의 논문이 발표된 후 10년 동안 경제학자들은 구매자가 판매자만큼 많은 정보를 가지고 있지 않은 때 시장이 작동하는 방식을 설명했다. 마이클 스펜스는 구매자가 높은 품질의 신호로 해석하는 행동을 하는 판매자의 능력에 대한 논거를 개발했다. 가장 유명한 예는 교육이다. 고용주가 생산성이 높은 근로자가 생산성이 낮은 근로자보다 시험이란 문제 해결 과제를 더 효율적으로 마칠 것이라고 믿는다면, 그들은 충분한 교육을 받은 사람에게 더 높은 임금을 제공할 것이고, 생산성이 높은 근로자만 필요한 교육을 마치기로 선택할 것이다. (생산성이 높은 근로자는 교육에 필요한 노력과 시간을 더 적게 여기므로_옮긴이) 이것이 스펜스 모델을 '군비 경쟁' 이론이라고 부르는 이유다. 생산성이 높은 노동자들이 필요한 자격을 얻기 위해 아무런 실질적 가치가 없는 과제를 마치는 데 시간과 노력을 낭비한다. 설상가상으로 사회가 부유해질수록 생산성이 높은 근로자를 식별하기 위해 고용주는 더 고급의 자격을 요구한다.

스티글리츠는 다른 방법을 제안했다. 이 방법은 금융 서비스에서 가장 잘 작동한다. 한 자동차 보험사가 각각 조금씩 다른 보험 상품을 제공한다고 가정하자. 이 경우 운전자는 자신에게 가장 적합한 보험을 선택한다. 스티글리츠의 분석에 따르면 가장 위험도가 높은 운전자만 전체 보장 보험에 가입한다. 저위험 운전자도 전체 보장 보험에 가입할 수 있다면, 고위험 운전자는 자신과 같은 사람을 위해 설계된 보험보다 저위험 운전자를 위해 설계된 이런 보험에 매력을 느낄 것이다. (즉, 역선택을 야기할 수 있다_옮긴이) 보험사는 저위험 운전자가 손실의 일부를 부담하는 부분 보험 등으로 이런 상황을 막을 수 있다. 스펜스의 '신호'에서는 고품질 자산의 소유자가 자산의 품질에 대해 신뢰할 만한 주장을 하기 위해 자원을 낭비해야 하는 반면, 스티글리츠의 선별 접근법은 자산 소유자가 대안 중에 선택함으로써 자신의 범주를 직접 분류한다.

새고전파 경제학자들이 합리성을 가정하는 것만으로 최적의 행동을 보장할 수 있다고 믿는다면, 신케인스주의 접근법은 정보를 전달하는 방법에 대한 광범위한 질문에서 비롯된 것이다. 애커로프의 논문 〈레몬 시장 Market for Lemons〉이 이런 질문의 시작이었다. 효율성 임금, 신호, 선별은 정보를 공유할 때 발생하는 문제를 극복하기 위한 방법으로 생각할 수 있다. 이들은 정보가 불완전할 때 시장이 작동할 수 있도록 하는 절차를 만든다. 이런 문제를 구체화하는 여러 가지 방법이 있기 때문에 신케인스 접근법에는 정보를 획득하고 관리하는 데 드는 작은 비용들이 합쳐져 경제 전체에 큰 영향을 미칠 수 있다는 주장이 많다.

이 모든 아이디어의 기원은 카너먼과 트버스키가 휴리스틱과 편향 연구 프로그램을 개발하던 1970년대 초로 거슬러 올라간다. 다만 그들은 자신들의 연구 대부분을 심리학 저널에 발표했기 때문에 이들 연구는 같은 시기에 개발되었고 개념적으로도 연관성이 있지만 별도로 발전되었다.

행동이 어떻게 경직성 가격으로 이어질 수 있는지 설명하려는 첫 번째 시도는 가격과 임금 설정 과정에 대한 관찰에 의존했다. 애커로프는 전 세계적으로 자원을 관리하고 의사 결정을 내리는 다양한 방법이 존재하며, 이는 이미 다른 분야의 사회과학자에 의해 연구되었다는 아이디어를 떠올렸다. 이 아이디어는 일부 국가의 소득이 낮은 이유를 설명하는 데 정보 공유의 장벽이 중요할 수 있다는 생각과 마찬가지로 그가 인도에 있을 때 처음 떠올랐다. 그는 카스트 제도를 이해하려고 노력했고, 특정 직업의 임금 수준이 사회적 관습에서 비롯되고 직업 유형에 따라 임금이 정해져 있는 모델을 개발했다.

이 시도에 만족하지 못한 그는 미국으로 돌아와 사회학자, 인류학자, 사회심리학자가 자원 관리의 사회적 과정을 어떻게 설명했는지 파악하기 시작했다. 이는 여러 가지 방식으로 효율성 임금을 정당화하는 일련의 논문으로 이어졌다. 이런 탐구 중 하나는 이미 회사에 고용된 근로자(내부자)가 암묵적으로 노력의 수준을 설정(그리고 모니터)하고 임금 수준뿐 아니라 채용 과정에도 영향을 미칠 수 있다는 점을 고려했다. 내부자는 다른 근로자의 채용을 저지함으로써 임금을 시장 임금보다 높게 유지한다. 이런 노동자들의 자율성과 자기 조직화는 직장이 오스트롬의 공유지 관리 원칙과 같은 것에 의지한다는 것을 시사한다.

애커로프가 과제로 삼은 일은 임금이 경직적인 이유를 설명하는 것이 아니라 다른 사회과학의 통찰을 경제학으로 전환하는 것이었다. 이것은 사회 현상을 확인하고 그것이 행동 최적화의 결과임을 입증하려 노력했던 베커의 접근법과 거의 정반대였다. 대신 애커로프는 다른 사회과학의 통찰을 자신의 경제적 논거의 출발점으로 사용했다. 베커가 경제학의 논리를 때로 유용한 역할을 할 수 없는 상황에 적용한 사람이었다면, 애커로프는 경제학자들의 사회과학에 대한 접촉을 확대하는 차용자였다.

예를 들어, 우리는 〈부분적 선물 교환으로서의 노동 계약 Labour Contracts as Partial Gift Exchange〉에서 애커로프가 도덕 감정을 경제 분석에 재도입하는 것을 본다. 사람들은 함께 일하는 그룹과 조직에 애착을 갖는다. 그런 관계에서는 종종 선물이 오간다. 애커로프는 이런 선물 교환이 크리스마스 직원 파티에 국한되지 않는다고 말한다. 대신 팀원들은 협력해서 계약상 요구되는 것보다 더 많은 생산으로 고용주에게 선물을 주는 한편, 고용주는 직원들이 다른 곳에서 기대할 수 있는 것보다 더 높은 임금과 더 나은 조건의 계약을 제안하는 것으로 화답한다.

그렇게 되면 사회적으로 결정된 임금은 각 근로자의 시간이 회사에 제공하는 가치보다 높아지기 쉽고, 수요 관리 정책이 효과를 발휘하는 데 필요한 가격 경직성을 형성한다. 고용주와 근로자 간의 호혜적 관계는 근로자가 생산성을 낮춤으로써 임금 인하에 강력히 항의할 것이라는 케인스의 가정도 정당화할 수 있다.

이후 애커로프의 많은 연구에는 고정적인 협력자들이 여럿 있었고 그중 눈에 띄는 이는 아내 재닛 옐런이다. 두 사람은 옐런이 연방준비제도이사회 직원이던 1977년에 만나 다음 해 결혼했다. 이후 그들은 런던정경대로 갔다가 1980년 버클리로 돌아왔다. 두 사람은 1980년대에 그곳에서 '근사 합리성$^{near\ rationality}$'이라는 개념을 탐구했다. 이는 조직이 의사 결정 규칙에 의존할 때 최적의 선택과 개별 선택에 규칙을 적용한 결과 사이의 작은 차이가 전체 경제에 큰 영향을 미칠 수 있다는 생각이 바탕이었다.

경제는 균형에서 시작하지만 중앙은행 정책의 변화로 인해 경제에서 유통되는 화폐의 양이 변화한다고 가정해 보자. 루카스는 자신의 섬 모델에서 정책 변화는 인지할 수 없는 예상치 못한 사건일 경우에만 국민소득에 영향을 미친다고 주장했다. 애커로프와 옐런은 최적화를 하지 않는 데 따른 비용이 매우 적기 때문에, 임금과 가격을 변경할 필요성에 대한 즉각적인 증거가 없다는 점을 감안해 임금과 가격을 유지하는 것이 '근사 합리적'이라고 말했다.

개별 기업에 참인 것이라도 경제 전체에 대해서는 참이 아닐 수 있다. 가격이 변하지 않는다면 돈은 은행 계좌에 쌓여만 있지 않는다. 일부는 소비되어서 경제의 총생산량이 변화한다. 통화 공급의 증가가 사람들이 더 많은 상품을 구매하길 원하고, 기업은 정해진 임금 수준에서 더 많은 노동자를 고용하길 원한다는 것을 의미한다는 케인스의 주장으로 돌아가보자. 엄밀히 말하면, 이런 결과는 경제가 시장 가격을 받아들여야 할 필요가 없는 비교적 큰 기업으로 구성된 경우에만 성립한다.

애커로프와 옐런은 효율성 임금 (애커로프의 선물 교환 개념은 이를 설명하는 방법 중 하나) 개념을 추가해 노동자가 열심히 일하거나 이직 빈도가 낮거나 회사에 충성스럽게 행동하게 된다면, 통화 공급의 변화가 경제에 실제적인 영향을 줄 것이고 실업이 발생하는 단기 균형이 존재할 수 있다는 것을 규명했다.

보다 최근에 애커로프는 경제학의 행동적 기초를 넓히기 위해 노력했다. 그는 레이첼 크랜튼 Rachel Kranton과 함께 경제적 의사 결정에 있어 정체성의 본질을 탐구했다. 이들의 연구에서 정체성은 변경할 수 없는 것이지만 사회적으로 조건화된다. 성별과 민족이 그 대표적인 예다. 사람은 남성일 수도 여성일 수도 있고, 백인일 수도 흑인일 수도 있다. 그들은 한 집단(남성 또는 백인)이 사회적으로 우월하다고, 그 집단이 연관되는 경향이 있는 다양한 행동(취업 또는 가사 노동)이 있을 것이라고 간주한다. 여성이 집안일에 임해야 한다는 기대가 있는 경우, 바깥일을 선택하는 여성은 그 선택에 대한 불안감을 극복해야 하며, 일하는 여성은 남성에게 정체성과 활동 사이의 충돌을 일으키는 불쾌감의 원천이 될 수 있다.

이런 연구는 차별의 결과를 발견하는 부분에서 경제 이론에 기반한 설명을 제공하려는 시도다. 정체성은 차별에 대한 베커식 '취향'의 근거가 되지만, 애커로프와 크랜튼의 접근법에서는 더 복잡한 반응이 있다. 외집단의 구성원이 지배 집단이 정한 기준에 동화되는 경우, 지배 집단의 구성원에게는 받아들여지지 못하고 외집단의 다른 구성원을 화나게 할 수 있다.

정체성에 대한 설명이 비교적 간단하기 때문에 이 연구는 과소평가되기 쉽다. 남성성을 표현하는 방법이 다양한 (성 정체성의 선택이 가능한) 사회에서는 정체성을 단순히 주어지는 것이 아닌 사회적 상호작용과 개인의 선택을 통해 형성되는 것으로 생각하는 것이 유용할 수 있다. (베커는 정체성을 또 다른 형태의 정신적 자본, 즉 유지하기 위해 투자할 기회가 있지만 시간이 지나면서 약화되는 자본으로 보았다.) 정체성에 대한 설명이 단순하다는 비판은 항상 다른 분야를 탐구하고 경제 분석에 적용시켜 효과를 볼 수 있는 개념을 찾아내려 했던 애커로프 접근법의 힘을 깨닫지 못한 것이다.

마지막으로, 애커로프는 로버트 쉴러 Robert Shiller와 함께 《야성적 충동Animal Spirits》,《피싱의 경제학Phishing for Phools》두 권의 책을 썼다. 두 사람은 경제에 대한 케인스주의적 관점뿐만 아니라 경제가 잘 작동하기 위한 기초로서의 윤리적 행동의 중요성을 옹호한다. 경제 분석이 이제 좀처럼 단순한 담론으로 제시되지 않는다는 점을 인식한 이들은 합리성에 대한 가정 때문에 경제에 대한 새고전주의 접근법의 균형 분석이 경제의 행동을 포착할 가능성이 낮다고 강력히 비판한다.

대신 애커로프와 쉴러는 세상은 스토리를 통해서만 이해할 수 있다고 주장한다. 우리는 필연적으로 언어로 이루어진 설명을 통해 의미를 파악한다. 때문에 경제 상태에 대한 오해가 생길 수 있다. 상품이 미래에 지불하겠다는 약속에 불과한 금융 시장에서는 특히 더 그렇다. 그들의 가장 눈에 띄는 주장은 1991년, 2001년, 2009년에 미국이 경험한 경기 침체의 근본 원인이 사기성 거래였다는 것이다. 이것은 대단히 설득력 있는 스토리로 뒷받침된다. 경제 성장을 달성할 새로운 방법을 찾았다는 주장은 곧 공허한 것으로 드러났다.

케인스주의 설명에만 해당되는 것이 아니다. 그들은 경제적 관계에서 공정성의 중요성과 사기가 경제 전체에 끼칠 수 있는 피해를 이야기하면서, 사회의 번영에는 미덕, 특히 절제의 추구가 필수적이라는 스미스의 사고로 돌아간다. 이들은 경제를 움직이는 데 야성적 충동이 중요하다고 강조한 케인스가 옳았다고 확신하면서도 경제에 대한 우리의 이해를 형성하는 데 서사가 중요하다는 것을 강조한다. 서사를 통해 어떤 출발점에서든 다양한 결과가 나올 수 있다. 또한 우리가 어떻게 도달했는지에 대한 이야기를 통해 종착점을 정당화할 수 있다.

스토리텔링에 대한 강조는 애커로프식의 경제학자처럼 사고하기에서 필수적이다. 그는 세상에서 일어나는 많은 일을 설명할 수 있는 여러 가지 흥미로운 스토리를 꾸준히 축적해 왔다. 애커로프의 경제학에 대한 이해에서 중심이 되는 것은, 많은 실업의 비자발적 성격에 대한 문제, 통화 정책의 효과, (새고전파 경제학자들의 주장에도 불구하고) 인플레이션을 억제하기 위해 실업의 용인이 필요하다는 증거의 부족, 예측력의 부족 때문에 경제 성장을 유지하기 위해서는 정부와 공공기관에서 사람들이 충분히 저축하도록 설득해야 한다는 점, 그리고 가장 까다로운 문제로 경제와 더 넓은 사회에 참여할 기회가 부족한 빈곤층, '최하층계급'의 끈질긴 지속 등이다.

애커로프는 이런 문제를 해결하기 위해 거시경제학에 새고전파 경제학 모델에서 사용되는 것보다 훨씬 더 정교한 미시적 토대가 필요하다고 생각한다. 하지만 어떤 미시적 기초가 필요한지는 언제나 문제다. 애커로프와 다른 신케인스주의자들이 근사 합리성의 여러 버전(밀접하게 관련된)을 쉽게 만들 수 있었던 것은 경제 분석에 널리 채택될 미시적 기초를 찾는 것이 얼마나 어려운지를 보여준다.

그게 중요할까? 아닐 수도 있다. 경제학자처럼 생각한다는 것이 자원 관리의 효과를 설명할 수 있다는 것을 받아들인다면, 새고전파 경제학자들과 같은 일관된 설명이 당연히 매력적으로 받아들여질 것이다. 이렇게 우리는 어떻게든 결정을 내려야 한다는 사이먼의 통찰로 돌아온다. 《고용, 이자 및 화폐의 일반 이론》이 경제학자들이 기존 세계의 문제를 자유롭게 다룰 수 있게 해주었다는 면에서 성공했다면, 신케인스주의자 중 가장 상상력이 풍부했던 애커로프는 그 과제를 이어나갈 방법을 제시했다.

24장

에스테르 뒤플로

실험자

Esther Duflo

사람들이 가난에서 벗어나지 못하게 하는 덫을 해체하기 위한 실험

뒤플로는 자신의 연구를 설명하면서
빈곤의 문제와 맞서는 데는
시간이 걸린다는 점을 분명히 했다.

마지막으로 만날 경제학자는 50세가 되기 전 노벨 경제학상을 수상한 최초의 경제학자이자 이 상이 만들어지고 50년 동안 두 번째 여성 수상자가 된 에스테르 뒤플로다. 루카스와 애커로프는 1960년대에 커리어를 정립했다. 두 사람이 노벨 경제학상을 수상하게 된 논문을 썼을 때는 뒤플로가 태어나기도 전인 1972년이었다. 뒤플로가 박사 학위 논문을 마친 1999년, 루카스는 이미 노벨상을 수상했고 애커로프는 그로부터 2년 뒤 노벨상을 수상했다. 20년이 지난 2019년 뒤플로는 하브히지트 바네르지 Abhijit Banerjee, 마이클 크레머 Michael Kremer와 노벨 경제학상을 공동 수상했다. 존 베이츠 클라크 메달을 수상하고 10년도 채 되지 않은 때였다.

뒤플로 연구의 중요성이 인정받은 속도는 경제학 최고의 연구 대부분이 네트워크 내에서 이루어지고 있다는 것을 보여준다. 뒤플로는 바네르지와 크레이머의 제자였고, 바네르지와 뒤플로는 부부다. 두 사람은 크레이머와 그의 아내 레이첼 글레너스터Rachel Glennerster와 함께 2004년 MIT에 빈곤 행동 연구소Poverty Action Lab를 설립해 어떤 유형의 개입이 빈곤 인구의 복지를 증진하고 경제적 전망을 변화시킬 수 있을지 연구하고 있다. 미시간의 오스트롬 워크숍과 마찬가지로 이 연구소는 오늘날 학술 연구자들로 이루어진 방대한 국제 네트워크의 허브가 되었다.

뒤플로의 연구는 개발 경제학의 일부이며, 경제 발전은 국민 소득의 지속적인 성장보다 훨씬 더 광범위한 것을 포괄한다. 《국부론》 내 역사적 설명의 대부분은 사회, 정치 조직의 차이가 어떻게 일부 국가가 다른 국가보다 부유한지를 탐구했다. 19세기 고전 정치경제학자들은 이런 출발점에서 소득 분배를 자신들 이론의 핵심에 두었다. 또한 그들은 과잉 인구가 경제 위기의 원인이 되기 쉽다고 생각했다. 경제학자들이 가치 창출을 경제 프로세스의 목적으로 생각하고 최적화를 합리적 선택의 목표로 삼게 된 것은 20세기에 이르러서였다. 대공황 이후 국민소득의 성장은 극히 중요한 경제 척도가 되었고, 선거 결과가 달려 있는 정치인들에게는 특히 더 그랬다. 세계에서 가장 가난한 사람들의 삶을 이해하는(그들을 변화시키는 방법을 파악하는) 개발 경제학은 이런 고전의 전통을 떠올리게 한다.

스미스가 글을 쓴 이래, 저개발 국가와 선진국의 경험은 판이한 경우가 많았다. 애커로프는 인도에서 지내는 동안 많은 경제적 기회가 있는데도 주인이 나타나지 않는다는 것을 발견했다. 스미스는 유럽과 북미에 사는 사람들은 시간이 흐르면서 더 잘살게 되는 경향이 있다고 생각했지만, 중국의 경우에는 소득이 변하지 않는다고 믿었다. 그러면 1980년 이래 중국이 경제 대국으로 부상한 데 큰 흥미를 느꼈을 것이다.

현재는 국가들의 소득 수준이 더 높은 쪽으로 수렴할 것이라는 솔로 성장 모델의 예측에 반하는 많은 증거가 있다. 이에 경제학자들은 성장에 필요한 조건과 가난한 나라에서는 이런 조건이 갖춰지지 않는 이유를 설명하려고 노력해 왔다. 성장하는 경제에서는 사람들이 쉽게 기술, 지식, 교육을 얻을 수 있다. 대기업은 자원을 더 효율적으로 관리할 수 있어 생산 비용이 낮아진다. 이런 성장 이론은 시카고와 MIT 경제학자들의 견해가 일치하는 경제학 분야 중 하나다.

바네르지, 뒤플로, 글레너스터, 크레이머는 노벨상 수상자인 아마르티아 센 Amartya Sen의 역량 접근법을 기반으로 하는 신세대 개발 경제학자의 전형이다. 여기서의 개발에는 사람들이 번영에 필요한 역량을 개발하는 것이 포함된다. 분명 영양이 중요하지만, 교육, 자본에 대한 접근권, 상품 운송 능력, 재산을 보호하는 법치주의도 중요하다. 이런 모든 아이디어는 중세의 경제 철학부터 익숙한 것들이다. 센은 최근의 역사를 되돌아보고 민주주의 국가에서 기근이 한 번도 없었다고 말한 것으로 유명하다. 그는 민주적 공공기관의 책임성이 그런 치명적 실패를 막는다고 말해왔다.

바네르지와 뒤플로가 존 베이츠 클라크 메달을 수상한 후 자신들의 아이디어를 널리 알리기 위해 쓴 《가난한 사람이 더 합리적이다Poor Economics》는 개발 경제학자 제프리 삭스Jeffrey Sachs와 윌리엄 이스터리William Easterly의 유명한 논쟁으로 시작한다. 삭스는 빈곤을 자본의 부족으로 진단하고 빈곤 국가에 충분한 자본을 이전하면 그들이 성장의 길로 뛰어오를 수 있다고 주장하면서 개발에 대한 '강력한 밀어붙이기' 접근법을 지지해 왔다. 삭스가 주장하는 것은 본질적으로 수정된 버전의 성장 이론이다. 이스터리는 가난한 나라에는 지속적인 발전에 필요한 제도가 부족하다고 주장해 왔다. 선진국에서는 당연하게 여기는 협력과 투자 역량을 갖추게 된다면 저개발국에 사는 사람들도 스스로 해결책을 찾을 수 있으리라고 말이다.

바네르지와 뒤플로는 이 논쟁이 핵심에서 상당히 벗어나 있다고 생각했다. 그들은 이스터리와 삭스 모두 개발을 구성하는 요소에 대한 광범위하고 포괄적인 관점을 가지고 있다고 믿는다. 두 사람 모두 똑같은 사건을 바라보면서 그로 인해 자신들 이론의 정당성이 입증되었다고 느낀다. 반면, 바네르지와 뒤플로는 자신들의 접근법이 비교적 작은 규모의 실험을 통해 실제로 효과를 낼 가능성이 있는지 확인하고, 지방 정부나 자선 단체와의 파트너십을 통해 빠르게 규모를 확장하는 훨씬 소박한 목표라고 주장한다. 이 접근법의 뿌리는 1990년대로 거슬러 올라간다. 당시 바네르지는 빈곤이 사람들을 그 안에 가둔다고 생각했고, 크레이머는 빈곤으로 고통받는 지역사회에서 경제 실험이 가능하다고 믿었다.

바네르지는 생산성이 충분히 향상될 수 있다면 사람들의 소득은 저축할 수 있을 만큼 충분히 늘어날 것이라고 제안했다. 그렇게 절약된 돈은 투자에 자금을 조달하며, 이는 가정 내에서 더 나은 식단, 더 나은 건강 관리, 더 나은 결과로 이어질 수 있다. 또는 거기에는 더 나은 기계를 구입하고 더 효과적으로 생산을 조직화하는 조직이 포함될 수도 있다. 이런 경로를 통해 노동 생산성, 임금, 소득, 그리고 마지막으로 저축과 투자가 한층 더 증가할 것이고 이후 자립적인 발전이 나타날 것이다. 맬서스 모델의 측면에서, 임금이 충분히 높으면 사람들은 자연스럽게 예방적 억제책을 활용하고 자원을 소비에서 투자로 전환해 인구와 임금이 동시에 증가할 수 있다.

일반적으로 빈곤의 덫은 작은 소득 증가의 효과가 일시적일 때 나타난다. 사람들은 더 커진 소득(하지만 여전히 대단치 않은)이 더 큰 증가를 유발할 때 덫에서 벗어날 수 있다. 빈곤의 해결에는 이런 덫을 제거하는 일이 포함된다. 이는 원조를 제공하거나 가난한 사람의 창의력과 상상력을 신뢰하는 것보다 훨씬 더 복잡한 과정이다. 빈곤의 덫에는 깨끗한 물을 비롯한 자원에 대한 접근권 부족, 정신적·신체적 역량에 영향을 주는 영양실조, 말라리아와 같이 심신을 약화시키고 장애를 유발하는 질병, 비효율적인 학교 교육, 열악한 의료, 농부들의 시장 이동 방안 부족, 신용에 대한 접근권 부족 등 여러 원인이 있다. 이 목록은 얼마든지 늘어날 수 있다.

지속적인 빈곤을 복잡하고 다면적인 문제라고 생각한다면, 전 세계에서 다양한 형태로 나타날 것을 예상해야 한다. 빈곤 퇴치를 위한 효과적인 프로그램의 설계는 문화마다 크게 달라야 한다는 것이다. 도시에서 효과가 있는 프로그램이 농촌 지역을 다룰 때는 적합하지 않을 수 있다.

1990년대 중반, 바네르지가 빈곤의 덫에 대한 아이디어를 발전시키는 동안 크레이머는 현장 실험을 설계하고 있었다. 그는 무작위 대조 시험이란 방법론을 채택하기로 결정했다. 의학에서 차용한 이 아이디어는 실험에 참여한 일부 참가자를 '치료'에 노출시키고 대조군인 다른 참가자는 노출시키지 않는다. 참가자를 무작위로 둘 중 하나의 절차에 배정하고 참가자나 실험 진행자에게 누가 어느 그룹에 속하는지 알리지 않는다는 것은, 그룹 간 결과의 차이가 각 그룹에 속한 사람들의 근본적인 특성보다는 배정에 의해 설명될 수 있다는 의미다. 크레이머는 세계에서 가장 가난한 지역사회(많은 사람이 하루 2달러 미만으로 생활하고 자산이 거의 없는)와 협력해 이 실험을 실행하는 데 비용이 크게 들지 않는다는 사실을 깨달았다.

잠시 삭스와 이스터리의 논쟁으로 돌아가보자. 두 사람이 의견 차이를 보인 부분 중 하나는 모기로 인한 심각한 감염(특히 말라리아)으로부터 사람들을 보호하기 위해 무료로 모기장을 배포하는 프로그램의 가치였다. 삭스는 이 프로그램이 공중 보건에 가치 있는 역할을 한다고 보았지만, 이스터리는 사람들이 무료로 주어진 것을 소중히 여기지 않을 것이라 보았다. 모기장을 혼례복의 베일이나 어망 등 다른 방식으로 사용할 수도 있다. 그러나 두 사람 모두 모기장 프로그램의 효과를 체계적으로 테스트한 적은 없었다.

크레이머는 사람들이 무료로 받거나 보조금으로 할인받은 모기장을 어떻게 사용하고 거기에 얼마나 가치를 두는지 알아내는 방법을 제안했다. J-PAL 네트워크의 일원으로 2006년부터 2007년까지 케냐에서 모기장 사용과 가치 평가에 관한 실험을 진행한 파스칼리니 뒤파Pascaline Dupas와 제시카 코헨Jessica Cohen은 다양한 가격으로 모기장을 판매해 보고 수요의 가격 탄력성이 크다는 것을 발견했다. 가격을 조금만 인상해도 모기장 채택률이 감소했다. 그다음에는 지불하는 가격이 모기장을 사용할 확률에 거의 영향을 미치지 않는다는 증거를 얻었다. 그러나 실험 참여 가구에 방문해 실험자들이 가족들에게 두 번째 모기장의 판매를 제안한 경우, 이전에 무료로 모기장을 받은 사람들은 더 높은 가격을 기꺼이 지불하는 경향이 있었다. 이는 사람들이 모기장 사용 방법과 그 장점을 이해했기 때문으로 보였다.

이에 대해 경제학자처럼 생각해 본다면, 모기장에 익숙해지면서 사람들은 '모기장 자본'을 획득하게 되고, 이는 그들이 모기장 사용으로 더 큰 가치를 얻는다는 의미라고 주장할 수 있다. 행동주의적 접근법을 따른다면, 채택에 대한 거리낌은 사람들이 사용해 보기 전까지는 그 이점을 상상하기 어렵기 때문에 빚어지는 결과일 수 있다. 효과에 대한 증거는 시도 후에 사용자들의 이웃이 모기장 구매에 더 적극적이었다는 것이다. 모기장이라는 형태의 '사회적 자본'이 존재한다고 제안함으로써 이 사례를 더 확장할 수도 있다. 베커, 카너먼, 애커로프, 그리고 사이먼의 아이디어를 떠올려보라. 실질적으로 합리적인 최적화 의사 결정자는 모기장을 사용하기 시작하는 데 장려라는 공적 개입이 필요치 않을 것이다.

이 부분에서 J-PAL의 접근법은 삭스, 이스터리와 갈라진다. J-PAL의 현장 연구는 지역사회에 이미 존재하지만 사람이 쉽게 간과하는 간단한 해결책을 논의하는 데서 시작되었다. 빈곤의 지속은 많은 사람이 자원을 효과적으로 사용하는 방법을 충분히 이해하지 못하는 제한된 정보의 섬에 있기 때문일 수 있다. 거기에 영향을 주는 것 중 하나는 애커로프가 인도에서 지적했듯 경제적 제도가 존재하지 않는다는 점이다. 초기 경제학자 중 식민지 개발에 관심을 가졌던 밀은 노동 계급이 충실한 삶을 사는 데 필요한 도덕적 자율성을 개발하기 위해서는 교육이 필수적이라며 이와 매우 근접한 주장을 했을 것이다.

MIT 팀이 핵심이 된 빈곤행동연구소는 설립 이래 글로벌 네트워크를 구축한 압둘라티프자밀재단 Abdul Latif Jameel Foundation과 긴밀한 관계를 유지해 왔다. 빌앤멜린다게이츠재단 Bill and Melinda Gates Foundation도 너그러운 지원자였다. 이런 재정적 지원은 방법론의 빠른 발전을 가능케 했다. 하지만 자금 지원자들을 만족시키기 위해 무작위 대조 실험의 결과가 실제보다 더 광범위하게 적용되는 것처럼 제시된다는 비판도 제기되었다. 소규모 시험에서 효과가 좋았던 것이 훨씬 규모가 큰 프로그램에서는 효과가 없을 수 있다는 위험이 존재한다. 예를 들어, 실험 참가자들이 독립 연구자들과 소통하는 방식은 일반인들이 정부 관리자와 소통하는 방식과 다르기 때문이다.

뒤플로와 그녀의 팀은 이런 비판을 극복하기 위해 정책 입안자들과 기존의 경제학자와는 매우 다른 관계를 맺어야 했다. 전통적으로 학자들은 정치와 신중하게 거리를 두면서, 컨설턴트 역할을 하거나, 작업을 완료한 후 분석을 마칠 수 있는 정도로만 데이터에 대한 접근권을 유지하고 다음 연구 프로젝트로 넘어간다. 그들은 참여자가 아닌 관찰자인 경우가 많다. 뒤플로는 이런 관계에서는 잘 설계된 무작위 대조 실험이 나올 수 없다고 생각했다. 대신 그녀는 연구자들이 공무원과 긴밀히 협력해 빈곤의 덫이 나타난 환경을 충분히 이해한 뒤, 빈곤의 덫을 피하기 위한 맞춤형 개입을 설계하고 그 효과를 테스트해야 한다고 믿었다.

무작위 대조 실험 접근법에 대한 뒤플로의 기여는 주로 유용한 실험 설계에서 비롯되었다. 그러나 뒤플로가 명성을 얻게 된 연구는 통계 이론을 사용해 '실험'이 경제학자들이 개발한 복잡한 방법보다 경제적 관계를 파악하는 데 더 나을 수 있다는 점을 보여준 것이다. 경제학자들은 종종 '자연' 실험 natural experiment(연구자가 변수를 적극적으로 조작하거나 참가자를 무작위로 할당하지 않는 실험_옮긴이)을 사용해 왔다. 한 주에서 최저임금이 인상되었지만 인접한 주에서는 동일하게 유지된다고 가정해 보자. 주 경계에 가까운 지역사회를 비교하면 최저임금의 변화는 국경 한쪽 고용주의 고용 결정에만 영향을 미친다. 그게 아니라면, 그들의 결정은 대부분 동일한 요인에 의해 주도된다. 따라서 자연 실험은 실험의 한 형태이지만 참가자의 무작위 배치가 없다. 뒤플로와 동료들은 자연 실험의 결과에 대한 분석에서 '통제군'과 '실험군' 간의 차이를 과장하는 경향이 있음을 보여주었다. 무작위 대조 실험은 개입의 효과를 추정하는 보다 직접적인 방법일 뿐 아니라 상당히 정확하고 유용하다.

결과적으로, 빈곤 행동 연구소의 일부 연구는 지지자의 주장만큼 효과적이지 않다는 것을 보여주었다. 예를 들어, 21세기 초 소액대출이 크게 유행했다. 1976년 방글라데시에서 최초의 소액 대출 기관인 그라민 은행Grameen Bank을 설립한 무하마드 유누스Muhammad Yunus는 2006년에 노벨 평화상을 수상했다. 그 무렵 소액 대출 기관은 여러 나라로 확산되어 약 1억 명의 고객을 두고 있었다. 고객은 모두가 가난한 이들이었다.

이 접근법의 지지자들은 가난한 사람들이 공식적인 신용 대출에 대한 접근권을 얻기가 어렵다면서, 지역사회에 기반을 둔 대출 기관이 사람들이 새로운 사업을 시작하는 데 필요한 소액 대출을 제공할 수 있을 것이라고 주장했다. 첫 번째 부분은 의심할 여지 없는 사실이다. 두 번째 부분은 모기장의 가치를 논할 때 삭스와 이스터리가 주장한 것과 같은 종류의 주장이었다. 이 아이디어에 대한 대중의 열광이 전 세계로 확산된 가운데, 세계은행 산하기관인 빈곤층을 위한 금융자문그룹 Consultative Group to Assist the Poor 은 "빈곤 가구의 금융 서비스 이용 가능성이 밀레니엄 개발 목표 Millennium Development Goals 달성에 도움이 된다는 증거가 쌓여가고 있다"라고 단언했다.

안타깝게도 이 주장을 뒷받침할 강력한 증거는 없었다. 하이데라바드 최대의 소액 대출 기관이었던 스판다나 Spandana 는 결국 인도 은행들의 압박에 직면했다. 긍정적인 측면으로는, 자금이 낭비(대출이 자산 구매 자금으로 사용되는 등)되고 있다는 증거가 거의 없고, 창업에 약간의 증가가 있다. (그중 일부가 살아남아 상당한 부를 창출했다.) 반면, 혁신적 효과, 특히 소액 대출의 장점 중 하나인 여성의 역량 강화를 통한 혁신 효과의 증거가 거의 없다. 뒤플로 팀은 소액 대출에 접근권을 얻은 여성이 가계 재정을 더 잘 통제했다거나 건강과 교육에 더 많은 지출을 했다는 증거를 찾지 못했다. 이 연구에 대해 규모가 큰 소액 대출 기관들의 비판이 쏟아졌지만, 추가 연구에서도 대체로 비슷한 결과가 확인되었다.

이 모든 실험에서 드러난 소액 대출의 확실한 장점은 소수의 사람이 성공적인 사업을 시작해 빈곤에서 탈출했다는 것이다. 물론 그 효과만 있는 것은 아니다. 예를 들어 대출이 가능해지면서 사람들이 매우 유용한 내구재(인도에서 냉장고 없이 사는 것을 상상해 보라)를 구입할 수 있다. 소액 대출은 사회적으로 유용한 제도이며,

고객들은 대출을 더 받기 위해 계속 소액 대출 기관을 찾는다. 하지만 소액 대출 자체가 빈곤을 크게 줄이는 묘책은 아니다.

뒤플로는 자신의 연구를 설명하면서 빈곤의 문제와 맞서는 데는 시간이 걸린다는 점을 분명히 했다. 무작위 대조 실험은 종종 공익을 위해 착수하는 대단히 복잡한 시장 조사처럼 보인다. 실험자는 사람들이 서비스 제공의 변화에 어떻게 반응할지 이해해야 하며, 결과가 나오면 이후 실험의 규모를 확대하면서 연구의 폭을 넓힐 수 있다. 이를 잘 수행하려면 실험자는 사람들이 의사 결정을 내리는 맥락을 파악하고, 사람들이 자원을 잘 사용하지 않는다면 그들이 그런 행동 패턴을 택한 이유를 이해해야 한다. 이런 이해 없이는 즉각적이면서도 지속적인 효과를 내는 개입을 설계하는 것이 불가능하다.

우리는 경제학의 역할에 대해 생각하는 새로운 방식으로 이 책을 마무리할 것이다. 뒤플로가 정책 입안자들과 밀접한 관계를 맺은 최초의 경제학자는 아니다. 슘페터는 정부 각료였고 케인스는 공직에 있었다. 무작위 대조 실험 방법론은 다르다. 그것은 의사 결정의 질을 개선하는 것 외에 다른 목적이 없다. 의사 결정을 가장 효과적으로 맡을 기관에 대해서도 언급하지 않는다. 자원 관리에 대한 오스트롬의 접근 방식과 같이 강력한 예측력이 없으며 측정 가능한 결과에만 관심을 둔다. 오스트롬이 기관의 설계에 관심을 가졌다면, 무작위 대조 실험은 환경에 대한 상세한 이해와 그 환경 내에서 변화의 잠재적 효과를 측정하는 방법을 요구한다. 이 두 가지 접근 방식은 상호 보완적이며, 논의의 초점을 이론의 주장에서 벗어나 경제 분석이 실질적인 변화에 영향을 미칠 수 있다는 주장으로 확장한다.

이렇게 책의 마지막에 이르렀다. 노예 소유 사회에서 남성 시민을 위해 가계 관리에 대해 생각한 아리스토텔레스로부터 시작된 이 책은 글로벌 사회에서 가장 가난한 구성원들의 미래를 어떻게 변화시킬 수 있을지 생각하는 경제학자로 마무리되었다. 책은 여기에서 끝나지만 그들은 여전히 사회의 제약 내에서 자원을 어떻게 관리할지에 대해 고민하고 있다.

에필로그

경제학의 역사에서는 위대한 경제학자들의 업적이 부각되기 마련이다. 레옹 발라스의 일반균형이론처럼 중요한 아이디어인데도 전반적으로 받아들여지는 데 오랜 시간이 걸릴 수는 있지만, 피땀 흘려 노력하고도 거의 인정받지 못하는 수천 명의 경제학자에 비하면 최고의 경제학자들이 발전시킨 사고의 방식은 빠르게 받아들여지는 경우가 많다. 소수의 행운아들이 경제에 대한 초기 아이디어와 잘 조화되는 새로운 접근법을 발견해 다른 경제학자가 문제의 해결책을 찾을 수 있도록 한다.

경제학의 역사에는 두 가지 중요한 전환점이 있었다. 첫째, 애덤 스미스는 유럽이 산업화를 시작하던 때 경제 시스템에 대해 생각할 수 있게 해주었다. 둘째, 1930년대 세계 경제가 붕괴 직전으로 보일 때 메이너드 케인스는 스미스의 시스템에서 정부가 적극적인 역할을 해야 할 때가 있을 것이라고 주장했다. 여기에 경제학이 현대적 형태로 등장한 순간과 마침내 철학, 정치, 역사로부터 분리되는 데 필요했던 한계 분석의 발전 정도를 추가할 수 있을 것이다.

이런 핵심적인 순간 외에 다른 부분에서는 경제학자처럼 생각한다는 것이 무엇을 의미하는지 제시했다. 이 책은 경제학에 대한 포괄적인 설명은 아니다. 조지프 슘페터의 《경제 분석의 역사》는 약 1,200페이지에 달한다. 그것은 이 책에 충분히 등장할 만한 사상을 내놓았지만 그 기여의 중요성에도 불구하고 최종 선정에서 제외된 경제학자들이 많다는 의미다. 예를 들어, 케네스 애로는 1950년대에서 1960년대까지 활동한 대단히 생산적인 이론가 중 한 명이다. 그는 일반균형 시스템의 해법과 집단 선택 모델을 찾는 데 중요한 역할을 했다. 20세기의 가장 뛰어난 경제 이론가라 할 만한 그는 50여 년이 지난 지금까지 노벨 경제학상 최연소 수상자의 자리를 지키고 있다.

초기 원고에서는 애로와 폴 새뮤얼슨의 연구에 대해 깊이 있게 논의하려 했었다. 두 사람은 대학원생 때부터 뛰어난 이론가였을 뿐만 아니라 가족의 인연도 있었다. 새뮤얼슨의 남동생과 애로의 여동생은 경제학자로 교육을 받았으며 이후 결혼했다. 개인적인 인맥의 중요성을 강조하듯 두 사람의 아들 래리 서머스 Larry Summers는 1980년대의 대표적인 신케인스주의 경제학자였고 이후 세계은행 수석 경제학자, 미국 재무부 장관, 하버드대학 총장이 되었다. 새뮤얼슨과 애로 모두 하나의 장이 할애될 자격이 충분했다. 누구를 빼야 할지가 문제였다. 아마도 이 책의 두 번째 판이 나오게 된다면 애로가 대신 등장할 수도 있겠지만, 총리가 정부에 새로운 각료들을 임명할 때처럼 팀의 균형에 영향을 미치지 않도록 주의가 필요했다.

19세기에 등장한 경제에 대한 다양한 사고방식에 대해 훨씬 더 깊이 탐구할 수도 있었을 것이다. 영국의 전통에 집중한다는 것은 프랑스 엔지니어, 독일 역사학파, 미국 제도주의자의 사상은 거의 언급되지 않는다는 것을 의미했다. 그러나 경제에 대해 생각하는 방식은 항상 다양했으며, 20세기 후반에 경제학이 어떻게 발전했는지에 대한 조사가 절충주의적이었던 것은 의도적인 선택으로, 경제학의 전문화가 다른 사회과학과의 단절로 이어진 것이 아님을 보여준다.

경제학자처럼 생각한다는 것은 자원 관리라는 과제에 대한 성찰에 참여하는 것을 의미한다. 이 책에서 얻을 수 있는 한 가지 교훈은 다른 경제학자의 사고방식에 영향을 미치기 위해서는 젊은 시절부터 깊은 통찰력을 발전시키고 선도적인 연구자로 이루어진 네트워크에 참여하는 것이 중요하다는 점이다. 최고의 경제학 아이디어들은 전 세계의 몇몇 장소에서만 등장한다.

허버트 사이먼과 로널드 코스가 한 기여의 원천은 학부생 시절로 거슬러 올라간다. 폴 새뮤얼슨은 20대 초반에 신고전 경제학을 정리하기 시작했다. 많은 위대한 경제학자는 20대에 중요한 연구를 완료하고 이후 커리어를 쌓으면서 통찰력을 발전시켰다. 거기에서 가장 눈에 띄는 예외인 데이비드 리카도는 은퇴 후에야 정치경제학으로 전향한 아마추어였다. 당시 그는 40대 초반이었다. 케인스는 케임브리지 서클의 지원으로 50대 초반에 가장 영향력 있는 작품을 완성했다.

우리는 케임브리지 서클뿐 아니라 18세기 후반의 스코틀랜드 계몽주의의 토론 클럽, 19세기 초 런던의 철학적 급진파의 사상, 19세기 후반 마샬의 케임브리지 학파, 20세기 초 빈의 다양한 공식 토론 모임, 20세기 중반 시카고학파에서 어떻게 아이디어가 부상했는지 보았다. 애덤 스미스 이후 런던과 케임브리지, 빈, 케임브리지(매사추세츠), 시카고에서 이루어진 연구에만 집중해도 경제학자처럼 생각한다는 것이 무엇을 의미하는지에 대한 책을 충분히 쓸 수 있을 것이다.

이 장소들이 중요한 것은 최고의 경제학적 사고는 유능한 경제학자가 정기적으로 대화를 나눌 때 생겨나는 경향이 있기 때문이다. 최고의 학술 경제학자들은 최고의 학생들을 끌어들이고 그들을 후계자로 훈련시킨다. 새뮤얼슨-애로-서머스의 연계는 가족이라는 면에서만 이례적이다. 애로, 로버트 솔로, 바실리 레온티예프, 그리고 그들의 제자들은 노벨상 수상자의 거의 5분의

1을 차지한다.

새로운 경제사상은 경제의 변화에 대한 반응에서 나온다. 애덤 스미스는 산업혁명이 시작될 때 책을 썼다. 메이너드 케인스의 연구는 대공황에 대한 대응이었다. 한계혁명은 주로 경제학 내부의 이론과 모델에 영향을 미친 발전으로 보이지만, 그 덕분에 19세기 후반에 경제학이 2차 산업혁명과 같은 중요한 외부 사건에 관여할 수 있었다. 경제학에서 다음의 중요한 전환점은 지금의 경제학으로는 설명할 수 없는 경제의 변화를 반영할 것이 분명하다. 따라서 50년 후에 경제학자처럼 생각한다는 것이 어떤 의미일지 예측하는 것은 거의 불가능하다. 가장 가능성이 높은 미래 과제는 생태학적 지속가능성에 대한 탐구가 될 것이다. 하지만 전혀 다른 과제가 등장할 수도 있다.

19세기 말에 있었던 것과 같은 경제학 내부의 혁명이 일어나는 것도 가능하다. 우리는 알프레드 마샬의 시대 이래 통계적 분석을 통해 검증받고 수학적 언어로 표현된 형식적·연역적 이론을 사용하는 경제학자들을 살펴보았다. 또한 상세한 관찰에서 시작해 종종 행동 설명과 연계된 깊이 있는 통찰을 내놓는 경제학자들도 보았다. 마샬은 형식 이론의 가치를 의심하고 경제학이 생물학으로부터 영감을 얻을 방법을 상상했다. 조지프 슘페터, 특히 프리드리히 하이에크와 같은 오스트리아인들은 그것이 어떻게 가능할 수 있는지 보여주었지만, 두 사람 모두 경제학의 주류에 속하지는 못했다.

경제학자의 사고가 어떻게 바뀔 수 있는지에 힌트가 될 만한 형식주의의 대안은, 자신의 사고를 구조화하는 방법을 모델로 사용하곤 했던 로버트 솔로와 다른 사회과학에서의 차용으로 모델을 구축한 그의 제자 조지 애커로프의 접근법일 것이다. 이 경우 새로운 경제학은 최적화 접근법의 형식성을 행동 관찰 접근법의 근거와 통합할 것이다. 이런 방식으로 사고하는 경제학자들은 경제에 대한 우리의 이해를 변화시키는 위대한 이야기를 들려줄 수 있다. 그들은 케인스와 프리드먼과 같은 영향력을 발휘할 것이고, 그들의 사상은 다시 한번 대중의 공감을 얻을 것이다.

감사의 말

가족과 친구들의 지원이 없었다면 이 책을 쓰는 것은 불가능했을 것입니다. 우선은 블룸스버리 Bloomsbury의 편집자 토머스 호스킨스 Tomasz Hoskins에게 감사의 인사를 해야 합니다. 호스킨스는 저를 격려하고 방향을 제시해 주었으며, 논거를 구체화할 공간과 시간을 제공해 주었습니다. 블룸스버리의 모든 팀은 이렇게 발표될 원고를 준비하는 일을 대단히 훌륭하게 해냈습니다. 책의 편집을 맡은 사라 존스 Sarah Jones, 교열과 교정, 색인을 맡아준 크리스 스톤 Chris Stone, 가이 홀랜드 Guy Holland, 로즈마리 디어 Resemary Dear, 그리고 홍보부, 마케팅부 모두 함께 일하는 것이 항상 즐거웠습니다.

다음으로, 아내 제인 퀴넌 Jane Queena은 제가 위대한 사상가들의 아이디어와 씨름하느라 몇 시간씩 자리를 비우는 것을 참아주었습니다. 우리의 대화는 제가 책에 포함시킬 중요한 것이 무엇인지 파악하는 데 대단히 중요했습니다.

제가 경제학사에 대해 생각하도록 격려해 준 모든 분을 나열하는 것은 쉽지 않은 일일 것입니다. 자극이 되는 대화를 함께한 분들, 특히 헤리엇와트대학의 존 소킨스 Johan Sawkins, 글로벌 윤리 금융

이니셔티브 Global Ethical Finance Initiative의 오마르 샤이크 Omar Shaikh, 실수 도서관 Library of Mistakes의 지킴이 러셀 네이피어 Russell Napier, 시장 심리 가설 Market Mind Hypothesis 연구 책임자 패트릭 쇼타누스 Patrick Schotanus에게 감사드립니다. 저는 이 책을 쓰는 동안 헤리엇와트대학에서 학부생들을 위한 경제사상사 세미나를 진행했습니다. 세미나의 참가자들은 자신의 역할 중 하나가 정기적으로 글을 쓰도록 저를 훈련시켰다는 점을 아마 깨닫지 못했을 것입니다. 매주 두 시간씩 진행해야 하는 강의(변함없이 정해진 시간이 지나면 끝나는)는 제가 원고에 집중하게 해주었습니다. 경제학 사상사에 대한 그들의 열의는 글을 쓰는 일을 즐겁게 만들었습니다.

마지막으로 에이전트에게 감사의 인사를 드리고 싶습니다. 제이미 마샬 Jaime Marshall은 제가 모든 아이디어를 명확하고 정확하고 설득력 있게, 무엇보다도 매력적으로 표현해야 한다는 주장에서 한 치의 양보도 없었습니다. 그는 제가 예상했던 것보다 제 글을 여러 번 읽고, 제가 그의 높은 기준을 부합하는 스타일로 글을 쓸 때까지 공손하지만 강철 같은 결의로 코칭했습니다. 제이미와의 만남은 늘 제 일에 용기를 갖게 해주었습니다.

글을 쓰는 과정 내내 너그러운 지원과 격려가 저를 뒷받침해 주었습니다. 덕분에 저는 위대한 경제학자들의 사상을 면밀히 조사하고 그들을 연결하는 고리를 알아보는 동안 호기심을 잃지 않을 수 있었습니다.

경제학자처럼 생각하는 법

초판 1쇄 인쇄 2025년 11월 20일
초판 1쇄 발행 2025년 12월 15일

지은이 로비 모크리
옮긴이 이영래

펴낸이 정용수
책임총괄 강선혜
편집장 차인태
편집 김민영, 임한나
디자인 정은진
영업·마케팅 정경민, 이은혜, 임정인, 김다인
제작 김동명   관리 윤지연

펴낸곳 ㈜예문아카이브
출판등록 2016년 8월 8일 제2016-000240호
주소 경기도 파주시 광인사길 79 4층(문발동)
문의전화 02-2038-3372   주문전화 031-955-0550   팩스 031-955-0660
이메일 archive.rights@gmail.com   홈페이지 ymarchive.com   인스타그램 yeamoon.arv

ISBN 979-11-6386-520-9 13320
한국어판 출판권 ⓒ 예문아카이브, 2025

㈜예문아카이브는 도서출판 예문사의 단행본 전문 출판 자회사입니다.
널리 이롭고 가치 있는 지식을 기록하겠습니다.
이 책 내용의 전부 또는 일부를 이용하려면 반드시 저작권자와 ㈜예문아카이브의 서면 동의를 받아야 합니다.

* 책값은 뒤표지에 있습니다. 잘못 만들어진 책은 구입하신 곳에서 바꿔드립니다.